Amerikaner in Heidelberg
1945 – 2013

Zu den Autoren:
Walter F. Elkins wurde 1948 in Pine Camp/New York geboren und verbrachte seine Kindheit auf amerikanischen Militärbasen in den USA und Europa. Seit über 35 Jahren beschäftigt er sich intensiv mit der Geschichte der *US Army* in Europa und hat in diesem Zusammenhang mit *www.usarmygermany.com* eine Internetseite geschaffen, auf der umfangreiche Informationen und zahlreiche Anekdoten über amerikanische Garnisonen in Europa archiviert werden.

Christian Führer, Jahrgang 1968, hat in Heidelberg Mathematik studiert und ist als Professor und Studiengangsleiter an der DHBW Mannheim tätig. Er war über 25 Jahre ehrenamtlich in den amerikanischen Garnisonen in Heidelberg und Mannheim tätig und verfügt über ein umfangreiches Privatarchiv zu beiden Garnisonen. 2013 veröffentlichte er mit „Memories of Mannheim" eine Chronik der amerikanischen Garnison Mannheim.

Michael J. Montgomery, geboren 1947 in Atlanta/Georgia, hat am Georgia Institute of Technology in seiner Heimatstadt Ingenieurwissenschaften studiert und arbeitete von 1981 bis 2014 als Bauingenieur im *USAREUR*-Hauptquartier in Heidelberg bzw. Wiesbaden. Aufgrund seiner langjährigen Tätigkeit und seiner zahlreichen Kontakte verfügt er über profunde Kenntnisse der Geschichte der amerikanischen Streitkräfte in Europa.

Reihe **Sonderveröffentlichungen des Stadtarchivs Heidelberg,** Band 20

Im Auftrag der Stadt Heidelberg
herausgegeben von Peter Blum
ISBN 978-3-89735-806-5

Bibliographische Information der Deutschen Bibliothek:
Die Deutsche Bibliothek verzeichnet diese Publikation in der Nationalbibliographie;
detaillierte bibliographische Angaben sind im Internet über http://dnb.ddb.de abrufbar.

Titelbild:
Amerikanische Militärangehörige 1952 vor der Alten Brücke in Heidelberg (*US Army*).
Umschlagrückseite:
Amerikanische Soldaten beim Einmarsch in Heidelberg 1945 und Lehrer der *Heidelberg American High School* unmittelbar vor der Schließung ihrer Schule im Juni 2013 (*NARA bzw. Richard C. Bennett*).

Gedruckt in Deutschland.
2. Auflage. © 2014 verlag regionalkultur Heidelberg – Ubstadt-Weiher – Basel

verlag regionalkultur
Bahnhofstr. 2 | 76698 Ubstadt-Weiher
Telefon (07251) 367030 | Fax 3670329
kontakt@verlag-regionalkultur.de
www.verlag-regionalkultur.de

Layout:
Marcus Bela Schmitt @ Designgruppe Fanz & Neumayer, Schifferstadt
Satz:
Jochen Baumgärtner, vr
Endkorrektur:
Henrik Mortensen, vr

Amerikaner in Heidelberg 1945 – 2013

Walter F. Elkins
Christian Führer
Michael J. Montgomery

Sonderveröffentlichung des Stadtarchivs Heidelberg – Band 20

Im Auftrag der Stadt Heidelberg herausgegeben von Peter Blum

verlag regionalkultur

Geleitwort des Oberbürgermeisters

Die Verabschiedung des NATO-Hauptquartiers Allied Force Command Heidelberg am 14. März und der letzte Fahnenappell der United States Army, Europe am 6. September 2013 markieren eine Zäsur in unserer gemeinsamen Geschichte!

Seit 1945 war die US-Armee, seit 1952 die NATO in Heidelberg präsent. Zeitweise waren es im Rahmen der NATO mehr als 400 Militärs und Zivilangestellte aus nicht weniger als 23 Nationen. Von Heidelberg aus wurden die Einsätze der NATO vorbereitet und personell unterstützt. Die hier stationierten Angehörigen der NATO haben ebenso wie die Soldatinnen und Soldaten der US-Armee den Charakter Heidelbergs seit den 1950er Jahren als internationale und weltoffene Stadt maßgeblich mitgeprägt. Überdies haben wir den Amerikanern viel zu verdanken. Denn für Deutschland waren sie nach dem Ende des Nazi-Regimes ein Garant anhaltenden Friedens. Und neben der politischen Verbundenheit entstanden in der Zeit vielerorts sogar persönliche Freundschaften – gerade auch hier in Heidelberg!

Die vorliegende Schrift, das sei ausdrücklich hervorgehoben, ist Ergebnis engen Zusammenwirkens eines deutsch-amerikanischen Autorenteams. Fast mehr noch als unsere Detailkenntnis über die vergangenen annähernd 70 Jahre und der hier ausgebreitete Bilderreichtum profitiert davon die Perspektive der Darstellung. Denn sie verschafft uns Zugang auch zur Lebenswirklichkeit der Amerikaner (und ihrer Wahrnehmung) in Heidelberg. Was mit der Schilderung von Kampfhandlungen in den letzten Kriegstagen des Zweiten Weltkriegs beginnt und der Aus- und beinahe fortgesetzten Umbildung einer amerikanischen Garnison, gewinnt zunehmend Profil. Lässt Militärisches immer mehr zurück- und Menschen umso stärker hervortreten. Menschen, die in Heidelberg lebten, arbeiteten und wohnten. Eine Welt, die nach dem „Einigeln“ im Gefolge von „Nine Eleven“ (11. September 2001) für einige Heidelbergerinnen und Heidelberger zuletzt vielleicht nicht gar mehr so präsent gewesen sein mag.

Und doch sind es Zehntausende von Amerikanern nebst häufig ihren Familien gewesen, die unter uns lebten, (teils auch Heidelberger/-innen) heirateten und im hiesigen Militärhospital über Jahre hinweg im Monat durchschnittlich 120 Kindern das Leben schenkten. Zu erinnern ist an das „ABC der Demokratie“, das uns die Amerikaner 1945 sozusagen im Marschgepäck mitgebracht haben. Zu erinnern ist an Care-Pakete und Luftbrücke und an einen befruchtenden und von vielen nachgeeiferten „American Way of Life“.

Darüber darf nicht vergessen werden, dass Terror und Bedrohung für viele Amerikaner auch und gerade in Heidelberg und schon lange vor „Nine Eleven“ realer Bestandteil der Lebenswirklichkeit waren. In das Jahr 1981 fällt das Attentat auf US-General Frederick J. Kroesen. Glücklicherweise haben weder dessen Gesundheit noch seine Gefühle für Heidelberg dauerhaft Schaden genommen, wovon das folgende Grußwort zeugt. Dagegen haben drei amerikanische Soldaten den Bombenanschlag auf das US-Hauptquartier in Heidelberg am frühen Abend des 24. Mai 1972 nicht überlebt; fünf weitere Soldaten wurden damals schwer verletzt. Auch daran ist in einem Buch über „Amerikaner in Heidelberg“ zu erinnern. Bemerkenswert, weil nur zu verständlich und zu Recht, widmen die Autoren ihr Buch diesen Opfern. Denn ein offenes Miteinander und wahre Freundschaft erweisen sich nicht nur in guten, sondern insbesondere in schwierigen Zeiten.

Ich wünsche dieser Veröffentlichung zahlreiche interessierte Leserinnen und Leser. Viele unserer amerikanischen Freunde, die mittlerweile den Dienstort verlassen mussten, den sie oft als Traumposten und Privileg empfunden haben, haben bekundet, wie sehr sie Heidelberg vermissen werden. Nicht wenige tragen darum ein Stück Heidelberg in ihrer Erinnerung, in ihrem Herzen und in die Welt hinaus. Und eine große Anzahl wird unserer Stadt als Besucherinnen und Besucher auch zukünftig die Treue halten. Deshalb ist es mein Wunsch, in Heidelberg etwas Bleibendes zu schaffen, das an unsere gemeinsame Geschichte erinnert und zugleich den Blick in die Zukunft öffnet. Dieses Buch mag uns allen Ermunterung sein, auf dem Gelände der Campbell Barracks, die der US Army als Hauptquartier dienten, einen Begegnungsort zu schaffen, an dem gemeinsame Geschichte, Gegenwart und Zukunft in besonderer Weise lebendig werden.

Dr. Eckart Würzner, Oberbürgermeister

Grußwort von Frederick J. Kroesen

My memories of Heidelberg go back to the spring of 1945 when I was crossing the Neckar to capture Mannheim and learned that troops in a sister regiment were charged to do the same thing some miles upstream to capture Heidelberg. Both regiments were successful, so my first sight of Heidelberg was in passing on the way through Baden and Württemberg and into Bavaria.

Occupation duty in Ochsenfurt, Stuttgart, Höchst am Main, and Karlsruhe, during which I was joined by my wife Rowene, brought my first real visit to Heidelberg where our first child was born in the 130th Station Hospital in January of 1947, a very happy occasion, and a daughter who is still proud of her birthplace.

But, of course, most of my memories are of my four years spent as the commander of US Army, Europe during what is today referred to as the height of the Cold War. My concerns and those of the NATO forces were our readiness to go to war tomorrow morning if the Warsaw Pact launched an attack against NATO. It was an intense, but rewarding period as President Reagan provided the direction and resources that restored the professionalism of our Army that had been wanting when we had been described as hollow. Those of us who were here then earned the satisfaction of knowing that we made a contribution to the deterrence of hostilities and to the confidence throughout NATO that we were capable of preventing any success by the Warsaw Pact forces. And later we realized that we had initiated the programs that developed the proficiency and professionalism of the USAREUR forces that overcame our enemies in the Persian Gulf in a matter of hours in the early 1990s.

Simultaneously, those four years were a delightful period of exposure to the German people, culture, and hospitality. We remember the awe-inspiring architecture of so many towns and cities and the wonder of a German Christmas. We remember also the patience of those same people who for so many years, on the front line of freedom, tolerated the presence of foreign armies who periodically tore up their land, clogged their highways, and disrupted their lives as we trained for our mission. We thank all who made our stay a lifelong memory that we shall always cherish.

Frederick J. Kroesen, General, US Army (ret.)

Vorwort des Herausgebers

Schon lange ist Heidelberg für die Amerikaner ein durchweg positiv besetzter Erinnerungsort. Aber seit dem Ende des Zweiten Weltkriegs und über nahezu 70 Jahre hinweg haben die Amerikaner und die hier stationierten NATO-Hauptquartiere Heidelberg als weltoffene Stadt mitgeprägt. Als Befreier, Besatzer und nicht zuletzt Befreundete werden sie in Erinnerung bleiben … Gleichwohl bewirkten u.a. ein schwächelnder Dollar und insbesondere ein bereits seit den Attentaten auf US-amerikanische Einrichtungen und den Oberbefehlshaber der US Army in Europa 1972 und 1981 und erst recht nach dem 11. September 2001 fortschreitender Prozess der Einigelung, dass das Arbeiten und Leben in der amerikanischen Community – gleichsam eine Stadt in der Stadt – sich den Blicken der Heidelberger zunehmend verborgen abspielten.

Heute sind die Liegenschaften bereits verlassen. Unter aktiver Bürgerbeteiligung laufen Diskussionen über die zukünftige Flächennutzung. Und längst schon wird über die Einrichtung eines Museums, womöglich nebst Forschungsstelle nachgedacht, um diese Episode Heidelberger Zeitgeschichte auch für Gegenwart und Zukunft nutzbar zu machen. Höchste Zeit also für einen reich bebilderten Blick zurück …

Dabei ist dies nicht die erste Veröffentlichung in den vom Stadtarchiv herausgegebenen Schriftenreihen zum Thema Heidelberg und die Amerikaner. Bereits 1994, 2001 und 2006 thematisierten die Arbeiten von Friederike Reutter (Heidelberg 1945-1949. Zur politischen Geschichte einer Stadt in der Nachkriegszeit), Theodor Scharnholz (Heidelberg und die Besatzungsmacht. Zur Entwicklung der Beziehungen zwischen einer deutschen Kommune und ihrer amerikanischen Garnison (1948/49-1955)) und Katharina Hausmann („Die Chance, Bürger zu werden". Deutsche Politik unter amerikanischer Besatzung: Die „Heidelberger Aktionsgruppe" 1946-47) die Rolle der Amerikaner als Befreier, Besatzer und im Demokratisierungsprozess in Heidelberg. Einmal mehr stand 2002 in Oliver Finks „Memories vom Glück" der Erinnerungsort Alt-Heidelberg im Fokus. Und damit zugleich auch jene besondere amerikanische Heidelberg-Affinität, die u.a. im „Student Prince" ihren Ausdruck findet. Bereits ein Jahr nach der deutschen Erstaufführung (1901) tourte die Operettenversion von Meyer-Försters Drama ausgehend von New York durch die Staaten. Später avancierte Rombergs schließlich fertiggestellte Version unter dem Titel „The Student Prince in Heidelberg" zu einer der erfolgreichsten amerikanischen Operetten des 20. Jahrhunderts. Noch heute findet sich das Stück in den USA im Repertoire vieler Laientheatergruppen.

Die vorliegende Veröffentlichung zeichnet ein Bild von der sich entwickelnden Heidelberger Garnison und des NATO-Hauptquartiers, bezieht jedoch zunehmend auch den zivilen Bereich mit ein, um so wohltuend über eine reine Garnisonsgeschichte hinauszuwachsen. Sehr zu danken ist dem deutsch-amerikanischen Autorenteam für sein auf breiter Erfahrung und vielfältigen weitverzweigten Kontakten aufbauendes Fakten- und Detailwissen. Dem sind gleichermaßen die vielen Abbildungen geschuldet, von denen in diesem Rahmen nur ein vergleichsweise geringer Teil wiedergegeben werden konnte.

Leserinnen und Leser mögen sich bei der Lektüre fragen, wie sich Nachbarschaft und Austausch hätten entwickeln können ohne die seit den 1970er Jahren allgegenwärtige Bedrohung durch den internationalen Terrorismus und „Nine Eleven". Denn zweifellos hat dies eher militärischem Sicherheitsdenken und -handeln – und so einem Abschotten –, als einem wünschenswerten stärkeren Miteinander in Heidelberg Vorschub geleistet. Aber Fakt ist: Heidelberg ist um einen bedeutungsvollen Aspekt ärmer geworden. Auch das macht das Buch spürbar. In Heidelberg und der Region mit „Alterssitz" Verbliebene und eigenmotivierte Besuche „Ehemaliger" allein dürften daran wenig ändern. Zur wichtigen Frage könnte werden, inwieweit die derzeit diskutierten Formen einer Erinnerungsarbeit mit und über museale und wissenschaftliche Angebote hinaus zukünftig gezielt auch den „Normalbürger", Menschen ganz unterschiedlicher Bildungs- und Interessenslagen, anzusprechen und weiterhin in Heidelberg zusammenzuführen vermögen. Ganz in diesem Sinne mag das Buch zum Austausch mit Freunden aus aller Welt einladen.

Dr. Peter Blum, Stadtarchivdirektor

Einleitung des Autorenkollektivs

Ein feierlicher Abschiedsappell in der *Campbell Barracks* setzte am 6. September 2013 einen symbolischen Schlusspunkt unter die Anwesenheit amerikanischer Truppen in Heidelberg. Was Ende März 1945 für die Amerikaner als Besetzung von Feindesland nach einem fürchterlichen Weltkrieg begonnen hatte, endete fast sieben Jahrzehnte später als Abschied von Verbündeten, Nachbarn und Freunden. Nicht zuletzt fand damit auch ein wichtiges Kapitel Heidelberger Stadtgeschichte seinen Abschluss, in dem die Amerikaner ihre Spuren in der Stadt hinterlassen haben, und das weit über ihr architektonisches Erbe hinaus.

Heidelberg war für die Amerikaner ein Standort wichtiger militärischer Hauptquartiere, vor allem des europäischen Heereshauptquartiers *USAREUR,* das 61 Jahre in der Rohrbacher *Campbell Barracks* residierte. Der *USAREUR*-Kommandeur befehligte von seinem Arbeitszimmer im *Keyes Building* an der Ecke Römerstraße/Rheinstraße in Spitzenzeiten über 200.000 Soldaten in ganz Westeuropa und gehörte zu den wichtigsten *NATO*-Führungskräften. Zwischen 1947 und 1952 beherbergte die *Campbell Barracks* gar das damalige amerikanische Europahauptquartier *EUCOM*, dem sogar Luftwaffen- und Marineeinheiten – einige davon in Heidelberg – unterstanden.

↑ Länger als jeder seiner Vorgänger und Nachfolger (von April 1983 bis Juni 1988) diente GEN Glenn K. Otis als *CINCUSAREUR* in Heidelberg (*US Army*).

Auch ranghohe *NATO*-Hauptquartiere waren lange Jahre in der Stadt beheimatet, allen voran das *CENTAG*-Hauptquartier, das zwischen 1952 und 1960 bzw. 1980 und 1993 in der *Campbell Barracks* untergebracht war. Hier dienten neben amerikanischen zeitweise auch deutsche, französische und kanadische Soldaten. Die *CENTAG*-Nachfolgeorganisationen führten in späteren Jahren sogar Soldaten aus über 20 Nationen nach Heidelberg, selbst Nichtmitglieder der *NATO* wie Finnland, Österreich oder Schweden waren vorübergehend mit Beobachtern in der Stadt vertreten. Das Heidelberger *NATO*-Hauptquartier sah sich mit dem Ende des Kalten Kriegs völlig neuen Herausforderungen gegenüber, gewann parallel dazu aber durch die Zunahme der beteiligten Nationen spürbar an Bedeutung.

Die Anwesenheit wichtiger Hauptquartiere machte Heidelberg für die Amerikaner stets zu einer besonderen Garnison, die sich markant von Nachbargarnisonen wie Darmstadt, Karlsruhe oder Mannheim unterschied. Prunkvolle Bälle und Empfänge, feierliche Paraden, illustre Besucher aus Militär, Politik und Kultur und nicht zuletzt auch der hohe Anteil ranghoher Offiziere und ziviler Mitarbeiter ließen den Aufenthalt in der altehrwürdigen Stadt am Neckar für Generationen von Amerikanern zu einer außergewöhnlichen Erfahrung und für nicht wenige Offiziere zu einer entscheidenden Station ihrer Karriere werden.

Bedingt durch ihre Hauptquartiersfunktion beheimatete die Heidelberger Garnison immer auch eine große Zahl an Unterstützungseinheiten, die mehr oder weniger direkt den jeweiligen Hauptquartieren unterstanden. Hierzu gehörten über die Jahrzehnte neben den in der Öffentlichkeit recht sichtbaren Militärmusikern und -polizisten sowie der Flugbereitschaft im Pfaffengrund wichtige Fernmelde-, Transport- und Verwaltungseinheiten. Nicht wenige dieser Einheiten fungierten ihrerseits als Hauptquartiere für Verbände im gesamten süddeutschen Raum.

Von großer Bedeutung war Heidelberg für die Amerikaner auch durch das große Militärkrankenhaus in der Rohrbacher *Nachrichtenkaserne,* das die gesamte Garnisonsgeschichte hindurch bestand und Heidelberg zu einer ersten Adresse des amerikanischen Heeressanitätswesens machte. Die Anwesenheit eines großen Militärkranken-

↑ Angehörige des *USAREUR Soldiers' Chorus* bei Proben 1982 (*USAG Baden-Württemberg*).

↑ Ein Besuch in Heidelberg (hier des Apothekenmuseums im Heidelberger Schloss, 1970) gehört für viele amerikanische Soldatenfamilien in Deutschland bis heute zum touristischen Pflichtprogramm (*Wesley B. Montgomery*).

hauses und des *USAREUR*-Hauptquartiers führte nicht zuletzt auch dazu, dass zentrale Hauptquartiere des amerikanischen Heeressanitätswesens in Europa lange Jahre in Heidelberg beheimatet waren. Ebenso darf nicht vergessen werden, dass über mehrere Jahrzehnte im Monatsdurchschnitt mehr als 100 amerikanische Kinder das Licht der Welt in der *Nachrichtenkaserne* erblickten – eine Tatsache, die diese Kinder und ihre Familien für immer mit Heidelberg verbinden wird.

Interessanterweise umfasste die Garnison stets auch Liegenschaften außerhalb der Heidelberger Stadtgrenzen. Speziell die amerikanischen Einrichtungen in Schwetzingen waren immer ein integraler Bestandteil des amerikanischen Heidelberg. Ebenso gehörten einige Liegenschaften in Mannheim zeitweise zum Verantwortungsbereich der Heidelberger Garnison, deren Hauptquartier sich lange Jahre in der *Hammonds Barracks* in Mannheim-Seckenheim befand. Streng genommen fungierte die Heidelberger Standortverwaltung der Amerikaner stellenweise sogar als vorgesetzte Behörde anderer amerikanischer Standortverwaltungen in Nordbaden und darüber hinaus, womit selbst größere Garnisonen wie Mannheim verwaltungstechnisch Teil der Heidelberger Garnison waren.

Von zentraler Bedeutung für das Verständnis der Heidelberger Garnison sind schließlich ebenso die zahlreichen zivilen Aspekte amerikanischen Lebens in Heidelberg, die sich bereits in den 1940er Jahren entwickelten und die Garnison in späteren Jahren in einen veritablen amerikanischen Mikrokosmos verwandelten, in dem amerikanisches Leben hautnah erlebt werden konnte. Zu dieser ausgeprägten zivilen Komponente der Garnison gehörten eigene Geschäfte, Jugendzentren, Kirchen, Restaurants, Schulen, Sportstätten und Wohngebiete, aber auch ein reichhaltiges Kulturleben, das sich in Kinos, Klubs, Vereinen und auf Theaterbühnen entfaltete.

Viele zivile Aktivitäten der Amerikaner in Heidelberg waren Einheimischen zugänglich, womit die Garnison naturgemäß zu einem Ort deutsch-amerikanischen Miteinanders wurde, an dem sich Deutsche und Amerikaner über die Jahrzehnte in vielfältiger Weise begegneten und die Entwicklung der Stadt ein Stück weit gemeinsam vorantrieben. Trotz erhöhter Sicherheitsvorkehrungen nach dem 11. September 2001 gab es stets Berührungspunkte zwischen Amerikanern und Deutschen in der Stadt, wofür der bis in die Gegenwart bestehende *German-American Women's Club Heidelberg* (Deutsch-Amerikanischer Frauenklub Heidelberg e.V.) mit seiner nunmehr 66-jährigen Geschichte das wohl beste Beispiel liefert. Einige dieser deutsch-amerikanischen Aktivitäten werden mit dem Ende der Garnison unweigerlich zum Erliegen kommen, andere sich aber auch ein Stück weit neu erfinden und das geistige Erbe der Amerikaner in Heidelberg fortschreiben.

Dieser Text möchte den Leser auf eine Reise in den amerikanischen Teil Heidelbergs mitnehmen und ihm die Höhepunkte und Besonderheiten der 68-jährigen Garnisonsgeschichte näherbringen. Aus diesem Grund verwendet der Text bewusst die Sprache des amerikanischen Militärs, was sich in zahlreichen Abkürzungen und Akronymen, aber auch in bestimmten Schreibweisen offenbart. So ist stets von einer *Seventh Army* (7. Armee), einem *V Corps* (5. Korps; auf den Punkt wird wie im amerikanischen Original verzichtet) und einer *529th MP Company* (529. Militärpolizeikompanie) die Rede, was gängigen Schreibweisen der *US Army* entspricht. Ein ähnliches Vorgehen findet sich in Kapitel 1 auch für Einheiten der deutschen Wehrmacht, weshalb etwa das 80. Armeekorps als „LXXX. Armeekorps" (hier stets mit Punkt) bezeichnet wird.

↑ Verkauf selbst gemachter Limonade durch Kinder in der *Mark Twain Village* 1981 (*USAG Baden-Württemberg*).

↑ Formation der *USAREUR Honor Guard* der *529th MP Company* Ende der 1950er Jahre (*Les und Deb Hintz*).

← Telefonbuch der Heidelberger Garnison 1952 (*Walter F. Elkins*).

Einheiten der *US Army* werden im Lauf ihrer Geschichte immer wieder umbenannt („umgeflaggt"), was in geschichtlichen Abhandlungen häufig zu Verwirrung führt. So firmierte die *US Army, Europe* (*USAREUR*) zwischen 1966 und 2006 streng genommen als *US Army, Europe and Seventh Army* (*USAREUR/7A*), was im Text einen häufigen Wechsel zwischen beiden Bezeichnungsweisen erforderlich machen würde. Mit Blick auf die Lesbarkeit wurde hierauf verzichtet; lediglich in den Bezeichnungen einzelner Einheiten taucht das *USAREUR/7A* daher auf, soweit es integraler Bestandteil des Einheitsnamens ist.

Um die zahlreichen englischen Begriffe des Texts sinnvoll in einen deutschen Fließtext integrieren zu können, wurden einzelne Begriffe mit einem Geschlecht versehen, weshalb es beispielsweise in Rohrbach „die" *Mark Twain Village* gegeben hat. Ebenso wurde der Begriff *barracks*, der im Englischen einen Plural darstellt, im Text als Singular behandelt, da hiermit stets eine Kasernenanlage in ihrer Gesamtheit bezeichnet wird. Teilweise haben die Amerikaner auch einfach den deutschen Begriff Kaserne übernommen, weshalb es in Heidelberg eine *Patton Barracks* und eine *Nachrichtenkaserne* gibt.

Wie viele Werke zur Regionalgeschichte ist auch dieses Buch letztlich das Ergebnis einer erfolgreichen Mannschaftsleistung, und das weit über die Arbeit des deutsch-amerikanischen Autorenteams hinaus. Großer Dank gebührt zunächst Dr. Peter Blum und Günther Berger vom Stadtarchiv Heidelberg, die die Entstehung des Buchs in allen Phasen aktiv begleitet haben. Ebenso großer Dank gebührt der *USAG Baden-Württemberg* unter dem Kommando von COL Bryan D. DeCoster und hier speziell Regina Hingtgen, Karin Zuleger und Thomas Heiss vom *Public Affairs Office* der Garnison, die die Autoren mit Material – auch Fotomaterial – mehr als großzügig versorgt haben. Großer Dank geht auch an Dr. John Provan, der sich wie kaum ein anderer dem Erhalt von Objekten zur Geschichte der Amerikaner in Deutschland seit 1945 verschrieben hat. Ebenso gebührt der herzliche Dank des Autorenteams dem *USAREUR History Office* unter der Leitung von Dr. Andrew N. Morris, dem *German-American Women's Club Heidelberg* und dem *Heidelberg Community Spouses' Club* (hier speziell Mary Shapiro), insbesondere für die Überlassung umfangreichen Bildmaterials. Auch allen anderen Unterstützern dieses Projekts, die Detailinformationen, Erinnerungen und Fotos beigetragen haben und hier aus Platzgründen nicht genannt werden können, gebührt ein großes „Dankeschön" bzw. „Thank You" des Autorenteams. You are Heidelberg!

Seit 1945 haben viele zehntausend Amerikaner – Soldaten, zivile Mitarbeiter und deren Familienangehörige – für einige Zeit in Heidelberg gelebt. Auch wenn der militärisch geprägte Alltag häufig nur wenig Freizeit ließ, genossen doch viele Amerikaner ein Stück von „Old Germany" und nahmen bleibende Erinnerungen aus der Stadt am Neckar mit. Heidelbergs historische Studentenkneipen, der Ausblick vom Schloss auf die Altstadt, der Gang über die Alte Brücke an einem lauen Sommerabend – all das gehört zur kollektiven Erinnerung zahlloser Amerikaner, für die Heidelberg dadurch zu einem kleinen Stück Heimat geworden ist. Manche fanden hier gar einen Ehepartner, gründeten Familien oder hielten Heidelberg wegen eines deutschen Ehepartners selbst im Rentenalter noch die Treue.

Drei junge Soldaten sollten ihren Aufenthalt in Heidelberg jedoch mit dem Leben bezahlen, als sie am 24. Mai 1972 von Mitgliedern der Roten Armee Fraktion (RAF) bei einem Terroranschlag in der *Campbell Barracks* ermordet wurden. CPT Clyde R. Bonner (29), SP6 Ronald A. Woodward (26) und SP5 Charles L. Peck (23) starben in Ausübung ihres Dienstes in einem fremden Land, für dessen Freiheit und Unversehrtheit sie mit ihrem Leben zu garantieren bereit waren. Sie – und nicht ihre Mörder – verdienen es, dass man sich ihrer auch Jahrzehnte später in Heidelberg noch erinnert. Deshalb ist ihnen und ihren Familien dieses Buch gewidmet.

Dearborn/Michigan, Neulußheim und Heidelberg
Walter F. Elkins, Christian Führer und Michael J. Montgomery

Inhaltsverzeichnis

Scale 1 : 50,000

HEIDELBERG AND VICINITY

Edition 6

↑ „Heidelberg and Vicinity“, Scale 1:50,000, Edition 6, published by Geographic Branch JHQ CENTRE, 2000 (Quelle: ZGeoBw © Lizenz B-14A001)

Abkürzungen

Die Alltagssprache der Amerikaner in Heidelberg war stets reich an Abkürzungen – vor allem für Einheitsbezeichnungen und Dienstränge –, die sich auch im Text wiederfinden. Die folgende Liste vermittelt einen Überblick über Abkürzungen, die häufiger und verstreut im Text auftreten.

AMF(L) · *Allied Command Europe Mobile Force (Land)* (schnelle Eingreiftruppe der *NATO* zwischen 1960 und 2002)

ASG · *Area Support Group* (eine von mehreren *USAREUR*-Regionalverwaltungen zwischen 1991 und 2005 mit Zuständigkeit für einige *BSB*)

AYA · *American Youth Activities* (langjähriger Oberbegriff für die Kinder- und Jugendbetreuung auf Stützpunkten des amerikanischen Militärs)

BG · *Brigadier General* (Brigadegeneral)

BOQ · *Bachelor Officers' Quarters* (Wohneinheiten für alleinstehende Offiziere)

BSB · *Base Support Battalion* (Bezeichnung für *USAREUR*-Standortverwaltungen zwischen 1991 und 2005)

CENTAG · *Central Army Group* (*NATO*-Heereshauptquartier mit Zuständigkeit für Süddeutschland, das zwischen 1960 und 1993 in Heidelberg bzw. Mannheim bestand)

CINC · *Commander-in-Chief* (Oberkommandierender; in *USAREUR* häufig als Kurzform von *CINCUSAREUR* verwendet)

CINCEUR · *Commander-in-Chief, EUCOM* (*EUCOM*-Oberkommandierender; der *USEUCOM*-Oberkommandierende wurde meist als *USCINCEUR* bezeichnet)

CINCUSAREUR · *Commander-in-Chief, USAREUR* (*USAREUR*-Oberkommandierender)

COL · *Colonel* (Oberst)

COMCENTAG · *Commanding General, CENTAG* (*CENTAG*-Oberkommandierender)

CPT · *Captain* (Hauptmann)

CSM · *Command Sergeant Major* (hier: Bataillonsspieß)

DENTAC · *Dental Activity* (zahnmedizinisches Heeressanitätsregionalkommando; seit 1970 als Einheitsname in *USAREUR* gebräuchlich)

EM · *Enlisted Men* (Soldaten im Mannschaftsdienstrang (üblicherweise Plural); teilweise werden Unteroffiziere (*NCO*) hinzugerechnet)

EUCOM · *European Command* (zwischen 1947 und 1952 bestehendes amerikanisches Oberkommando für Europa)

FOURATAF · *4th Allied Tactical Air Force* (*NATO*-Luftwaffenhauptquartier mit Zuständigkeit für Süddeutschland, das zwischen 1980 und 1993 in Heidelberg bestand)

GAWC Heidelberg · *German-American Women's Club Heidelberg* (Deutsch-Amerikanischer Frauenklub Heidelberg e.V.)

GEN · *General* (regulärer Vier-Sterne-General)

GYA · *German Youth Activities* (amerikanisches Hilfsprogramm, das sich nach 1945 dem Aufbau und der Unterhaltung von Jugendzentren für deutsche Jugendliche widmete)

HACOM · *Headquarters Area Command* (*USAREUR*-Regionalverwaltung mit Zuständigkeit für Heidelberg und Mannheim, die zwischen 1952 und 1958 bestand)

HCSC · *Heidelberg Community Spouses' Club* (zwischen 2004 und 2013 bestehender Verein der Ehepartner Heidelberger Soldaten und ziviler Mitarbeiter)

Heidelberg AWC · *Heidelberg American Wives' Club* (zwischen 1948 und 1965 bestehender Verein amerikanischer Soldatenfrauen in Heidelberg; zwischen 1965 und 2013 unter anderen Namen bekannt)

HHBN · *Headquarters and Headquarters Battalion* (Stabsbataillon)

HHC · *Headquarters and Headquarters Company* (Stabskompanie)

HISC · *Heidelberg International Ski Club* (seit 1956 in Heidelberg bestehender deutsch-amerikanischer Wintersportverein)

HMP · *Heidelberg Military Post* (Standortverwaltung der *US Army* für Heidelberg, Karlsruhe und Mannheim zwischen 1947 und 1952)

HOCC · *Heidelberg Officers' and Civilians' Club* (seit 1957 in der *PHV* bestehender Klub für Offiziere und zivile Mitarbeiter; 1994 als *Village Pavilion* neu eröffnet)

IMCOM-Europe · *Installation Management Command, Europe Region* (vorgesetzte Behörde aller *USAREUR*-Standortverwaltungen seit 2006)

LANDCENT · *Allied Land Forces Central Europe* (*NATO*-Heereshauptquartier mit Zuständigkeit für Mitteleuropa, das zwischen 1993 und 2000 in Heidelberg bestand)

LTC · *Lieutenant Colonel* (Oberstleutnant)

LTG · *Lieutenant General* (Generalleutnant)

MAJ · *Major* (Major)

MASH · *Mobile Army Surgical Hospital* (mobiles Militärlazarett)

MEDDAC · *Medical Department Activity* (Heeressanitätsregionalkommando; seit 1970 als Einheitsname in *USAREUR* gebräuchlich)

MG · *Major General* (Generalmajor)

MP · *Military Police* (Militärpolizei)

MSA · *Medical Service Area* (Heeressanitätsregionalkommando; zwischen 1957 und 1970 als Einheitsname in *USAREUR* gebräuchlich)

MTV · *Mark Twain Village* (amerikanisches Wohngebiet in Heidelberg)

NACOM · *Northern Area Command* (*USAREUR*-Regionalverwaltung mit Sitz in Frankfurt am Main und Zuständigkeit für zahlreiche Garnisonen in Deutschland zwischen 1952 und 1964)

NATO · *North Atlantic Treaty Organization* (westliches Verteidigungsbündnis)

NCO · *Noncommissioned Officer* (Unteroffizier)

NEO · *Noncombatant Evacuation Operations* (Evakuierung amerikanischer Zivilisten im Verteidigungsfall)

NORTHAG · *Northern Army Group* (*NATO*-Heereshauptquartier mit Zuständigkeit für Norddeutschland, das bis 1993 in Mönchengladbach bestand)

PHV · *Patrick Henry Village* (amerikanisches Wohngebiet in Heidelberg)

PX · *Post Exchange* (Warenhäuser der *US Army*, in denen außer Lebensmitteln praktisch alle Konsumgüter des täglichen Bedarfs erhältlich sind)

SPC · *Specialist* (besonderer Dienstrang der *US Army*, der einem niedrigen Unteroffiziersdienstrang entspricht; in der Vergangenheit gab es mehrere Specialist-Dienstränge, die mit SP4, SP5, SP6 etc. abgekürzt wurden)

SSG · *Staff Sergeant* (Oberfeldwebel)

STB · *Special Troops Battalion* (Unterstützungs- und Versorgungsbataillon eines Hauptquartiers)

USAACOM · *United States Army Area Command* (Hauptquartier aller *USAREUR*-Standortverwaltungen in Deutschland zwischen 1964 und 1967)

USACOMZEUR · *United States Army Communications Zone, Europe* (Sammelbezeichnung für die bis 1967 in Frankreich stationierten amerikanischen Heeresstreitkräfte; zwischen 1967 und 1969 als *USAREUR*-Nachschubhauptquartier und Hauptquartier aller *USAREUR*-Standortverwaltungen in Deutschland in Worms stationiert)

USAG · *United States Army Garrison* (weltweite Bezeichnung für Standortverwaltungen der *US Army* seit 2005)

USAREUR · *United States Army, Europe* (Sammelbezeichnung für die amerikanischen Heeresstreitkräfte in Europa von 1947 bis 1966 bzw. seit 2006; oftmals allein auf das Hauptquartier bezogen)

USAREUR/7A · *United States Army, Europe and Seventh Army* (Sammelbezeichnung für die amerikanischen Heeresstreitkräfte in Europa zwischen 1966 und 2006; davor und danach jeweils offiziell als *USAREUR* bezeichnet)

USEUCOM · *United States European Command* (amerikanisches Oberkommando für Europa seit 1952)

USFET · *United States Forces, European Theater* (amerikanisches Oberkommando für Europa zwischen 1945 und 1947)

USMCA · *United States Military Community Activity* (Bezeichnung für *USAREUR*-Standortverwaltungen zwischen 1974 und 1991)

USNAVGER · *United States Naval Forces, Germany* (Hauptquartier der amerikanischen Marinestreitkräfte in Deutschland zwischen 1945 und 1958)

USTASCOMEUR · *United States Theater Army Support Command, Europe* (*USAREUR*-Nachschubhauptquartier und Hauptquartier aller *USAREUR*-Standortverwaltungen in Deutschland (bis 1974), das zwischen 1969 und 1974 in Worms, danach bis 1976 in Kaiserslautern bestand)

WAC · *Women's Army Corps* (bis 1978 bestehende Sammelbezeichnung für Einheiten der *US Army*, in denen ausschließlich Soldatinnen dienten)

1 Als die Amerikaner an den Neckar kamen

Im Frühjahr 1945 gehörte Heidelberg zu einigen wenigen größeren Städten in Deutschland, die den Zweiten Weltkrieg hindurch fast völlig von alliierten Luftangriffen verschont worden waren. Zwar hatten viele Heidelberger Familien einen Sohn, Bruder, Ehemann oder Vater an den Fronten des Zweiten Weltkriegs verloren und mussten mit einer spürbar verschlechterten Versorgungslage zurechtkommen, die Stadt selbst machte nach gut fünfeinhalb Jahren Krieg aber immer noch einen relativ intakten Eindruck. Der Vormarsch alliierter Bodentruppen im Westen Deutschlands seit dem Jahreswechsel 1944/1945 sollte für die Stadt am Neckar daher zur ersten direkten Konfrontation mit einem Krieg werden, dessen Ausgang zu diesem Zeitpunkt längst feststand.

Ende März 1945 waren Truppen der amerikanischen *Seventh Army* unter LTG Alexander M. Patch von Südwesten kommend am westlichen Rheinufer zwischen Eich und Speyer aufmarschiert. Der Rhein selbst war zu diesem Zeitpunkt bereits an mehreren Stellen überschritten worden (am 7. März bei Remagen, am 22. März bei Oppenheim und nur einen Tag später auf breiter Front bei Wesel) und stellte daher trotz der Sprengung fast aller Brücken durch die Wehrmacht (Ausnahme: die Brücke bei Remagen) kein echtes Hindernis mehr dar.[1] Da der weitere Vormarsch die *Seventh Army* in große Teile der künftigen amerikanischen Besatzungszone in Süddeutschland und Österreich führen sollte, kam einem weiteren Rheinübergang auf der Höhe Mannheims eine entscheidende Bedeutung zu, vor allem mit Blick auf die verkehrsgünstige Lage Mannheims mit seinen wichtigen Eisenbahn- und Straßenverbindungen und seinen Binnenhäfen an Rhein und Neckar.

Das Ende der nationalsozialistischen Herrschaft im Rhein-Neckar-Raum wurde in der Nacht zum 26. März 1945 mit einem amphibischen Angriff überlegener amerikanischer Kräfte über den Rhein bei Worms eingeläutet. Nördlich von Worms überschritt die *45th Infantry Division* unter massiver Artillerieunterstützung den Rhein, zwischen Worms und Frankenthal die *3rd Infantry Division.* Beide Divisionen gehörten zusammen mit der *44th* und *63rd Infantry Division* zu dem nordwestlich von Ludwigshafen liegenden *XV Corps.* Das *VI Corps* mit drei Divisionen stand zu diesem Zeitpunkt in Ludwigshafen und südlich davon, weiter westlich lagerten weitere Einheiten wie die *10th Armored Division* des *XXI Corps* mit Hauptquartier in Edenkoben.[2]

Im Tagesverlauf des 26. März eroberte die *3rd Infantry Division* große Teile des nördlichen Mannheims und weitere Gemeinden nördlich und nordöstlich davon. Überall entlang des Rheins zwischen Frankenthal und Worms wurden parallel dazu erste leichte Pontonbrücken errichtet. In Worms bauten amerikanische Pioniere noch am gleichen Tag eine erste größere Pontonbrücke, mit der auch schweres Gerät über den Fluss gebracht werden konnte. Als eine der ersten Einheiten überquerte die *44th Infantry Division* unter MG William F. Dean diese Pontonbrücke und bezog am 27. März ihren Gefechtsstand in Lampertheim. Ihr sollte die Hauptlast bei der Eroberung Mannheims zufallen, die *3rd Infantry Division* wurde derweil nach Norden abgezogen.[3]

MG Deans Division bestand im Wesentlichen aus drei Infanterieregimentern, die durch jeweils eine Panzerkompanie des *772nd Tank Battalion* und weitere Kräfte verstärkt worden waren und damit drei Kampfgruppen von jeweils 3.500 bis 4.000 Mann bildeten. Das *71st Infantry Regiment* übernahm den rechten Flügel entlang des Rheins, das *324th Infantry Regiment* bezog Quartier in Viernheim, das *114th Infantry Regiment* zog an die Bergstraße bei Hemsbach/Sulzbach. Im Käfertaler Wald befanden sich derweil Artillerieeinheiten der *44th Infantry Division,* die die nötige Feuerunterstützung für den weiteren Vormarsch nach Süden geben sollten.[4] Zu diesen Artillerieeinheiten gehörte das *933rd Field Artillery Battalion,* das seinen Gefechtsstand in einem Wasserwerk am Südrand des Käfertaler Waldes einrichtete.

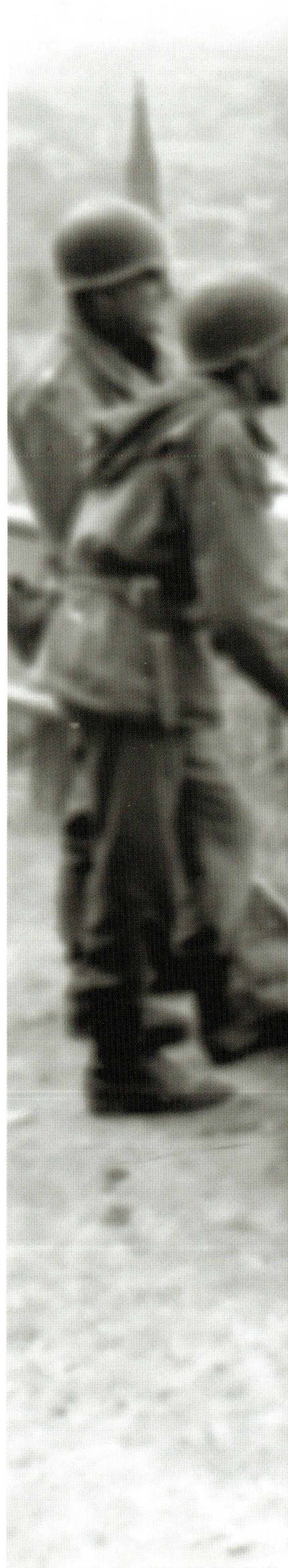

Amerikanische Soldaten beim Blick auf die Heidelberger Altstadt unmittelbar nach der Einnahme der Stadt Ende März 1945 (*US Army*).

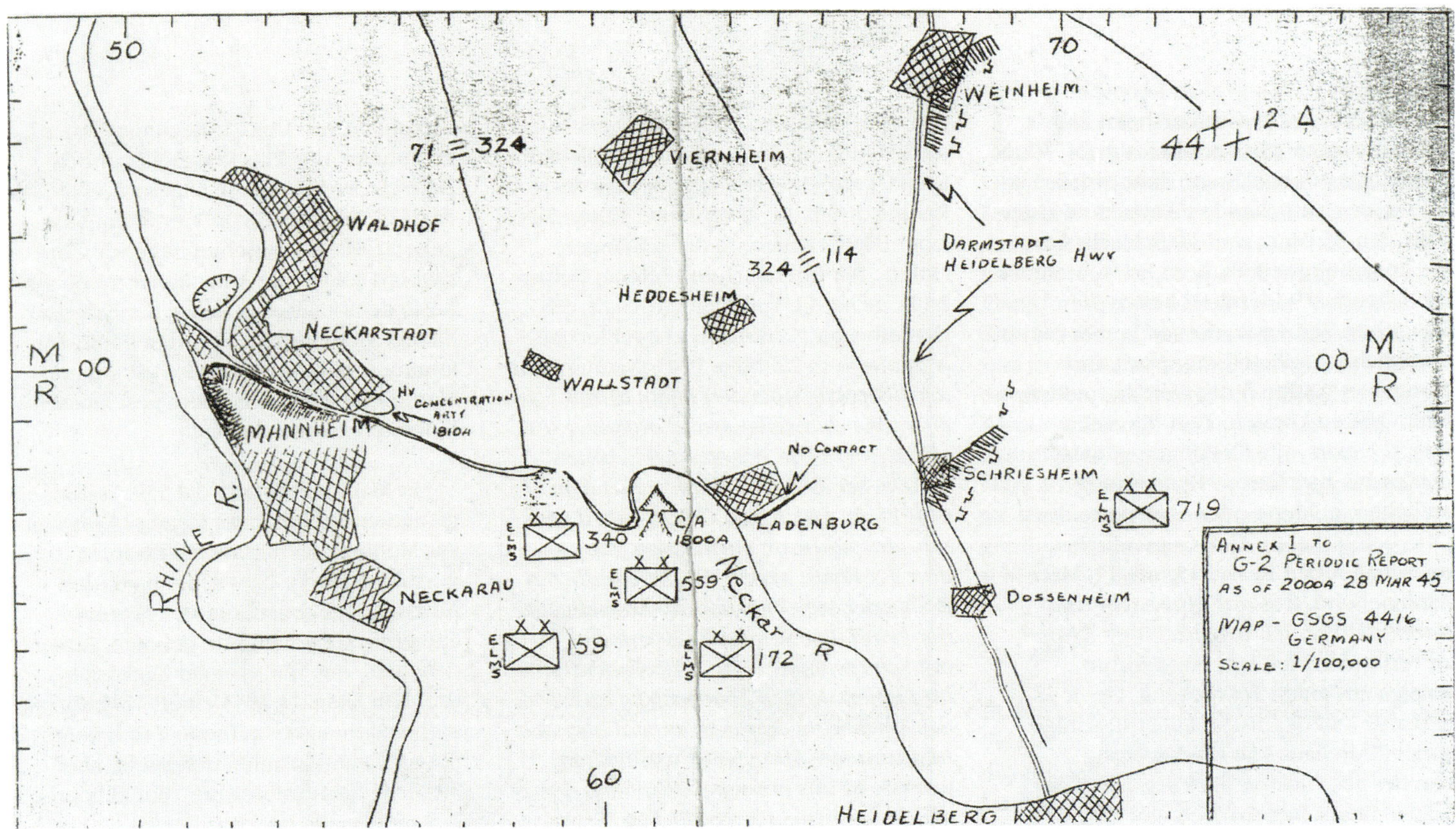

↑ Militärische Lage nördlich von Heidelberg am Abend des 28. März 1945: Einheiten der *44th Infantry Division* standen zu diesem Zeitpunkt bereits in Ladenburg und Schriesheim. Rechts oben ist die Grenze zu der im Odenwald operierenden *12th Armored Division* zu erkennen (*NARA*).

Am 28. März 1945 rückte die *44th Infantry Division* nach Süden vor, schon gegen Mittag hatten erste Einheiten den Neckar bei Mannheim-Feudenheim überquert. Am Abend erreichten *M4 Sherman*-Kampfpanzer das nördliche Neckarufer auf der Höhe der Mannheimer Neckarstadt und nahmen Ziele im Innenstadtbereich unter Feuer. Während des Tages konnte der deutschstämmige jüdische Militärarzt CPT Franz S. Steinitz vom *933rd Field Artillery Battalion* telefonischen Kontakt zu den verbliebenen Resten der Mannheimer Stadtverwaltung herstellen. Bis zum Morgen des darauf folgenden Tages wurde unter teilweise chaotischen Bedingungen eine Waffenruhe für Mannheim ausgehandelt, womit das Schicksal der Rhein-Neckar-Metropole besiegelt war.[5] Am Morgen des 29. März überquerten erste Teile des *71st Infantry Regiment* den Neckar und besetzten die Mannheimer Innenstadt.

Schon am 28. März hatten weitere Einheiten die wichtige Pontonbrücke bei Worms überquert und im Rücken der *44th Infantry Division* Stellung bezogen. Der Gefechtsstand der *63rd Infantry Division* befand sich am Abend des 28. März in Neuschloss im Käfertaler Wald, der Gefechtsstand der *10th Armored Division* in Mannheim-Waldhof. Beide Einheiten sollten die *44th Infantry Division* allmählich ablösen und den weiteren Vormarsch in Richtung Heidelberg einleiten. Pioniere des *55th Armored Engineer Battalion* der *10th Armored Division* errichteten am 29. März auf Höhe der Mannheimer Innenstadt eine schwere Pontonbrücke, über die zwei Brigadeverbände der Division (*Combat Command A* und *Combat Command B*) den Neckar überquerten. Ein dritter Verband in Brigadestärke (*Combat Command R;* überwiegend Unterstützungseinheiten) verblieb auf dem Nordufer des Flusses. *Combat Command A* und *Combat Command R* rückten nun langsam auf beiden Seiten des Neckars auf Heidelberg vor, während *Combat Command B* über die südlichen Mannheimer Vororte auf Brühl, Rohrhof und Schwetzingen marschierte, wo es zu heftigen Kämpfen mit zurückweichenden deutschen Einheiten kam.[6]

Die drei Infanterieregimenter der *63rd Infantry Division* (*253rd, 254th* und *255th Infantry Regiment*) rückten zur etwa gleichen Zeit auf die Linie Ilvesheim-Dossenheim vor, um hier Stellungen der *44th Infantry Division* zu übernehmen und auf Heidelberg vorzustoßen.[7] Einheiten der *12th Armored Division* waren zu diesem Zeitpunkt bereits tief in den Odenwald vorgedrungen und näherten sich am 29. März über das Ulfenbachtal dem Neckar bei Hirschhorn, was einer Einkreisung Heidelbergs gleichkam. Der Divisions-

↖ Schulterabzeichen der *63rd Infantry Division* (*US Army*).

gefechtsstand befand sich am 28. März noch in Lorsch, einen Tag später bereits in Beerfelden.

Bevor der Angriff auf Heidelberg beginnen konnte, gelang es der *44th Infantry Division* am 29. März 1945 jedoch, vom Wasserwerk im Käfertaler Wald aus über eine Dienstleitung Kontakt mit der Stadtverwaltung Heidelberg und Oberbürgermeister Dr. Carl Neinhaus herzustellen. Der Kommandeur der Artillerietruppen der *44th Infantry Division* BG William A. Beiderlinden forderte vom Oberbürgermeister kategorisch den Rückzug der von den Amerikanern in Heidelberg vermuteten starken deutschen Artillerieverbände und die Aufnahme von Übergabeverhandlungen. Ansonsten würde Heidelberg noch am gleichen Tag ab 20:00 Uhr durch amerikanische Artillerie angegriffen werden. Die Stadt sagte nach kurzer Rücksprache mit dem für die Verteidigung Heidelbergs verantwortlichen LXXX. Armeekorps unter General der Infanterie Dr. Franz Beyer zu. Gegen 19:00 Uhr sollte sich eine sechsköpfige Delegation den amerikanischen Linien auf der Autobahn zwischen Heidelberg und Mannheim in zwei Kraftwagen mit großen weißen Fahnen nähern.[8]

In der Stadt befanden sich zu diesem Zeitpunkt fast keine Kampftruppen mehr. Stattdessen dienten weite Areale als Lazarette für Tausende von Verwundeten. Viele Gebäude der Stadt waren mit großen roten Kreuzen gekennzeichnet worden, eine kleine Luftabwehreinheit auf dem Bismarckplatz zog dennoch leichtes amerikanisches Artilleriefeuer auf sich. Um weitere Angriffe der Amerikaner zu verhindern, erklärten sich das LXXX. Armeekorps bei Gaiberg und ein in Rohrbach liegender deutscher Divisionsstab (wahrscheinlich zur 198. Infanteriedivision gehörend) gegenüber Oberbürgermeister Dr. Neinhaus bereit, ihre Truppen mindestens 200 m von allen Lazaretten innerhalb der Stadt fernzuhalten, wodurch weite Teile der Stadt – vor allem der Altstadt – praktisch entmilitarisiert wurden.[9]

Ab 17:00 Uhr versammelten sich die Mitglieder der deutschen Delegation im Arbeitszimmer des Oberbürgermeisters, darunter der Kommandeur der Heidelberger Lazarette Oberstarzt Dr. Hubert Niessen, der Dekan der Medizinischen Fakultät der Universität Prof. Dr. Karl Johann Achelis, der Sanitätsoffizier beim Standortältesten Oberstabsarzt Dr. Paul Dahmann und der Oberbürgermeister selbst. Als ein ebenfalls zur Delegation gehörender Vertreter des in Heidelberg liegenden Divisionsstabs kurz vor 19:00 Uhr immer noch nicht eingetroffen war, einigte man sich mit den Amerikanern telefonisch auf eine Verschiebung der Verhandlungen. Nun sollte sich die Delegation gegen 21:00 Uhr auf der Landstraße zwischen Handschuhsheim und Dossenheim einfinden. Als schließlich Oberleutnant Dieter Brüggemann vom Divisionsstab im Rathaus eintraf, brachte er eine gute Nachricht mit: Die gesamte Altstadt Heidelbergs sollte zur „offenen Stadt" erklärt werden. Gleichzeitig trat nun aber ein neuerliches Problem auf, da die Wehrmacht die Sprengung der beiden verbliebenen Heidelberger Neckarbrücken einschließlich der historisch wertvollen Alten Brücke gegen 21:00 Uhr in Angriff nehmen wollte (die Ernst-Walz-Brücke war zu diesem Zeitpunkt bereits gesprengt). Oberbürgermeister Dr. Neinhaus beschloss daher, nicht mit der Delegation zu fahren und stattdessen alles zu versuchen, um die geplanten Brückensprengungen zu verhindern.[10]

Gegen 20:30 Uhr setzte sich die Delegation über die noch intakte Friedrichsbrücke (heute Theodor-Heuss-Brücke) nach Dossenheim in Bewegung, wo sie von den Amerikanern schon erwartet wurde. Vorbei an endlosen Kolonnen aufmarschierender Panzer, Lastwagen und Jeeps ging die Fahrt nun über Ladenburg in ein Bauernhaus in Käfertal (nach einigen Quellen in den Gefechtsstand der *44th Infantry Division* in Lampertheim).[11] Auch über den genauen Ablauf der Verhandlungen und die auf amerikanischer Seite daran beteiligten Personen existieren in den Quellen teilweise unterschiedliche Angaben. Als sicher gilt, dass die Verhandlungen von gegenseitigem Misstrauen und unterschiedlichen Vorstellungen über die eigentlichen Ziele der Verhandlungen geprägt waren. Während die Amerikaner die bedingungslose Übergabe der Stadt verlangten, verwiesen die Deutschen auf ihre fehlenden diesbezüglichen Befugnisse und drängten lediglich auf eine Schonung der umfangreichen Lazarette der Stadt. Da eine solche Vereinbarung Heidelberg bereits in weiten Teilen zur offenen Stadt machen würde, kündigten die Amerikaner ihren Einmarsch für den kommenden Morgen an, sprachen eine klare Drohung für den Fall militärischen Widerstands aus und entließen die deutsche Delegation. Auf ihrem Rückweg geriet die Delegation unter amerikanisches Artilleriefeuer, wodurch mehrere Delegationsmitglieder verletzt wurden.[12]

↖ Schulterabzeichen der *44th Infantry Division* (*US Army*).

In der Zwischenzeit hatte Oberbürgermeister Dr. Neinhaus die Sprengung der beiden verbliebenen Brücken nicht verhindern können, sodass sich die unverletzten Delegationsmitglieder gegen 3:00 Uhr am Morgen des 30. März vor den Ruinen der Friedrichsbrücke wiederfanden. Die Suche nach einer Fähre zur Flussüberquerung führte die Delegation schließlich zur 16-jährigen Anni Tham, die die

↑ Amerikanische Soldaten während des Einmarschs in Heidelberg Ende März 1945 (*NARA*).

Delegation trotz sporadischen Artilleriebeschusses sicher über den Neckar paddelte. Während Oberleutnant Brüggemann das Verhandlungsergebnis nun dem Stab seiner Division mitteilte, eilten Oberstarzt Dr. Niessen und Oberstabsarzt Dr. Dahmann zum Rathaus, das sie jedoch verschlossen vorfanden.[13]

Am darauf folgenden Karfreitagmorgen, dem 30. März 1945, näherten sich amerikanische Kolonnen aus mehreren Richtungen dem Heidelberger Stadtzentrum. Von Norden her trafen vor allem Einheiten der *63rd Infantry Division* in Handschuhsheim und Neuenheim ein und standen gegen 7:30 Uhr am nördlichen Neckarufer. Im Süden marschierten Verbände der *10th Armored Division* langsam in die Stadt. Trotz leichten Artilleriebeschusses auf amerikanische Truppen in Neuenheim, einiger Rückzugsgefechte versprengter SS-Angehöriger beim Bergfriedhof und vereinzeltem Gewehrfeuer fanatischer Mitglieder der Hitler-Jugend aus dem Marstallhof kam es zu keinen massiven Gegenschlägen der Amerikaner. Forderungen einzelner Offiziere nach Vergeltungsmaßnahmen für die Angriffe aus dem Hinterhalt wies BG Beiderlinden mit stoischer Ruhe und Entschlossenheit zurück, was Heidelberg und seinen Bürgern einiges Leid ersparte. Im *Official Report of Operations* der *Seventh Army* zum 1. April 1945 heißt es denn auch „The City of Heidelberg surrendered without a fight".[14] Die für die Übergabe der Stadt eigentlich verantwortliche *44th Infantry Division* war zu diesem Zeitpunkt schon aus der Front herausgelöst und nach Norden verlegt worden, um sich von den Kämpfen um Mannheim zu erholen.

Während der nächsten Tage zogen zahllose amerikanische Einheiten durch Heidelberg hindurch oder südlich an Heidelberg vorbei. Die *63rd Infantry Division* konnte am 1. April 1945 ihren Gefechtsstand in Heidelberg einrichten, der sich einen Tag später bereits in Aglasterhausen befand. Die *10th Armored Division* verlegte ihren seit dem 28. März in Mannheim-Waldhof liegenden Gefechtsstand am 2. April erst nach Heidelberg, dann nach Hoffenheim. Bei Heilbronn sollte die Division einige Tage später in schwere Kämpfe verwickelt werden.[15]

Auch andere Einheiten traten nun in Heidelberg auf, wie etwa Teile der *103rd Infantry Division,* die zuvor bei Worms und Ludwigshafen (wo es seit dem 30. März ebenfalls eine schwere Pontonbrücke gab) den Rhein überquert hatten. Um den weiteren Vormarsch der Divisionen

↑ Angehörige des *555th Engineer Heavy Pontoon Battalion* errichten am 1. April 1945 eine schwere Pontonbrücke über den Neckar (*NARA*).
↓ BG William A. Beiderlinden, dessen Zurückhaltung in den letzten Märztagen 1945 große Teile Heidelbergs vor der sicheren Zerstörung bewahrte (*US Army*).

der *Seventh Army* zu unterstützen, konstruierten Pioniere des *555th Engineer Heavy Pontoon Battalion* am 1. April 1945 eine schwere Pontonbrücke über den Neckar auf Höhe des Bismarckplatzes.[16] Der Krieg war für Heidelberg in jedem Fall beendet. Nun begann die Zeit der amerikanischen Militärregierung, die im direkten Gefolge der einmarschierenden Truppen in die Stadt einzog.

Der für die Übergabeverhandlungen am 29. März 1945 auf amerikanischer Seite verantwortliche BG William A. Beiderlinden kehrte 1970 als Tourist nach Heidelberg zurück und wurde dabei für seine Rolle bei der Einnahme Heidelbergs und seiner kulturhistorischen Stätten geehrt. Letztlich war die Rettung der Stadt vor der drohenden Zerstörung jedoch durchaus eine gelungene deutsch-amerikanische Gemeinschaftsleistung (ein „Gentlemen's Agreement", wie es Oberleutnant Brüggemann nach dem Krieg bezeichnete), die erst der Mut einiger Beteiligter auf beiden Seiten ermöglicht und der Stadt am Neckar unnötiges Blutvergießen erspart hatte.[17]

2 Stadt der Generäle und Hauptquartiere

Wie wohl kaum eine andere amerikanische Garnison in Deutschland spielte Heidelberg über lange Jahre eine zentrale Rolle in den Planungen der amerikanischen Streitkräfte und der *NATO* (*North Atlantic Treaty Organization*), war die Stadt am Neckar seit dem Zweiten Weltkrieg ein Ort, an dem wichtige Entscheidungen über militärische Strukturen und Operationen gefällt wurden. Während andere amerikanische Garnisonen in Deutschland während des Kalten Kriegs und darüber hinaus vor allem durch die Anwesenheit großer Kampf- und Kampfunterstützungseinheiten mit ihrem Großgerät geprägt wurden, wirkte die Heidelberger Garnison immer ein wenig beschaulich, spielte sich der Alltag der Soldaten eher in Büros und Besprechungsräumen als auf Schießständen und Truppenübungsplätzen ab.

Auf die Zusammensetzung der Truppe und das Leben in der Garnison hatte Heidelbergs Hauptquartiersfunktion naturgemäß weitreichende soziale Auswirkungen. In Spitzenzeiten lebten und dienten hier nicht weniger als 20 Offiziere im Generalsrang. Hinzu kamen zahlreiche weitere ranghohe Offiziere, viele leitende zivile Mitarbeiter und natürlich das nicht minder hochrangige Militärpersonal anderer *NATO*-Staaten. Der durchschnittliche amerikanische Heidelberger war generell älter als in anderen Garnisonen, verfügte über ein höheres Einkommen und einen höheren beruflichen Status und brachte weitaus häufiger Ehepartner und Kinder mit in die Garnison. Darüber hinaus zog Heidelbergs Hauptquartierfunktion über die Jahre immer wieder prominente militärische und politische Führungspersönlichkeiten zu Besuchen in die Garnison, in der prächtige Paraden, glanzvolle Empfänge in festlich geschmückten Klubs und Kasinos und fast schon feudale Umgangsformen zum Alltag gehörten. Für viele Offiziere, Unteroffiziere und zivile Mitarbeiter der amerikanischen Streitkräfte – vor allem der *US Army* – stellte Heidelberg seit 1945 daher eine wichtige und prägende Durchgangsstation ihrer Karriere dar.

Hauptquartiere der Anfangsjahre

Die Tradition der Heidelberger Garnison als Standort wichtiger Hauptquartiere der amerikanischen Streitkräfte in Europa geht zurück auf die letzten Wochen des Zweiten Weltkriegs, als die *6th Army Group* unter dem Kommando von GEN Jacob L. Devers ihr Hauptquartier in der Stadt einrichtete. Die *6th Army Group* bildete eine von drei Armeegruppen der Westalliierten in Europa 1944/1945 und war am 29. Juli 1944 auf Korsika in Dienst gestellt worden.[1] Während der letzten Kriegsmonate hatte sie das Kommando über die amerikanische *Seventh Army* und die 1. Französische Armee, die Ende März 1945 nacheinander den Rhein nördlich bzw. südlich von Mannheim überschritten hatten.[2] Das Hauptquartier der *6th Army Group* überquerte den Rhein im Gefolge der ihm unterstellten Truppen und richtete sich Anfang April 1945 in der Heidelberger Großdeutschlandkaserne ein. Im nahen Mannheim wurde dagegen mit der *Continental Advance Section* das wichtigste Nachschubhauptquartier der *6th Army Group* untergebracht.[3]

← Schulterabzeichen der *6th Army Group* (*US Army*).

Bei beiden Standortentscheidungen dürfte die geografische Lage des Rhein-Neckar-Raums bezüglich der weiteren Vormarschrichtung der *6th Army Group* eine wichtige Rolle gespielt haben. Von besonderer Bedeutung waren hier neben der Lage im Zentrum des Oberrheingrabens mit seinen Binnenschifffahrtswegen vor allem die Nachschubwege nach Westen (über Kaiserslautern und Saarbrücken nach Frankreich) und die Autobahnverbindungen nach Norden (Frankfurt am Main) und Südosten (über Karlsruhe und Stuttgart nach München). Für die weitere Kriegsführung stellte der Rhein-Neckar-Raum für die *6th Army Group* somit eine ideale Drehscheibe für die Koordinierung und Versorgung der kämpfenden Truppe, aber auch für die Rückführung von Kriegsgefangenen,

Am 6. Juli 2007 werden Teile des *Component Command – Land Headquarters Heidelberg* (*CC-Land HQ HD*), die zu einem Einsatz in Afghanistan aufbrechen, in einer militärischen Zeremonie in der *Campbell Barracks* verabschiedet (*USAG Baden-Württemberg*).

Gefallenen und Verwundeten dar. Das weitgehend unzerstörte Heidelberg mit der repräsentativen Großdeutschlandkaserne und seinen prächtigen Villen und Bürgerhäusern erhielt dabei den Vorzug als Hauptquartier. Romantisch-nostalgische Erwägungen dürften bei dieser Entscheidung keine Rolle gespielt haben.

Bis zum Kriegsende in Europa am 8. Mai eroberte die *6th Army Group* große Teile Süddeutschlands und Teile Österreichs bis zum Brenner, wobei sich die 1. Französische Armee auf Südbaden und Südwürttemberg konzentrierte, die amerikanische *Seventh Army* auf die Gebiete nördlich und östlich davon.[4] Das Hauptquartier der *6th Army Group* verblieb derweil in Heidelberg. Da dieses Hauptquartier von Anfang an als rein operative Einheit zur Kriegsführung ohne umfangreiche verwaltungstechnische Aufgaben für den nun folgenden Frieden ausgelegt war, verlor es mit dem Ende der Kampfhandlungen seine Existenzberechtigung.[5]

In den ersten Wochen nach dem 8. Mai 1945 widmete man sich daher hauptsächlich einigen Truppenverlegungen amerikanischer und französischer Verbände in Süddeutschland, die nun ihre vorgesehenen Besatzungszonen übernehmen mussten; beispielsweise musste die 1. Französische Armee Karlsruhe und Stuttgart räumen; die Amerikaner rückten nach. Nachdem auch diese Aufgaben abgeschlossen waren, wurde die *6th Army Group* in Heidelberg am 18. Juli 1945 außer Dienst gestellt. Ursprünglich war die Umwandlung des Hauptquartiers in ein *Redeployment Training Command* angedacht, das Soldaten auf eine Verlegung in die USA oder einen möglichen Einsatz im Krieg gegen Japan vorbereiten sollte. Diese Umwandlung unterblieb jedoch vor dem Hintergrund des absehbaren Endes der Kampfhandlungen im Pazifik.[6]

↙ Schulterabzeichen der *Seventh Army* (*US Army*).

Bereits am 22. Juli 1945 wurde das Hauptquartier der *Seventh Army* unter dem Kommando von LTG Wade H. Haislip nach Heidelberg verlegt. Die hierarchisch eine Stufe unterhalb der Ebene einer Armeegruppe angesiedelten Armeen konnten nach den seinerzeit gültigen Dienstvorschriften der *US Army* auch Aufgaben im Frieden wahrnehmen, weshalb sie für die Herausforderungen der Besatzungszeit besser geeignet waren. Als übergeordnete Kommandoebene bestand seit dem 1. Juli 1945 das Hauptquartier der *US Forces, European Theater* (*USFET*) in Frankfurt am Main. Der *Seventh Army* in Heidelberg wurde die Zuständigkeit für alle amerikanischen Heerestruppen in Bremen, Hessen, Nordbaden und Nordwürttemberg zugewiesen (*Western Military District*), während die *Third Army* in Bad Tölz die Verantwortung für Bayern übernahm (*Eastern Military District*).[7]

Neben der Unterstützung der Militärregierung in der amerikanischen Besatzungszone galt es fortan den massiven Truppenabbau der Amerikaner in Europa zu bewältigen. Zum Kriegsende 1945 standen etwa drei Millionen amerikanische Soldaten in Europa, davon gut 1,6 Millionen in Deutschland, die nun größtenteils in die USA zurückverlegt werden mussten. Im Januar 1946 hatte sich die Zahl der amerikanischen Militärangehörigen in Europa bereits auf 600.000 verringert. Bis zum Mai 1946 sank die Zahl auf 300.000. Als Besatzungsarmee widmete sich die *Seventh Army* hauptsächlich der Aufrechterhaltung von Recht und Ordnung und der Unterstützung der amerikanischen Militärregierung in den von ihr verantworteten Gebieten. Daneben kümmerte sie sich um die Vorbereitung ihrer Soldaten auf das Zivilleben.[8]

↙ Schulterabzeichen der *Third Army* (*US Army*).

Während der Jahre 1945 und 1946 sank die Zahl der Soldaten in Deutschland und Europa derart schnell, dass die *Seventh Army* bereits ab Januar 1946 damit begann, ihr Personal und ihre Funktionen allmählich der *Third Army* zu übertragen, die langfristig die alleinige Verantwortung für die Heerestruppen in der amerikanischen Besatzungszone übernehmen sollte. Am 31. März 1946 wurde das Hauptquartier der *Seventh Army* in Heidelberg schließlich außer Dienst gestellt, nur zwei Tage später zog das Hauptquartier der *Third Army* von Bad Tölz nach Heidelberg.[9] Aufgrund des schlechten Gesundheitszustands von LTG Lucian K. Truscott, dem Kommandeur der *Third Army,* wurde der letzte Kommandeur der *Seventh Army* LTG Geoffrey Keyes der erste Heidelberger Kommandeur der *Third Army* (*Commanding General, Third Army* oder einfach nur *Commanding General*). Überhaupt stellte sich der Übergang von der *Seventh Army* zur *Third Army* in Heidelberg im Wesentlichen als eine reine Umflaggung dar; größere Truppenverschiebungen zwischen Bad Tölz und Heidelberg blieben aus. Die Struktur des neuen Hauptquartiers unterschied sich denn auch nicht von der Struktur des Vorgängerhauptquartiers. Neben dem *Commanding General* und seinem *Chief of Staff* (Stabschef) gab es die üblichen G-Stäbe, dazu eine Reihe von Spezialstäben und Verbindungsstellen.[10]

Parallel zum Umzug des Hauptquartiers der *Third Army* nach Heidelberg wurden Teile der in Deutschland verbliebenen *1st* und *4th Armored Division* im Frühjahr 1946 in die *US Constabulary* überführt, eine Art Polizeitruppe mit leichter Bewaffnung, die in der Fläche des Besatzungsgebiets gleichmäßig verteilt sein und Sicherungsaufgaben wahrnehmen sollte. Insgesamt wurden in der amerikanischen Besatzungszone in Deutschland neun Regimenter der *US Constabulary* zu je drei *Squadrons* (Bezeichnung für Bataillone in der amerikanischen Kavallerie) aufgestellt und in drei Brigaden zusammengefasst (Hauptquartiere in Wiesbaden, Stuttgart und München). Das auf Korpsebene angesiedelte Hauptquartier der *US Constabulary* in Bamberg war ab dem 1. Juli 1946 einsatzbereit und unterstand mit seinen zunächst gut 30.000 Soldaten zusammen mit den übrigen Heerestruppen in Deutschland dem Hauptquartier der *Third Army* in Heidelberg.[11]

↑ Zur Heidelberger *Third Army* gehörende Wache der Militärpolizei 1946 (*Walter F. Elkins*).

Der Schrumpfungsprozess der amerikanischen Streitkräfte in Europa setzte sich derweil fort; zum 1. Juli 1946 befanden sich neben der *US Constabulary* und einigen Hilfstruppen nur drei schwache Infanteriedivisionen in der amerikanischen Besatzungszone, im Januar 1947 gar nur noch zwei. Als absehbar wurde, dass eine weitere Infanteriedivision aus Deutschland verschwinden und auch die *US Constabulary* nach und nach an Personalstärke einbüßen würde (bis November 1947 wurden vier der neun in Deutschland stationierten Regimenter aufgelöst; alles in allem befanden sich damit knapp unter 100.000 Heeressoldaten in Deutschland), wurde der Entschluss gefasst, das Heidelberger Hauptquartier der *Third Army* am 15. März 1947 aufzulösen.[12]

An die Stelle des Hauptquartiers der *Third Army* trat nun das Hauptquartier der *US Constabulary* unter dem Befehl des legendären MG Ernest N. Harmon. Der in weiten Teilen schon im Februar 1947 abgeschlossene Umzug nach Heidelberg brachte neben dem eigentlichen Hauptquartier selbst auch einige dem Hauptquartier zugeordnete Einheiten in die Stadt (*Constabulary Special Troops*). Hierzu gehörten:[13]

- das *97th Constabulary Signal Squadron* (Fernmeldebataillon, 886 Soldaten),
- das *85th Constabulary Car Platoon* (Fahrbereitschaftszug, 33 Soldaten),
- die *114th Constabulary Band* (Militärband, 29 Soldaten),
- die *820th Constabulary MP Company* (Militärpolizeikompanie, 163 Soldaten),
- weitere Einheiten mit insgesamt 440 Soldaten.

Das eigentliche Hauptquartier hatte eine Personalstärke von 218 Soldaten, darunter 81 Offiziere, und umfasste neben dem inneren Führungszirkel (*Command Group*) um den *Commanding General* und vier G-Stäben (G1 bis G4) insgesamt 15 Spezialstäbe, unter denen die Spezialstäbe des Pionier- und Sanitätswesens mit je fünf Offizieren die größten waren. Daneben gab es einen *Headquarters and Headquarters Troop* (213 Soldaten) zur unmittelbaren Unterstützung und Versorgung des Hauptquartiers.[14]

↙ Schulterabzeichen der *US Constabulary*, das den Spitznamen „Blitzpolizei" erklärt (*US Army*).

Aufgrund des Namens ihres *Commanding General* wurde die *US Constabulary* in Teilen der deutschen Bevölkerung als „Harmons Gestapo" verspottet. Schon bald setzte sich aber die Bezeichnung „Blitzpolizei" durch, die sich am Schulterabzeichen der überaus korrekt auftretenden Truppe orientierte. Unter den Amerikanern waren die Mitglieder der Ordnungspolizei ebenfalls in Anlehnung an das Schulterabzeichen als *Circle-C Cowboys* bekannt.[15]

Inzwischen war es im nahen Frankfurt am Main zu einer organisatorischen Umstrukturierung auf der höchsten Führungsebene der

↑ GEN Joseph T. McNarney (*Commanding General* des amerikanischen Europahauptquartiers *USFET*; mit Schirmmütze) bei einer Feierlichkeit der *Third Army* in der *Campbell Barracks* im Febr. 1947 (*Walter F. Elkins*).

US Army in Europa gekommen. Zum 15. März 1947 war das *USFET*-Hauptquartier in das Hauptquartier des *European Command* (*EUCOM*) umgewandelt worden, das als *Joint Service Command* Heeres-, Luftwaffen- und Marineeinheiten kommandierte. *EUCOM* unterstanden neben einem kleinen Stab für die Heereskomponente (ab dem 15. November 1947 bereits als *US Army, Europe* = *USAREUR* bekannt) das Hauptquartier der amerikanischen Luftwaffe für Europa (*US Air Forces, Europe* = *USAFE*) in Wiesbaden, das Hauptquartier der amerikanischen Marine in Deutschland (*US Naval Forces, Germany* = *USNAVGER*) in Berlin und weitere Einheiten wie die *US Constabulary*, die amerikanischen Streitkräfte in Österreich (*US Forces Austria* = *USFA*) und den *First* und *Second Military District*, die zahlreiche Standortverwaltungen der amerikanischen Garnisonen (*Military Posts*) in Deutschland befehligten.[16]

Als im Frühjahr 1948 die räumlichen Verhältnisse in Frankfurt am Main infolge der Zusammenführung der amerikanischen und britischen Besatzungszonen und des Zuzugs von Teilen der amerikanischen Militärregierung aus Berlin immer beengter wurden und die *US Constabulary* gleichzeitig weitere Personaleinbußen hinnehmen musste, zog das *EUCOM*-Hauptquartier nach Heidelberg, das Hauptquartier der *US Constabulary* im Gegenzug nach Stuttgart. Heidelberg erhielt damit ein hochrangiges Hauptquartier mehrerer Teilstreitkräfte, das aber klar von Angehörigen der *US Army* dominiert wurde. Erster Kommandeur des neuen Hauptquartiers in Heidelberg (*Commander-in-Chief, EUCOM* = *CINCEUR*) war GEN Lucius D. Clay, der aber gleichzeitig als amerikanischer Militärgouverneur für Deutschland fungierte und deshalb seinen ersten Dienstsitz in Berlin hatte. Ranghöchster General in Heidelberg war stattdessen der *Deputy CINCEUR* und *Chief of Staff* LTG Clarence R. Huebner. Als GEN Clay aus seinen Ämtern ausschied, übernahm LTG Huebner am 15. Mai 1949 für einige Monate das Amt eines *Acting CINCEUR* (kommissarischer *CINCEUR*), bevor zum 2. September des gleichen Jahrs GEN Thomas T. Handy zum neuen *CINCEUR* ernannt wurde. Parallel dazu wurden die Ämter des Militär-

↑ *CINCEUR* GEN Thomas T. Handy, der von 1949 bis 1952 *EUCOM* in Heidelberg befehligte (*US Army*).

↑ *CINCEUR* GEN Thomas T. Handy (Zweiter von links) und der französische General Jean de Lattre de Tassigny bei einer militärischen Zeremonie in der *Campbell Barracks* am 13. Juni 1950. Die rechts stehende Einheit besteht ausschließlich aus schwarzen Soldaten; die Rassentrennung in der *US Army* wurde erst einige Jahre später aufgehoben (*Dr. John Provan*).

gouverneurs und des *CINCEUR* getrennt, sodass GEN Handy auch tatsächlich in der Heidelberger *Campbell Barracks* residierte.[17]

Ähnlich wie sein Heidelberger Vorgänger wies auch das *EUCOM*-Hauptquartier neben einer Stabskompanie (*7891st Headquarters Company (EUCOM)*) eine Reihe von Unterstützungs- und Versorgungseinheiten auf. Hierzu gehörten im Januar 1949 u.a. die *533rd MP Company,* die die *Honor Guard* (Ehrengarde) des *EUCOM*-Hauptquartiers stellte und auch für den Schutz des Hauptquartiers und seiner Angehörigen verantwortlich zeichnete.[18] Die *7787th Army Unit, Aviation Detachment* diente auf dem nahen Flugplatz in Pfaffengrund (seinerzeit als *Heidelberg Air Strip* bekannt)[19] als Flugbereitschaft des *EUCOM*-Hauptquartiers. Die Fahrbereitschaft wurde von der bis 1952 nur aus schwarzen Soldaten bestehenden und in Mannheim-Seckenheim untergebrachten *519th Car Company* gestellt. Ebenfalls nur aus schwarzen Soldaten bestanden in der Anfangszeit einige dem *EUCOM*-Hauptquartier zugeordnete Militärbands, die zwar in Mannheim untergebracht waren, aber häufig bei militärischen Zeremonien in Heidelberg auftraten. Hierzu gehörte ab 1948 die *427th Army Band* (ab Juni 1952 durch die *80th Army Band* in Mannheim ersetzt), ein Jahr später kam die *33rd Army Band* hinzu.[20] Im Rahmen der Aufhebung der Rassentrennung in den amerikanischen Streitkräften wurden alle genannten Einheiten ab 1952 allmählich in gemischte Einheiten aus schwarzen und weißen Soldaten umgewandelt. Das Kommando über die meisten Einheiten wurde von der *7888th Army Unit, Special Troops* übernommen (auch als *Special Troops, Headquarters EUCOM* bezeichnet), der alle Unteroffiziere und Mannschaftsdienstgrade in den diversen Stäben des Hauptquartiers verwaltungstechnisch unterstellt waren.[21] Dazu gehörte ein *WAC Detachment, EUCOM* im Gebäude 1 der *Patton Barracks,* das ausschließlich aus weiblichen Soldaten des *Women's Army Corps* bestand und im Hauptquartier u.a. in der Kommunikationszentrale und in der Verwaltung zum Einsatz kam.

In die Heidelberger Zeit des *EUCOM*-Hauptquartiers fiel eine grundsätzliche Neuausrichtung der amerikanischen Europapolitik, eingeleitet durch die sowjetische Berlin-Blockade 1948/1949 und den Beginn des Korea-Kriegs 1950. Am 4. April 1949 hatten zehn westeuropäische Staaten zusammen mit Kanada und den USA das Nordatlantische Verteidigungsbündnis *NATO* ins Leben gerufen. Am 9. September 1950 kündigte der amerikanische Präsident Harry S. Truman nachhaltige Verstärkungen der in Europa stationierten amerikanischen Heeresstreitkräfte an, die zu diesem Zeitpunkt aus kaum 80.000 Soldaten mit einer nur bedingt kampffähigen Division bestanden.[22] Bis zum 30. Juni 1953 wurden diese Kräfte auf insgesamt 215.000 Soldaten und nunmehr fünf Divisionen verstärkt, in die zwei Korps in Frankfurt am Main und Stuttgart unter der Führung der *Seventh Army* (seit 24. November 1950 in Stuttgart aktiv) zusammengefasst wurden. Zusätzlich wurden die amerikanischen Luftstreitkräfte in Deutschland auf 40.000 Soldaten verstärkt.[23]

Das sprunghafte Wachstum von *EUCOM* machte allerdings auch eine organisatorische Umstrukturierung der obersten Führungsebenen der amerikanischen Streitkräfte in Europa erforderlich. Insbesondere

↑ Der amerikanische Marineminister Dan A. Kimball (heller Anzug) beim Besuch des *USNAVGER*-Hauptquartiers in der Heidelberger *Campbell Barracks* am 4. Okt. 1952. Zweiter von links: *CINCUSAREUR* LTG Manton S. Eddy (*US Army*).

benötigten die großen Heeresstreitkräfte nun ein eigenes Hauptquartier, weshalb das *EUCOM*-Hauptquartier am 1. August 1952 durch das Hauptquartier der *US Army, Europe* (*USAREUR*) ersetzt wurde. Gleichzeitig wurde in Frankfurt am Main ein neues Europahauptquartier unter dem Namen *US European Command* (*USEUCOM*) als *EUCOM*-Nachfolger in Dienst gestellt (ab Mai 1954 in St. Germain-en-Laye bei Paris, seit 1967 in Stuttgart).[24] Für das Heidelberger Hauptquartier lief diese Neuordnung auf eine bloße Umfirmierung hinaus, die alten *EUCOM*-Strukturen wurden von *USAREUR* weitgehend übernommen.

Kurz vor der *EUCOM/USAREUR*-Umwandlung wurde Heidelberg trotz seiner Binnenlage interessanterweise für einige Jahre auch Sitz des *USNAVGER*-Hauptquartiers. Ursprünglich hatten die Aufgaben der schon 1944 ins Leben gerufenen Einheit darin bestanden, die während des Kriegs erbeuteten Reste der ehemaligen deutschen Kriegsmarine einer sinnvollen Verwendung zuzuführen. Auch nach Abschluss dieser Aufgaben blieb das *USNAVGER*-Hauptquartier bestehen und wurde 1950 von Berlin nach Heidelberg verlegt. Mittlerweile hatte sich das Aufgabenspektrum der Einheit massiv verändert, insbesondere waren die ihr zugeordneten Schiffe und Boote der *US Navy* sowohl auf dem Meer als auch auf Binnengewässern anzutreffen. Zu ihren Einheiten gehörten 1952 u.a. die *US Advanced Naval Base* und die *Weser River Patrol* in Bremerhaven, die *Rhine River Patrol* in Wiesbaden und diverse nachrichtendienstliche Aktivitäten der *US Navy* in Bremerhaven, Frankfurt am Main und München.[25]

Die *US Advanced Naval Base* in Bremerhaven war der seinerzeit wichtigste Hafen der Amerikaner in Europa. Praktisch alle nach Deutschland entsandten Truppen erreichten ihre Zielorte während dieser Jahre auf dem Seeweg über Bremerhaven, auch große Teile der Ausrüstung wurden hier angelandet. Daneben wurden in Bremerhaven Minenräumaktivitäten der Amerikaner koordiniert und der Schiffsverkehr auf der Weser überwacht (*Weser River Patrol*). Die *Rhine River Patrol* kontrollierte zwischen 1949 und 1958 von ihren Basen in Wiesbaden, Mannheim und Karlsruhe aus den Schiffsverkehr auf dem Rhein zwischen Lorch am Mittelrhein und Karlsruhe und nahm damit im weitesten Sinn die Aufgaben einer Wasserschutzpolizei wahr.[26]

Im Heidelberg der 1950er Jahre blieb das hohe Marinehauptquartier freilich nur eine Randerscheinung. Kommandiert von einem *Rear Admiral* (Konteradmiral) entsprach das Hauptquartier im Verständnis des Heeres immerhin einem Divisionshauptquartier, bestand aber nur aus einem kleinen Stab und einer *Headquarters Company,* die beide im Gebäude 13 der *Campbell Barracks* residierten.[27] 1958 wurde das Heidelberger *USNAVGER*-Hauptquartier aufgelöst und sämtliche verbliebenen Aufgaben dem Hauptquartier der *US Naval Forces, Eastern Atlantic and Mediterranean* in London übertragen (ab 1960 *US Naval Forces, Europe*).

Hauptquartier *USAREUR*: Amerikas heimliche Hauptstadt in Europa

Das Hauptquartier der amerikanischen Heeresstreitkräfte in Europa sollte der Heidelberger Garnison in den Jahren nach 1952 wie keine andere Einheit ihren unverkennbaren Stempel aufdrücken und die Garnison in ihrem militärischen und zivilen Leben nachhaltig prägen. Von deutscher Seite häufig als „das" amerikanische Hauptquartier in

↑ Angehörige der *USAREUR Honor Guard* der *529th MP Company* feuern während der 1960er Jahre Salut (*Les und Deb Hintz*).

Deutschland und Europa wahrgenommen und bezeichnet, war das *USAREUR*-Hauptquartier an sich lediglich eines von mehreren gleichrangigen Hauptquartieren der einzelnen Teilstreitkräfte in Europa (*US Army, US Air Force* und *US Navy;* später kam noch das *US Marine Corps* hinzu), die zusammen *USEUCOM* unterstellt waren. Das Heidelberger Hauptquartier der Amerikaner hatte durch den Übergang von *EUCOM* zu *USAREUR* zwar etwas an Bedeutung eingebüßt, da es nur noch ein reines Heereshauptquartier war. Die klare numerische Dominanz der *US Army* unter den amerikanischen Streitkräften in Europa ließ diesen Bedeutungsverlust aber kaum erkennen. Insbesondere führte – von wenigen Ausnahmen abgesehen – weiterhin ein namhafter und auch in der breiten Öffentlichkeit bekannter Vier-Sterne-General im Hauptquartier als *Commander-in-Chief, USAREUR* (*CINCUSAREUR,* meist kurz *CINC*) das Zepter. Erster Heidelberger *CINCUSAREUR* wurde am 1. August 1952 der letzte *CINCEUR* GEN Thomas T. Handy. Ihm folgte nur zwölf Tage später LTG Manton S. Eddy, der nach seiner Pensionierung am 1. April 1953 von GEN Charles S. Bolte abgelöst wurde.[28]

↖ *USAREUR*-Schulterabzeichen (*US Army*).

Bei seiner Indienststellung im Jahr 1952 übernahm das *USAREUR*-Hauptquartier in weiten Teilen den strukturellen Aufbau seiner Vorläuferorganisation. Neben dem *CINCUSAREUR* und seinem engsten Mitarbeiterkreis gab es einen *Chief of Staff* (Stabschef), der gleichzeitig als *Deputy CINCUSAREUR* fungierte (*DCINC;* in späteren Jahren wurden die Ämter getrennt) und zusammen mit einem *Secretary of the General Staff* den Generalstab aus zunächst vier *Divisions* (G-Stäben) leitete:[29]

- G1: *Personnel and Administration* (Personal und Verwaltung),
- G2: *Intelligence* (Aufklärung, Nachrichtendienst und Spionageabwehr),
- G3: *Operations, Plans, Organization and Training* (Zentraler Planungsstab für alle Arten militärischer Operationen im Frieden wie im Verteidigungsfall),
- G4: *Logistics* (Nachschubwesen).

Daneben war dem *Secretary of the General Staff* ein *Office of the Comptroller* unterstellt, das sich mit finanziellen Fragen beschäftigte. Die meisten der genannten Stäbe bestanden aus weiteren Unterstäben, die ebenfalls als *Divisions* bezeichnet wurden. Im Fall des G1-Stabs waren dies 1952 beispielsweise eine *Adjutant General Division* (eigentliche Personalverwaltung), eine *Provost Marshal Division* (Militärpolizei) und eine *Chaplain Division* (Militärseelsorge). Unter den sieben Unterstäben des G4-Stabs fanden sich u.a. eine *Engineer Division* (Bau- und Pionierwesen), eine *Ordnance Division* (Feldzeugwesen), eine *Medical Division* (Sanitätswesen) und eine *Transportation Division* (Transportwesen).[30] In späteren Jahren wurden viele *Divisions* als *Offices* oder *Directorates* bezeichnet und von einem *Deputy Chief of Staff* geleitet. Die Bezeichnung des G2-Stabs lautete nun z.B. *Office of the Deputy Chief of Staff for Intelligence* (*ODCSINT;* im Hauptquartiersjargon gern als *Dixie* bezeichnet).

Neben den genannten Stäben mit ihren Unterstäben unterstanden dem *Chief of Staff* im Jahr 1952 ein *Political Adviser* (Politischer Berater) und nicht weniger als neun Spezialstäbe wie etwa der *Headquarters Commandant* (Kommandant des Hauptquartiers; nicht zu verwechseln mit dem *CINCUSAREUR*), eine *Civil Affairs Division* für die Öffentlichkeitsarbeit, eine *Labor Services Division* für die zahlreichen nichtamerikanischen Beschäftigten des *Labor Service* und sogar eine *Historical Division,* die mit der Archivierung und Aufbewahrung aller wichtigen Dokumente des Hauptquartiers beauftragt war. Die Größe der Stäbe, Unterstäbe und Spezialstäbe schwankte dabei zwischen einigen hundert bei großen G-Stäben und einigen wenigen Personen wie bei der *Historical Division* (zunächst in Karlsruhe beheimatet), die sich über die Jahrzehnte allmählich zum *USAREUR History Office* wandelte und zwischen 1972 und 2010 von *USAREUR Historian* Bruce H. Siemon geleitet wurde.[31]

In späteren Jahren wurde die genannte Struktur immer wieder geringfügig verändert. Beispielsweise wurden einige Unterstäbe (etwa die *Signal Division*) im Lauf der Zeit zu regulären G-Stäben erhoben (im Fall der *Signal Division* zum G6 – *Communications*). Als die Truppenstärke in Europa nach 1990 deutlich abnahm, wurden einige Stäbe auch zusammengelegt, sodass das Hauptquartier in seinem letzten Jahr in Heidelberg über sechs G-Stäbe verfügte (zusammen mittlerweile als *Coordinating Staff* bezeichnet), darunter ein kombinierter G3/5/7-Stab für Operationen, Pläne und Übungen. Die Öffentlichkeitsarbeit (*Public Affairs Office*), die Militärseelsorge (*Chaplain's Office*), die Militärgerichtsbarkeit (*Judge Advocate*) und das Beschwerde- und Untersuchungswesen (*Inspector General*) bildeten zusammen den *Personal Staff* des Hauptquartiers. Daneben gab es noch den *Special Staff,* zu dem auch Stäbe für die Gleichstellung von Geschlechtern und Rassen, der *USAREUR Historian,* der ranghöchste Militärarzt (*Chief Surgeon*) und sogar ein Stab für die Qualitätssicherung (*Lean Six Sigma*) gehörten.[32]

Die wichtigsten Stäbe des *USAREUR*-Hauptquartiers wurden über die Jahre von einem *Deputy Chief of Staff* im Rang eines *Major General* oder *Brigadier General* geleitet, sodass die Heidelberger Garnison in Spitzenzeiten unter Einbeziehung der Generäle anderer Heidelberger Einheiten auf gut 20 amerikanische Offiziere im Generalsrang kam. Da die mit rund 8.000 bis 9.000 Soldaten weitaus größere Garnison im benachbarten Mannheim bei ihren eigenen Einheiten Mitte der 1970er Jahre keinen einzigen Offizier im Generalsrang vorzuweisen hatte (die *NATO*-Offiziere der *Central Army Group = CENTAG* in der Mannheimer *Hammonds Barracks* gehörten im verwaltungstechnischen Verständnis der Amerikaner zu Heidelberg), verlegte man den mittlerweile als *Office of the Provost Marshal* bekannten Stab des ranghöchsten Militärpolizisten im Rang eines *Brigadier General* 1975 in die Mannheimer *Taylor Barracks,* wo er bis Anfang der 1990er Jahre blieb.[33]

Um die Leiter der zahlreichen Hauptquartiersstäbe nicht zusätzlich mit der Personalverwaltung für die ihnen zugeteilten Soldaten zu belasten, gehörten die Unteroffiziere und Mannschaftsdienstgrade wie schon beim *EUCOM*-Hauptquartier rein verwaltungstechnisch zur *7888th Army Unit, Special Troops* (meist als *Special Troops, Headquarters USAREUR* bezeichnet). Diese Einheit setzte sich 1954 aus einer Stabskompanie und vier Abteilungen (*Detachments*) zusammen, die mit den Buchstaben A bis D kenntlich gemacht wurden. Alle Sol-

↓ Gruppenfoto des *176th Engineer Platoon (Service)* 1966; der Pionierzug gehörte zu den *Special Troops, Headquarters USAREUR* (*James DeHart*).

↑ *Drill Team* der *USAREUR Honor Guard* um 1960 (*Robert McCracken*).

← Soldat der *529th MP Company* wird am 2. Mai 1997 nach einem Einsatz auf dem Balkan von seiner Familie in Heidelberg begrüßt (*USAG Baden-Württemberg*).

datinnen des *WAC* gehörten dabei zum *Detachment D.*[34] Daneben gehörten 1954 zu den *Special Troops, Headquarters USAREUR*:[35]

- die *529th MP Company* (Militärpolizeikompanie),
- die *7787th Army Unit, Headquarters USAREUR* (Flugbereitschaft auf dem nun als *Heidelberg Army Airfield* bezeichneten Flugplatz Pfaffengrund),
- die *33rd Army Band* (Militärband),
- die *519th Transportation Company (Car)* (vormals *519th Car Company;* die Fahrbereitschaft des Hauptquartiers),
- das *176th Engineer Platoon (Service)* (ein Pionierzug),
- drei *Military History Detachments* im nahen Karlsruhe.

Mit Ausnahme der Flugbereitschaft waren alle genannten Einheiten in der *Patton Barracks* untergebracht. Die schon zuvor in Heidelberg stationierte *503rd Transportation Company* wurde 1956 mit ihren mittelschweren Lastwagen von Mannheim ebenfalls in die *Patton Barracks* verlegt und den *Special Troops, Headquarters USAREUR* unterstellt.[36] Im Kern sollte sich an dieser Zusammensetzung der unmittelbaren Unterstützungseinheiten des Heidelberger *USAREUR*-Hauptquartiers bis in die 1990er Jahre nur wenig ändern.

Die *529th MP Company* hatte bereits im März 1951 die Aufgaben einer *Honor Guard* des damaligen *EUCOM*-Hauptquartiers von der *533rd MP Company* übernommen, war aber erst seit Dezember 1952 mit 175 Soldaten in Heidelberg anwesend. Unter den Militärpolizeikompanien in Europa nahm die Einheit gleich in mehrfacher Hinsicht eine Sonderstellung ein. Ihre Soldaten traten bei Paraden und Empfängen auf, bedienten die Haubitzen zum Feuern von Salutschüssen bei Kommandowechseln oder bei Besuchen ranghoher Persönlichkeiten und beherrschten den klassischen militärischen Exerzierdrill wie kaum eine andere *USAREUR*-Einheit. Da die Einheit auch die Bewachung der Residenz des *CINCUSAREUR* und aller Heidelberger Militäreinrichtungen zu gewährleisten hatte, wuchs sie im Lauf der Jahre auf fast 300 Soldaten an, ohne einen expliziten Auftrag für den Verteidigungsfall zu haben. Erst seit 1986 nahm die Kompanie auch an militärischen Übungen in der Rolle einer Kampfunterstützungseinheit teil, zuvor galt das Wort eines ehemaligen *CINCUSAREUR*, der darauf bestanden hatte, dass „seine" Militärpolizisten nicht ins Feld ziehen würden. Ihre Rolle als de facto Leibwache der höchsten *USAREUR*-Generäle brachte der Einheit den Spitznamen *Star Guardians* ein, den sie durchaus mit Stolz trug.[37]

Das mit Abstand bekannteste Mitglied der *529th MP Company* in Heidelberg war lange Jahre Kompaniemaskottchen Trooper, ein ausgewachsener Bernhardiner. Der erste derartige Bernhardiner (Trooper I) diente bereits in den 1950er Jahren bei der Kompanie und konnte sogar einen Dienstrang vorweisen. Der nach seinem Ableben angeschaffte Trooper II musste 1968 an einen deutschen Schäfer verkauft werden, da er es allzu oft auf die Uniformen der übrigen Kompaniemitglieder abgesehen hatte. Im Januar 1970 trat schließlich Trooper III seinen Dienst bei der *529th MP Company* an; diesmal hatte man einen erst acht Wochen alten Welpen ausgewählt, um das neue Maskottchen frühzeitig an Uniformen und militärische Verhaltensweisen zu gewöhnen.[38]

↑ Trooper, das Maskottchen der *529th MP Company*, 1961 (*Max Rockafellow*).

↑ *USAREUR Band and Chorus*-Angehörige posieren im März 1995 auf der Alten Brücke (*USAREUR History Office*).

Die als *7787th Army Unit, Headquarters USAREUR* bekannte Flugbereitschaft des *USAREUR*-Hauptquartiers wurde in vielen Dokumenten der Zeit einfach als *USAREUR Aviation Detachment* bezeichnet. 1953 verfügte die von einem *Major* kommandierte Einheit über zwölf Piloten und 41 weitere Soldaten, die einige Flugzeuge der Typen *L-20 De Havilland* und *L-23 Beechcraft* sowie leichte Hubschrauber vom Typ *H-13* unterhielten.[39] Gegen Ende der 1960er Jahre wurde die Flugbereitschaft in die *207th Aviation Company* bei ansonsten unveränderter Mission umgewandelt. In den Jahren zwischen 1960 und 1988 unterhielt die Einheit auf dem *Heidelberg Army Airfield* in Pfaffengrund zwischen 16 und 21 Luftfahrzeuge, die meist dem Transport hoher Generäle oder anderer Persönlichkeiten dienten oder dringende Lufttransportaufgaben wahrnahmen. Die Zahl der Flugzeuge nahm über die Jahre leicht ab, die der Hubschrauber zu. 1970 verfügte die Einheit beispielsweise über acht Hubschrauber des damals verbreiteten Typs *UH-1 Huey* und zehn Flugzeuge vom Typ *U-21A* (eine Variante der *Beechcraft King Air*). 1984 gab es neben mittlerweile zehn *UH-1 Huey* die ersten beiden Hubschrauber vom Typ *UH-60 Black Hawk*, an Flugzeugen standen nur noch sieben *C-12C Huron* zur Verfügung.[40] In Anlehnung an die gängige Abkürzung *HAAF* für das *Heidelberg Army Airfield* waren die Heidelberger Heeresflieger über lange Jahre als *HAAFs* in der Garnison bekannt.[41]

Die *33rd Army Band* gehörte zu den bekanntesten Einheiten der Heidelberger Garnison, und das weit über die Garnison hinaus. Während mancher Jahre hatte die Militärband nicht weniger als 200 Konzerte in ganz Europa. Schwerpunkte waren dabei Auftritte bei Kommandowechseln, bei Besuchen ranghoher Generäle in der Heidelberger Garnison oder bei Volksfesten und anderen Feierlichkeiten der deutschen Nachbarn, wo sich die *33rd Army Band* gern als Botschafter ihres Landes präsentierte. Die Bandmitglieder waren allesamt professionelle Musiker, was es der Band auch erlaubte, kleine Ensembles für besondere Anlässe kurzfristig aufzustellen und das gesamte Spektrum klassischer und moderner Musik abzudecken.

Parallel zur *33rd Army Band* gab es seit 1961 in der Schwetzinger *Tompkins Barracks* den *USAREUR Soldiers' Chorus*, der sich aus regulären Soldaten zusammensetzte, die einen Teil ihrer Militärzeit im Chor verbrachten und im Rahmen eines Probesingens rekrutiert worden waren, bei dem auch auf tänzerisches Talent geachtet wurde. Seit 1981 firmierten *33rd Army Band* und *USAREUR Soldiers' Chorus* gemeinsam als *USAREUR Band and Chorus*, traten aber weiterhin auch getrennt auf. Aus ihrer hierarchischen Zuordnung zu den *Special Troops, Headquarters USAREUR* wurde die Einheit zwischenzeitlich herausgelöst und direkt dem *USAREUR*-Hauptquartier unterstellt, in späteren Jahren als Spezialstab.

1959 erlebte das Heidelberger *USAREUR*-Hauptquartier erste Veränderungen, als aus Platzgründen drei kleinere Stäbe nach Orléans in

Frankreich verlegt wurden. Zwar zogen nur gut 80 militärische und zivile Dienstposten nach Frankreich, in der Heidelberger Presse häuften sich jedoch Gerüchte, dass hinter dieser Maßnahme ein allmählicher Abzug des gesamten *USAREUR*-Hauptquartiers stehen könnte.[42] Bereits 1957 hatte es ähnliche Gerüchte gegeben, die sogar den Ersten Bürgermeister Dr. Dr. Hermann Hagen dazu veranlassten, persönlich im amerikanischen Verteidigungsministerium auf die Bedeutung der Heidelberger Garnison als lokalem Arbeitgeber hinzuweisen.[43] Die Amerikaner verfolgten seinerzeit zwar keinerlei Abzugspläne, hatten aber in der Tat mit argen Platzproblemen in ihrem Heidelberger Hauptquartier zu kämpfen.

Zu einer größeren Veränderung im Hauptquartier kam es hingegen 1966, als Frankreich seinen Austritt aus der militärischen Organisation der *NATO* erklärte und die Amerikaner ultimativ aufforderte, ihre französischen Garnisonen binnen Jahresfrist zu räumen. Das große *USEUCOM*-Hauptquartier in St. Germain-en-Laye bei Paris wurde daraufhin nach Stuttgart verlegt, das dort bisher stationierte Hauptquartier der *Seventh Army* dafür mit dem *USAREUR*-Hauptquartier in Heidelberg verschmolzen. Die neue Einheit firmierte ab 1. Dezember 1966 als *US Army, Europe and Seventh Army* (*USAREUR/7A*), wurde aber weiterhin meist als *USAREUR* bezeichnet, was 2006 auch wieder zum offiziellen Namen wurde. Die zuvor der *Seventh Army* unterstellten Korps der *US Army* in Deutschland (*V Corps* in Frankfurt am Main und *VII Corps* in Stuttgart) wurden *USAREUR* zugeordnet.

Da sowohl *USAREUR* als auch die *Seventh Army* über einige strategisch wichtige Einheiten auf Brigadeebene verfügten, die den Hauptquartieren jeweils direkt unterstellt waren, wurde in Heidelberg mit der Fusion von *USAREUR* und *Seventh Army* auch das Hauptquartier der *USAREUR/7A Troops* aus der Taufe gehoben. Die neue Einheit unter dem Kommando eines *Major General* (später eines *Brigadier General*) befehligte von Heidelberg aus rund 17.000 Soldaten, die u.a. zu einer Fernmeldebrigade in Mannheim, einer schweren Heeresfliegerbrigade und einer Artilleriegruppe in Schwäbisch-Gmünd sowie einer Nachrichtendienstgruppe in München gehörten. Der Kommandeur der Einheit fungierte gleichzeitig als *Commandant* des *USAREUR*-Hauptquartiers. Wegen allzu häufiger Verwechslungen mit *Special Troops, Headquarters USAREUR/7A* wurde *USAREUR/7A Troops* am 10. Mai 1971 in *USAREUR/7A Combat Support Command* umbenannt,[44] schon ein Jahr später aber außer Dienst gestellt. Die von dem Hauptquartier bislang geführten Einheiten wurden entweder *USAREUR* oder anderen Hauptquartieren unterstellt.[45]

Von Zeit zu Zeit musste das Heidelberger Hauptquartier größere Einsparungen vornehmen, insbesondere gab es im amerikanischen Militär ab den 1960er Jahren immer wieder Initiativen, die darauf abzielten, die Zahl der Soldaten in Stäben und Verwaltungen zugunsten von Kampfeinheiten zu reduzieren. 1976 setzte *CINCUSAREUR* GEN George S. Blanchard (sein Titel enthielt das *7A* nicht) in seinem Hauptquartier etwa eine Arbeitsgruppe *Staff '77* ein, die bis zum Frühjahr 1977 Vorschläge für eine Verschlankung des Hauptquartiers ausarbeiten sollte. Im Ergebnis konnten immerhin 500 Dienstposten (30%) abgebaut werden; gut 400 dieser Dienstposten fielen an untergeordnete Kommandos, die übrigen 100 konnten komplett gestrichen werden.[46]

Die Unterstützungsdienste des *USAREUR*-Hauptquartiers erhielten 1978 eine neue Organisationsform, als am 21. Oktober die *26th Support Group* in Dienst gestellt wurde und die Aufgaben der ehemaligen *Special Troops, Headquarters USAREUR/7A* übernahm. Der neuen Einheit auf Brigadeebene unterstanden 1983 neben einer *Headquarters and Headquarters Company* (*HHC;* eine Stabskompanie) und einer *A Company,* die Personalverwaltungsaufgaben für die Unteroffiziere und Mannschaftsdienstgrade im *USAREUR*-Hauptquartier wahrzunehmen hatte, fast alle wichtigen Unterstützungseinheiten des *USAREUR*-Hauptquartiers:[47]

- die *529th MP Company*,
- die *379th Personnel Service Company* (eine Personalverwaltungseinheit der Garnison),
- die *503rd Transportation Company*,
- die *519th Transportation Company (Car)*,
- das *500th Engineer Detachment* (eine Pionierabteilung).

Die eigentliche Führungsarbeit für die genannten Einheiten fiel dabei dem Hauptquartier des *Support Battalion (Provisional)* zu, das die *26th Support Group* am 1. Dezember 1981 ins Leben gerufen hatte.[48] Hintergrund der Indienststellung dieses Bataillonshauptquartiers war die Tatsache, dass die *26th Support Group* zusätzliche Aufgaben im Bereich der Standortverwaltung der Heidelberger Garnison wahrzunehmen hatte. Beispielsweise diente ihr Kommandeur im Rang eines *Colonel* gleichzeitig als *Deputy Community Commander* (stellvertretender Standortkommandeur). Die Flugbereitschaft des *USAREUR*-Hauptquartiers wurde derweil weiterhin durch die *207th Aviation Company* gewährleistet. Diese Einheit unterstand nun aber dem *70th Transportation Battalion* im nahen Mannheim.[49]

Die *519th Transportation Company (Car)* wurde im Jahr 1983 in Heidelberg außer Dienst gestellt, ihre Fahrbereitschaftsaufgaben wurden der verbliebenen Transportkompanie und dem *Transportation Motor*

↑ Eingangsbereich der *Campbell Barracks* Mitte der 1950er Jahre (*Bobby D. Buzbee*).

↑ Soldaten der *503rd Transportation Company* bei einer Übung in den 1980er Jahren (*USAG Baden-Württemberg*).

Pool der Garnison übertragen. Ausgelöst wurden diese Maßnahmen durch Einsparungsvorgaben des amerikanischen Verteidigungsministeriums, die u.a. eine Kürzung der Zahl der Transportfahrzeuge von Fahrbereitschaften um gut ein Drittel vorsahen.[50]

Am 15. April 1985 kam es zu einer weiteren organisatorischen Neuerung im *USAREUR*-Hauptquartier, als die *Headquarters and Headquarters Company, USAREUR/7A* (*HHC, USAREUR/7A*) aufgestellt wurde. Die neue Einheit vereinte alle personaldienstlichen Arbeitsabläufe innerhalb des *USAREUR*-Hauptquartiers auf sich. Insbesondere waren ihr alle Offiziere in Personal- und Verwaltungsfragen unterstellt, was die zahlreichen Stäbe im Hauptquartier weiter entlasten sollte. *HHC, USAREUR/7A* wuchs schnell zu einer der größten Kompanien der gesamten *US Army* heran und wurde – untypisch für eine Kompanie, aber durchaus nachvollziehbar – anstelle eines *Captain* von einem ranghöheren *Major* kommandiert.[51]

Das Ende des Kalten Kriegs hatte für das Heidelberger *USAREUR*-Hauptquartier und die ihm direkt zugeordneten Einheiten in der Stadt weitreichende Auswirkungen, die im Herbst 1991 auch organisatorisch zutage traten. Am 1. Oktober 1991 wurde die *26th Support Group* zur *26th Area Support Group* umgeflaggt und aus ihrer Verantwortung für das *USAREUR*-Hauptquartier herausgelöst. Die Einheit übernahm fortan das Kommando über mehrere Standortverwaltungen der *US Army* im südwestdeutschen Raum. Parallel dazu wurde das *Support Battalion (Provisional)* zum *94th Support Battalion* umgeflaggt und damit zum zentralen Unterstützungshauptquartier des *USAREUR*-Hauptquartiers.[52] Schon am 27. November 1991 wurde das Bataillon bei unverändertem Auftrag zum *284th Support Battalion* umgeflaggt.[53]

Im Zuge des allgemeinen amerikanischen Truppenabbaus in Europa nach 1989 schrumpfte auch das Heidelberger *USAREUR*-Hauptquartier allmählich zusammen, was Reduzierungen bei den Unterstützungstruppen möglich machte. Am 14. Mai 1993 wurde die *379th Personnel Service Company* außer Dienst gestellt,[54] am 25. März 1994 folgten die *503rd Transportation Company* und das *284th Support Battalion,* die in einer gemeinsamen militärischen Zeremonie in der *Campbell Barracks* ihre Fahnen einrollten. Wie schon bei früheren Außerdienststellungen blieben die Fähigkeiten der Einheiten dabei teilweise erhalten; im Fall der *503rd Transportation Company* wurde z.B. zeitgleich mit der Außerdienststellung ein Transportzug der Einheit der Heidelberger Standortverwaltung unterstellt.[55]

Die verbliebene *529th MP Company,* die nach 1990 immer wieder Kontingente in Auslandseinsätze entsenden musste, wurde 1994 dem *95th MP Battalion* in Wertheim (später Mannheim bzw. Sembach) unterstellt[56] und zog im Spätjahr 2012 nach Wiesbaden. Die *207th Aviation Company* wurde am 16. September 1998 zur *A Company,*

214th Aviation Regiment umgeflaggt und ging schließlich zusammen mit anderen Flugbereitschaftskompanien in Europa in einem Heeresfliegerbataillon auf (*1–214th Aviation,* was für „1. Bataillon des 214. Heeresfliegerregiments" steht). Die einzelnen Kompanien des Bataillons befanden sich zunächst auf verschiedenen Flugplätzen, ab 2000 war das Gros der Einheit samt des Bataillonshauptquartiers jedoch in Mannheim beheimatet. Das *Heidelberg Army Airfield* blieb bei deutlich reduzierter Zahl an Flugbewegungen weiterhin in Betrieb.

Auch in den zahlreichen Stäben des *USAREUR*-Hauptquartiers selbst kam es nach 1990 zu Veränderungen, die im Wesentlichen auf Personaleinsparungen infolge des allgemeinen Truppenabbaus in Europa hinausliefen. Bis etwa 1995 konnte die Zahl der Dienstposten im Hauptquartier massiv verringert werden, frei werdende Gebäude und Räume in der *Campbell Barracks* und *Patton Barracks* wurden direkt von dem 1994 nach Heidelberg ziehenden Hauptquartier des *V Corps* und dem jeweiligen Heidelberger *NATO*-Hauptquartier (*CENTAG* und Nachfolgeorganisationen) übernommen. Speziell dem *NATO*-Hauptquartier in der *Campbell Barracks* gehörten nach 1993 mehr und mehr Nationen an, was einen steigenden Bedarf an Büros und Unterkünften für die zugehörigen *National Support Elements* dieser Nationen erforderlich machte.

Kurz vor seinem Umzug nach Wiesbaden erlebte das Heidelberger Hauptquartier nochmals eine größere Umstrukturierung, als die bisherige *HHC, USAREUR* (das *7A* war 2006 entfallen) am 17. April 2010 zum *Headquarters and Headquarters Battalion, USAREUR* (*HHBN, USAREUR*) erhoben wurde. Die unter dem Befehl von LTC Deon K. Young stehende Einheit setzte sich aus einer *Headquarters and Support Company* (*HSC;* Stabs- und Unterstützungskompanie), einer *Operations Company,* einer *Intelligence and Sustainment Company* und der *60th Geospatial Planning Cell* (eine kleine topografische Spezialeinheit) zusammen. Mit Ausnahme der Mitarbeiter der Spezialstäbe wurden alle Soldaten und zivilen Mitarbeiter des *USAREUR*-Hauptquartiers den Kompanien der neuen Einheit personaltechnisch zugeordnet (mehr als 1.300 Soldaten und rund 1.200 zivile Mitarbeiter). Der Einheit fiel damit die Hauptverantwortung für den bevorstehenden Umzug nach Wiesbaden zu, hatte sie doch die weitgehend reibungslose Funktionsfähigkeit des Hauptquartiers während dieser Umbruchphase sicherzustellen.[57]

Der Umzug des Heidelberger Hauptquartiers nach Wiesbaden stand wohl bereits seit spätestens 2003 fest, konnte aber erst in Angriff genommen werden, nachdem verschiedene andere Hauptquartiere den Standort Wiesbaden verlassen hatten, darunter das Hauptquartier der *1st Armored Division,* das 2010 nach Texas verlegt worden war. Die Jahre 2011/2012 waren für die Wiesbadener Garnison eine Zeit großer Bautätigkeit, da neben einer neuen Wohnsiedlung für mehrere hundert Familien auch ein neues Hauptquartiersgebäude errichtet werden musste. Nach der Einweihung des neuen Hauptquartiersgebäudes (*Shali Center;* benannt nach dem ehemaligen *Deputy CINCUSAREUR* LTG, später GEN John M. Shalikashvili) im Juni 2012 konnte der Umzug erster Stäbe dann ernsthaft angegangen werden.[58]

Da ab 2012 einzelne Soldaten und zivile Mitarbeiter bereits in Wiesbaden arbeiteten, mit ihren Familien aber noch in Heidelberg lebten, und umgekehrt einige neue Soldaten und zivile Mitarbeiter des Hauptquartiers nach Wiesbaden zogen, obwohl ihr Arbeitsplatz noch für einige Zeit in Heidelberg war, richtete man einen Transportservice mit Bussen ein, die während mehrerer Monate jeweils morgens und abends zwischen beiden Standorten hin und her pendelten.

Weitgehend unbemerkt von der deutschen und amerikanischen Öffentlichkeit verzichtete der letzte rein Heidelberger *Commanding General, USAREUR/7A* (ab 1997 übliche Amtsbezeichnung des *CINCUSAREUR;* das *7A* fiel ab 2006 weg), der in der Garnison überaus beliebte LTG Mark P. Hertling, im November 2012 auf einen pompösen Abschied vom Neckar und reiste fast schon heimlich in die berühmte *US Military Academy West Point* im amerikanischen Bundesstaat New York, wo er mit allen Ehren in den Ruhestand verabschiedet wurde.[59] Sein Nachfolger LTG Donald M. Campbell trat seinen Dienst am 9. Januar 2013 im Rahmen einer militärischen Zeremonie bereits in Wiesbaden an und konnte während seiner Amtszeit keinen größeren Bezug zu Heidelberg mehr entwickeln. Allerdings hatte er – wie nicht wenige Heidelberger Generäle – schon zuvor in der Stadt gedient, in der u.a. seine Tochter die *High School* abgeschlossen hatte.[60]

Während seiner 61 Jahre währenden Heidelberger Zeit hatte das *USAREUR*-Hauptquartier neben den beschriebenen organisatorischen Umwälzungen immer wieder auch größere Herausforderungen zu meistern und war an praktisch allen wesentlichen Operationen amerikanischer Streitkräfte in Europa, Afrika und im Nahen Osten beteiligt. Das Hauptquartier wurde dabei allerdings nie verlegt, da dies auch gar nicht seinen Aufgaben entsprach. Stattdessen griff man auf untergeordnete Hauptquartiere der Korps-, Divisions- oder Brigadeebene zurück, um die eigentlichen Führungsaufgaben vor Ort zu erledigen. Allerdings hatte *USAREUR* wichtige Vorarbeiten bei der Erstellung von Einsatz- und Operationsplänen, der Aus- und Weiter-

↑ LTG Donald M. Campbell, der *USAREUR* seit Jan. 2013 kommandiert; zwischen 2005 und 2007 diente er bereits als *Chief of Staff* des *V Corps* in Heidelberg, wo seine Tochter die *High School* abschloss (*US Army*).

↑ Soldaten der *529th MP Company* bei einer Übung um 1960 (*Les und Deb Hintz*).

bildung von Soldaten, der Bereitstellung von Soldaten und Gerät und der Sicherstellung der allgemeinen Einsatzbereitschaft zu leisten, weshalb jeder (Auslands-)Einsatz von *USAREUR*-Einheiten immer auch das *USAREUR*-Hauptquartier selbst tangierte.

Wäre es während des Kalten Kriegs zu Kampfhandlungen zwischen *NATO* und Warschauer Pakt gekommen, wäre die Verantwortung für die *NATO*-Streitkräfte in Europa dem *Supreme Allied Commander, Europe* (*SACEUR*) zugefallen, dem mehrere Armeegruppen zur Verfügung standen, darunter die *CENTAG* in Heidelberg bzw. Mannheim. Sie hätte die amerikanischen Heeresstreitkräfte zusammen mit französischen (bis 1966), deutschen (ab 1956) und kanadischen (ab 1971) Heeresstreitkräften in Süddeutschland befehligt, das *USAREUR*-Hauptquartier wäre entsprechend in den Hintergrund getreten. Allerdings diente der *CINCUSAREUR* gleichzeitig als *COMCENTAG* (*Commanding General, CENTAG*) und wäre somit im Verteidigungsfall automatisch für fast alle amerikanischen Heeresstreitkräfte in Deutschland verantwortlich gewesen. Insbesondere unterhielt *USAREUR* im Kalten Krieg auch explizite Kriegshauptquartiere, die sich bis zum Herbst 1966 in Maison Fort und Verdun in Frankreich befanden, danach in Karlsruhe.[61]

Zum Zeitpunkt seiner Indienststellung im Jahr 1952 stellte das Heidelberger *USAREUR*-Hauptquartier das mit Abstand wichtigste Heereshauptquartier der Amerikaner in Europa dar. Zu Beginn waren *USAREUR* an wichtigen Einheiten u.a. unterstellt (Stand 30. Juni 1954):[62]

- das Hauptquartier der *Seventh Army* in Stuttgart (Hauptquartier der beiden amerikanischen Korps in Deutschland und damit praktisch aller Kampftruppen in Europa),
- das Hauptquartier der *US Army Communications Zone, Europe* (*USACOMZEUR;* amerikanische Heeresstreitkräfte in Frankreich, die den Nachschub für *USAREUR* sicherzustellen hatten),
- sämtliche *Area Commands* der *US Army* in Europa (Standortverwaltungen mit Zuständigkeit für gleich mehrere Garnisonen),
- das *Berlin Command,*
- der *Bremerhaven Port of Embarkation* (*BPE;* der wichtigste Hafen der Amerikaner in Europa),
- eine Luftabwehrbrigade,
- eine Nachrichtendienstgruppe (eine Einheit auf Brigadeebene),
- weitere Einheiten, überwiegend Verbindungsstäbe und Verwaltungseinheiten.

In späteren Jahren kam es zwar immer wieder zu teilweise gravierenden Veränderungen bei einzelnen Einheiten (Außerdienststellungen, Indienststellungen, Verschmelzungen, Umbenennungen), an der zentralen Rolle des *USAREUR*-Hauptquartiers als oberster Kommandoebene der amerikanischen Heeresstreitkräfte in Europa sollte dies jedoch nichts ändern. Auch die während des Kalten Kriegs zwischen 169.000 (1970) und 277.000 (1961) schwankende Zahl an Soldaten

↑ Neun ehemalige Kommandeure der *Seventh Army* besuchen am 14. Nov. 1968 die *Campbell Barracks*. Kurz zuvor war die *Seventh Army* in Heidelberg mit *USAREUR* zu *USAREUR/7A* verschmolzen worden (*Margaret Oakes Cox und Sue Oakes Keith*).

hatte keine größeren Auswirkungen auf das Heidelberger Hauptquartier und seine Bedeutung.[63]

Schon relativ früh setzte man sich im *USAREUR*-Hauptquartier mit Einsätzen außerhalb des *NATO*-Gebiets auseinander, da seinerzeit auch große Teile Afrikas und des Nahen Ostens zum Verantwortungsbereich von *USEUCOM* und damit *USAREUR* gehörten. Für mögliche Einsätze im Nahen Osten bestand beispielsweise schon in den 1950er Jahren ein *Emergency Plan 201*, der im Krisenfall die Entsendung einer kleinen *USAREUR*-Einsatzgruppe in Brigadestärke in den Nahen Osten vorsah. Als es im Frühjahr 1958 im Libanon zu erhöhten Spannungen zwischen christlichen und moslemischen Bevölkerungsgruppen kam, wurde denn auch relativ schnell eine *Army Task Force 201* (*ATF 201*) aus 8.500 Soldaten von Deutschland in den Libanon entsandt, wo sie friedenserhaltend und deeskalierend eingesetzt wurde. Schon im Herbst des gleichen Jahrs konnte die *ATF 201* wieder in ihre deutschen Heimatgarnisonen zurückkehren, nachdem sich bei den libanesischen Präsidentschaftswahlen ein für beide Konfliktparteien akzeptabler Kandidat durchgesetzt hatte.[64]

Auch die Berlin-Krise von 1961/1962 sorgte in den Stäben des Heidelberger *USAREUR*-Hauptquartiers für lange Arbeitstage. Nach dem Bau der Berliner Mauer erging an *USAREUR* der Befehl zur Verstärkung der Berliner Garnison durch eine Kampfgruppe in Form eines verstärkten Infanteriebataillons, einer so genannten *Battle Group* (seinerzeit übliche Variante eines verstärkten Infanteriebataillons aus gut 1.500 Soldaten). *USAREUR* entsandte *1–18th Infantry* (genauer: *1st Battle Group, 18th Infantry Regiment*) aus Mannheim auf die gefährliche Mission, die die Einheit am 19. August 1961 zunächst nach Helmstedt in Niedersachsen und dann auf der Autobahn durch ein Spalier aus sowjetischen Soldaten und Volkspolizisten nach Westberlin führte, wo die Soldaten von der Bevölkerung und dem Regierenden Bürgermeister Willy Brandt begeistert empfangen wurden.[65]

Um die amerikanischen Heeresstreitkräfte in Deutschland und Europa im Fall eines massiven Angriffs des Warschauer Pakts kurzfristig verstärken zu können, arbeitete man in Washington und Heidelberg nach der Berlin-Krise vermehrt an Plänen für eine schnelle Verlegung amerikanischer Truppen nach Deutschland. Im Ergebnis entstanden die berühmten *REFORGER*-Manöver (*Return of Forces to Germany*), die ab 1969 alljährlich einige zehntausend Soldaten auf dem Luftweg von den USA nach Deutschland führten, wo sie ihr bereits eingelagertes Großgerät in speziellen Depots kampfbereit in Empfang nehmen konnten. Für das *USAREUR*-Hauptquartier bedeuteten die jährlichen *REFORGER*-Manöver einen enormen personellen und finanziellen Aufwand; diese stellten aber letztlich einen zentralen Pfeiler der *NATO*-Abschreckungsstrategie während des Kalten Kriegs dar.[66]

↑ Ausstellung schweren sowjetischen Kriegsgeräts in der *Campbell Barracks* im Mai 1984 (*USAG Baden-Württemberg*).

Der Vietnam-Krieg ließ *USAREUR* ebensowenig unberührt, speziell mit Blick auf die Zahl der Soldaten. So wurden in der ersten Jahreshälfte 1968 allein 35.000 Soldaten aus Deutschland abgezogen, kleinere Truppenreduktionen hatte es schon seit 1966 gegeben. Häufig wurden dabei keine kompletten Einheiten abgezogen, sondern bestehende Einheiten wichtiger Führungskräfte (hohe Unteroffiziers- und niedrige Offiziersdienstränge) beraubt, sodass die Mannschaftsdienstgrade in vielen Kasernen zunehmend sich selbst überlassen blieben.[67] Der parallel dazu verfallende Dollarkurs und die aus den USA nach Europa überschwappenden Rassenunruhen schufen zusätzliche Probleme, die zu Desertionen, Drogenkonsum und Kriminalität in praktisch allen deutschen Garnisonen führten; Heidelberg kam dabei noch verhältnismäßig glimpflich davon.

Um der Probleme Herr zu werden, griff das *USAREUR*-Hauptquartier auch zu Lösungsansätzen, die mit tradierten militärischen Vorgehensweisen nur wenig zu tun hatten. So richtete *CINCUSAREUR* GEN Michael S. Davison in allen größeren Garnisonen Komitees zur Verbesserung der Rassenbeziehungen ein, in denen schwarze und weiße Soldaten gemeinsam an Lösungen bestehender Probleme arbeiteten, und lud gleich mehrmals Soldaten aller Rassen und Dienstgrade zu großen Konferenzen nach Berchtesgaden ein, auf denen hohe Offiziere ihren Soldaten Rede und Antwort stehen mussten. Zusammen mit dem Ende des Vietnam-Kriegs und der Einführung einer Freiwilligenarmee ab 1973 bekam man so die Probleme in den Griff und konnte sich wieder verstärkt dem eigentlichen militärischen Auftrag widmen.

Vor dem Hintergrund der allmählichen Annäherung zwischen den Großmächten gegen Ende des Kalten Kriegs arbeitete man im Heidelberger Hauptquartier bereits an Plänen für einen großflächigen Truppenabzug aus Deutschland. *CINCUSAREUR* GEN Crosbie E. Saint gab einer kleinen Arbeitsgruppe im *USAREUR*-Hauptquartier im August 1988 den Auftrag, mögliche Truppenreduzierungen und Garnisonsschließungen in Europa durchzuspielen und den absolut nötigen Mindestumfang amerikanischer Heeresstreitkräfte in Europa zu ermitteln. Unter höchsten Sicherheitsvorkehrungen erarbeitete diese *UAD Working Group* (*USAREUR – an Army Deployed*) im Heidelberger Hauptquartier bis zum Sommer 1989 eine grundlegende Reform von *USAREUR,* die im Wesentlichen auf eine Halbierung der Truppenstärke von seinerzeit 215.000 Soldaten hinauslief. Als die Berliner Mauer dann im Herbst 1989 tatsächlich fiel und die Sowjetunion ihren kompletten Abzug aus der DDR bis 1994 ankündigte, bildeten diese Pläne die Blaupause für die erste große Runde amerikanischer Truppenreduzierungen auf rund 92.000 Soldaten bis 1993.[68]

Das Ende des Kalten Kriegs veränderte *USAREUR* allerdings nicht nur numerisch, sondern auch strukturell. Aus der großen Feldarmee, die für Panzerschlachten im Herzen Europas vorgesehen war, musste binnen weniger Jahre eine deutlich kleinere und mobilere Einsatzar-

↑ Fahrzeuge der *207th Aviation Company* überqueren Ende 1996 den Grenzfluss Save zwischen Kroatien und Bosnien-Herzegowina (*USAG Baden-Württemberg*).

mee geschaffen werden, die auch weit außerhalb Europas zum Einsatz kommen konnte. In der Tat waren *USAREUR*-Einheiten an allen größeren Operationen der 1990er Jahre und danach beteiligt (Zweiter Golfkrieg 1991, Somalia 1993, Ruanda 1994, Bosnien ab 1995, Kosovo ab 1999, Afghanistan ab 2001, Dritter Golfkrieg 2003), mussten dies aber mit immer weniger Soldaten bewältigen.[69] Auf die ersten Truppenreduzierungen Anfang der 1990er Jahre folgten weitere Reduzierungen auf 62.000 Soldaten bis 1995 und schließlich der seit 2005 laufende Abbau auf unter 30.000 Soldaten bis 2015.[70] Der damit einhergehende Bedeutungsverlust des Heidelberger Hauptquartiers hinterließ seine Spuren. Das Hauptquartier wurde nicht nur immer kleiner, sondern ab 2010 mit der Ernennung von LTG Mark P. Hertling zum *Commanding General, USAREUR* auch auf ein „Drei-Sterne-Kommando“ herabgestuft.

Über die gut sechs Jahrzehnte seiner Geschichte entwickelte das Heidelberger Hauptquartier trotz des häufigen Personalwechsels unter seinen Soldaten und zivilen Mitarbeitern durchaus eine eigene „Kultur“, die das Hauptquartier zu so etwas wie einem Mikrokosmos innerhalb des amerikanischen Teils von Heidelberg werden ließ. In Stäben und Unterstäben, vor allem solchen mit hohem Anteil ziviler Mitarbeiter, konnten sich Traditionen und Eigenarten herausbilden, die das Hauptquartier und mit ihm die Heidelberger Garnison innerhalb der *US Army* zu etwas Besonderem machten.

Naturgemäß den größten Einfluss auf die Kultur im Hauptquartier übte der *CINCUSAREUR* aus, dessen Persönlichkeit weit über sein Arbeitszimmer hinaus zu spüren war und der innerhalb des amerikanischen Militärs durchaus so etwas wie einen Prominenten darstellte. Für viele *CINCUSAREUR* war Heidelberg die Krönung einer über 30-jährigen Militärkarriere, die häufig noch im Zweiten Weltkrieg ihren Anfang genommen hatte. Bekanntestes Beispiel eines *CINCUSAREUR* mit Weltkriegserfahrung dürfte GEN Anthony C. McAuliffe sein (1. Februar 1955 – 1. Mai 1956), der während der Ardennenschlacht Ende 1944 die eingeschlossen amerikanischen Truppen im belgischen Bastogne kommandiert und deutsche Kapitulationsaufforderungen mit einem trockenen „Nuts!“ („Quatsch!“) quittiert hatte.

Mit GEN Paul L. Freeman (1. Mai 1962 – 18. März 1965) verblieb erstmals ein *CINCUSAREUR* deutlich länger als die üblichen zwei Jahre in seinem Amt („üblich“ im Sinn der gewöhnlichen Versetzungszyklen für Soldaten in der *US Army*). Auf ihn folgte eine Reihe recht bekannter Generäle, die vier Jahre, in einem Fall sogar fünf Jahre, auf ihrem Heidelberger Posten verblieben:[71]

- GEN James H. Polk (1. Juni 1967 – 20. März 1971; danach befehligte LTG Arthur S. Collins *USAREUR* für sechs Tage kommissarisch),
- GEN Michael S. Davison (26. März 1971 – 30. Juni 1975),
- GEN George S. Blanchard (30. Juni 1975 – 29. Mai 1979),
- GEN Frederick J. Kroesen (29. Mai 1979 – 15. April 1983),
- GEN Glenn K. Otis (15. April 1983 – 23. Juni 1988),
- GEN Crosbie E. Saint (23. Juni 1988 – 9. Juli 1992).

↑ *USAREUR*-Kommandoübergabe von GEN George S. Blanchard (links) an GEN Frederick J. Kroesen (Mitte) am 30. Mai 1979. Die Zeremonie wurde von *USCINCEUR* GEN Alexander M. Haig (rechts) geleitet (*STAHD, Hans Speck*).

Darauf folgten einige Kommandeure mit kürzeren Dienstzeiten wie GEN Eric K. Shinseki (5. August 1997 – 10. November 1998), bevor mit GEN Montgomery C. Meigs (10. November 1998 – 3. Dezember 2002) wieder ein Kommandeur gleich vier Jahre am Stück in Heidelberg diente. Speziell GEN Meigs war dabei kein Unbekannter in Heidelberg; er hatte schon zuvor während des Umzugs des *V Corps* von Frankfurt am Main nach Heidelberg als *Chief of Staff* der Einheit gedient und wurde danach ab August 1994 *Deputy Chief of Staff for Operations* im *USAREUR*-Hauptquartier. Auch sein Nachfolger GEN Burwell B. Bell (3. Dezember 2002 – 14. Dezember 2005) hatte schon 1996/1997 als *Chief of Staff* beim *V Corps* in Heidelberg und dann zwischen 1997 und 1999 im *USAREUR*-Hauptquartier gedient, zuletzt ebenfalls als *Chief of Staff*.[72]

Der *CINCUSAREUR* bzw. *Commanding General, USAREUR/7A* war für Politik und Medien in der Neckarstadt der wichtigste und sichtbarste Vertreter der Garnison, obwohl er diese Garnison selbst gar nicht leitete. Die exponierte Position bedeutete freilich auch, dass Verstimmungen zwischen Heidelbergs ranghöchstem General und dem Oberbürgermeister der Stadt schnell zu Verstimmungen zwischen Garnison und Stadt werden konnten, wie sich speziell während der Jahre nach 2001 zeigte.

Überraschenderweise pflegten manche *CINCUSAREUR* trotz der angespannten Lage während des Kalten Kriegs durchaus normale Beziehungen zum Oberbefehlshaber der sowjetischen Streitkräfte in der DDR. So besuchten sich schon im Jahr 1953 *CINCUSAREUR* GEN William M. Hoge und Marschall Andrej Gretschko in ihren jeweiligen Hauptquartieren in Heidelberg und Wünsdorf bei Berlin, 1962 besuchte Marschall Iwan Jakubowski GEN Paul L. Freeman in Heidelberg. 1973 hatte GEN Michael S. Davison die Gelegenheit zu einem Besuch in Wünsdorf, der erst 1977 – mittlerweile hatte GEN George S. Blanchard das Zepter in Heidelberg übernommen – erwidert werden konnte.[73]

Der im Juli 1977 stattfindende Besuch einer sowjetischen Delegation unter Führung von Armeegeneral Jewgeni Iwanowski wurde vom Heidelberger *USAREUR*-Hauptquartier gründlich vorbereitet. Alle diesbezüglichen Planungen liefen unter dem Codewort *Operation Twisted Cervine* (schwer zu übersetzen und wohl recht willkürlich ausgewählter Name; das Adjektiv „cervine“ bezieht sich auf Rotwild, „twisted“ steht für „verdreht“). So wollte Armeegeneral Iwanowski seine Frau mit nach Heidelberg bringen, für die es ein eigenes soziales Programm zusammen mit der Ehefrau des *CINCUSAREUR* auszuarbeiten galt. Ebenso mussten Speisekarten, Einladungen und viele andere Dokumente übersetzt werden. Auch ein feierlicher Empfang, bei dem GEN Blanchard zusammen mit dem *USAREUR Soldiers' Chorus* sogar in russischer Sprache singen sollte, stand auf dem Programm. Schließlich mussten alle Reden gründlich vorbereitet werden, um keine Verstimmungen bei den Besuchern auszulösen. Der mehr-

↑ GEN George S. Blanchard begrüßt im Juli 1977 Armeegeneral Jewgeni Iwanowski am Heidelberger Hauptbahnhof; im Hintergrund der *USAREUR*-Kommandozug „*General*" (*USAREUR History Office*).
→ Amerikanische und sowjetische Soldaten 1962 im lockeren Gespräch in der Römerstraße; im Hintergrund die *MTV Chapel* (*Stadtarchiv Mannheim*).

tägige Besuch, der die sowjetische Delegation auch an andere amerikanische Standorte in Deutschland führte, wurde zu einem vollen Erfolg und einem kleinen Meilenstein der Entspannungspolitik zwischen Ost und West.[74]

Zu einem kleinen Zwischenfall ohne größere diplomatische Auswirkungen kam es jedoch 1962 beim Besuch von Marshall Iwan Jakubowski in der Heidelberger *Campbell Barracks.* Als die Haubitzen der *529th MP Company* den obligatorischen Ehrensalut für die Gäste feuerten, erfasste der durch die abgefeuerten Haubitzen erzeugte Luftsog eine von sieben sowjetischen Flaggen derart heftig, dass sie nur noch an einem dünnen Faden am Fahnenmast hing. Dies änderte jedoch nichts daran, dass man auch bei diesem Besuch recht gut miteinander auskam und amerikanische und sowjetische Soldaten in der Römerstraße in entspannter Atmosphäre sogar beim Zigarettentausch beobachtet werden konnten.[75]

Ebenfalls aus den USA besuchten immer wieder Politiker und Militärs die Heidelberger Garnison, die auch dort als eigentliches Zentrum der amerikanischen Militärpräsenz in Europa wahrgenommen wurde. Allein 1963 besuchten u.a. der amerikanische Heeres- und spätere Verteidigungsminister Cyrus R. Vance und der Gouverneur des Bundesstaats Kalifornien Edmund G. Brown nacheinander die Heidelberger Garnison.[76] Schon 1964 folgte mit Justizminister Robert F. Kennedy eine noch bedeutendere Persönlichkeit, die auch von deutscher Seite begeistert gefeiert wurde.[77]

↓ Der amerikanische Justizminister Robert F. Kennedy wird am 27. Juni 1964 bei der Fahrt durch die *Patrick Henry Village* begeistert gefeiert (*USAREUR History Office*).

↑ Das *Keyes Building* während der späten 1950er Jahre; hier hatten der *CINCUSAREUR* und seine engsten Mitarbeiter ihre Arbeitsräume. Seinen Namen erhielt das Gebäude erst 1974 (*Les und Deb Hintz*).
→ Die langjährige Residenz des *CINCUSAREUR* in der Wolfsbrunnensteige 18 in Schlierbach (*USAREUR History Office*).

Interessant ist mit Blick auf die lange Geschichte des Heidelberger Hauptquartiers, dass sich dessen eigentliches Herzstück innerhalb der *Campbell Barracks* in einem recht unscheinbaren Gebäude befand, dem so genannten *Keyes Building* (Gebäude 1 der *Campbell Barracks* an der Ecke Römerstraße/Rheinstraße). Das am 1. Februar 1974 nach LTG Geoffrey Keyes (ehemals *Commanding General, Third Army* in Heidelberg) benannte Gebäude[78] wurde bereits seit 1948 durch den *CINCEUR* bzw. *CINCUSAREUR* und seine engsten Mitarbeiter im Hauptquartier genutzt. Bis zum Einmarsch der Amerikaner 1945 hatte das Gebäude als Offiziersmesse der Heidelberger Wehrmachtsgarnison gedient und ursprünglich gar nicht zur ehemaligen Großdeutschlandkaserne gehört.[79] Im Inneren des Gebäudes, das zwischen Mai und September 1951 um einen Südflügel erweitert wurde, finden sich neben Konferenzräumen und einer Offiziersmesse zahlreiche historische Details, die an einen ursprünglich dort vorhandenen Ballsaal erinnern. Einige Artefakte im Gebäude, darunter ein Globus, ein Tisch und einige Stühle, sollen aus dem Privatbesitz Adolf Hitlers stammen und nach dem Krieg auf verschlungenen Pfaden ins Heidelberger Hauptquartier der Amerikaner gelangt sein.[80]

In der Lobby des Gebäudes befindet sich der *Doughboy,* die lebensgroße Statue eines amerikanischen Soldaten. Ursprünglich hatten zwei solcher Statuen seit 1946 im Hauptquartier der Garnison Berlin gestanden. Nach der Schließung der dortigen Garnison 1994 ging eine der Statuen in die Heimatstadt desjenigen Soldaten, der für die Statuen Modell gestanden hatte, die andere kam nach Heidelberg.[81] In den Jahren nach den Terroranschlägen vom 11. September 2001 wurde der Schutz des direkt an der stark befahrenen Römerstraße liegenden Gebäudes massiv verstärkt, insbesondere wurde der Zaun erhöht.

Als Heidelberger Residenz diente dem *CINCUSAREUR* lange Jahre eine prächtige Villa in der Wolfsbrunnensteige 18 in Schlierbach. Dieses Gebäude auf einem weitläufigen Areal war 1945 von den Amerikanern beschlagnahmt worden und diente zunächst dem *Chief of Staff* der *Seventh Army* BG John M. Williams 1945/1946 als Wohnhaus. Zwischen 1946 und 1952 hatte das Gebäude unterschiedliche hochrangige Bewohner. Stellenweise diente es auch nur als Gästehaus der Garnison. 1952 bezog dann LTG Manton S. Eddy als erster *CINCUSAREUR* das Gebäude, das für eine monatliche Miete von 800,00 Mark und 39,07 Mark für die Möblierung von der Stadt Heidelberg angemietet wurde. Das Gebäude war dabei weitaus mehr als ein bloßes Privathaus und verfügte über einen Mitarbeiterstab, der kleinere Empfänge oder Übernachtungen ranghoher Gäste problemlos ermöglichen konnte.[82] So übernachtete beispielsweise der amerikanische Verteidigungsminister Thomas S. Gates bei seinem Heidelberg-Besuch im Frühjahr 1960 in der Wolfsbrunnensteige 18, die seinerzeit von GEN Clyde D. Eddleman bewohnt wurde.[83]

In der *Campbell Barracks* entstand 1961/1962 auf Anordnung von *CINCUSAREUR* GEN Bruce C. Clarke eine weitere Villa direkt hinter dem *Keyes Building,* die ihm und seinen Nachfolgern als neue Residenz dienen sollte. Kurz nach der Fertigstellung wurde das Gebäude *Eddy House* getauft, in Erinnerung an den gerade verstorbenen LTG Manton S. Eddy. GEN Bruce C. Clarke verließ Heidelberg jedoch schon wieder, bevor er seinen Plan in die Tat umsetzen konnte, und sein Nachfolger GEN Paul F. Freeman präferierte weiterhin die Villa in Schlierbach. Das *Eddy House* diente fortan als Gästehaus, ab 1971 dann als Residenz des *Deputy CINCUSAREUR.* Zwischen 1971 und 1981 lebten insgesamt sechs *Deputy CINCUSAREUR* mit ihren Familien im *Eddy House.*[84]

Erst als es am 15. September 1981 unweit des Heidelberger Schlosses zu einem Terrorangriff der Roten Armee Fraktion (RAF) auf den Dienstwagen von *CINCUSAREUR* GEN Frederick J. Kroesen kam, wurde die prächtige Villa in der Wolfsbrunnensteige 18 von den Amerikanern schweren Herzens aufgegeben. Die erforderliche sicherheitstechnische Aufrüstung der Villa hätte nach Schätzungen gut

362.000 Dollar verschlungen und gleichzeitig einen erheblichen personellen Aufwand für die Bewachung durch Militärpolizisten verursacht, weshalb GEN Kroesen beschloss, das ursprünglich für den *CINCUSAREUR* vorgesehene *Eddy House* als Residenz zu nutzen. Hieran änderte sich bis zum Ende der Heidelberger Garnison nichts mehr. Der *Deputy CINCUSAREUR* musste fortan eine Offiziersvilla in der amerikanischen Wohnsiedlung *Patrick Henry Village* (*PHV*) beziehen.[85]

Lange Jahre verfügte der *CINCUSAREUR* in Heidelberg auch über einen eigenen Kommandozug, der die meiste Zeit auf einem Gleis am Heidelberger Hauptbahnhof abgestellt war und daher auch einer breiteren Öffentlichkeit auffiel. Der *„General"* war ein Verbrennungstriebwagen der Baureihe VT 08 und wurde 1956 als rollender Befehlsstand des *CINCUSAREUR* in Dienst gestellt. Aufgrund der eingeschränkten Möglichkeiten eines solchen Kommandozugs wurde das Gefährt nur selten bewegt. Ein häufiger Nutzer war die amerikanische Botschaft, die den Triebwagen gern zu Repräsentationszwecken verwendete.[86] Einen wichtigen Einsatz hatte der *„General"* im Juli 1977, als er den sowjetischen Armeegeneral Iwanowski und seine Delegation von der innerdeutschen Grenze bei Eisenach nach Heidelberg brachte.[87] Nach 1988 wurden keine Erneuerungsarbeiten mehr an dem Triebwagen durchgeführt, der 1991 verkauft wurde, aber noch lange Jahre auf seinen angestammten Gleisen beim Heidelberger Hauptbahnhof stand.

Um den *„General"*, seine Fahrten und seine Ausstattung rankten sich im Lauf der Jahre immer wieder Gerüchte und Legenden. Beispielsweise soll der Triebwagen John F. Kennedy bei seinem Deutschland-Besuch 1963 von Frankfurt am Main nach Berlin gebracht haben;[88] tatsächlich benutzte Kennedy ein Flugzeug. Auch die angeblich goldenen Wasserhähne über Waschbecken aus feinstem Marmor gehören ins Reich der Legenden – die Wasserhähne aus Messing thronten lediglich über Waschbecken aus marmorisierten Kunststoffplatten.

Die *NATO* am Neckar

Obwohl das *USAREUR*-Hauptquartier die mit Abstand bekannteste und wichtigste Einheit der Heidelberger Garnison der amerikanischen Streitkräfte darstellte, war dieses Hauptquartier im strengen Sinn ein reines „Friedenshauptquartier", das im Wesentlichen mit der Führung, Unterstützung und Verwaltung der in Europa stationierten Einheiten der *US Army* in Friedenszeiten betraut war. Führung und Koordination der in Europa stationierten Streitkräfte verschiedener *NATO*-Mitgliedsstaaten wären im Verteidigungsfall den Organen und Kommandostäben der *NATO* zugefallen. Für die Landstreitkräfte in Mitteleuropa sah man hierfür ab den frühen 1950er Jahren die Bildung zweier großer Armeegruppen vor: die *Northern Army Group* (*NORTHAG*) in Norddeutschland unter britischer Führung und die *CENTAG* in Süddeutschland unter amerikanischer Führung.[89]

Der erste *CENTAG*-Planungsstab nahm seine Arbeit in Heidelberg 1952 auf, ab dem 13. April 1953 bestand in der *Campbell Barracks* eine dauerhafte *CENTAG Planning Group* als Teil des G3-Stabs von *USAREUR* unter Beteiligung französischer Offiziere.[90] Jeweils zum Jahresende veröffentlichte die Arbeitsgruppe einen ausführlichen Verteidigungsplan für die südliche Bundesrepublik Deutschland unter dem Namen *CENTAG Emergency Plan;* alle derartigen Pläne genossen die höchste Sicherheitsstufe *Cosmic Top Secret.*[91] In ihrer Anfangszeit sollte die *CENTAG* im Verteidigungsfall die amerikanische *Seventh Army* und die 1. Französische Armee kommandieren, womit sie in gewisser Weise ein direkter Nachfolger jener *6th Army Group* gewesen wäre, die zwischen April und Juni 1945 in Heidelberg Quartier bezogen hatte.

Ab 1956 stießen im Zuge der Aufstellung der Bundeswehr auch deutsche Offiziere zur *CENTAG Planning Group,* ebenso wurden zwei deutsche Korps allmählich mit in die *CENTAG*-Verteidigungspläne für Süddeutschland aufgenommen. Bei Planspielen wurden zusätzliche amerikanische, deutsche und französische Offiziere in die *CENTAG Planning Group* entsandt, die 1958 immer noch aus lediglich 20 Offizieren der drei beteiligten Nationen bestand und im Gebäude 9 der *Campbell Barracks* untergebracht war.[92]

Erst im Frühjahr 1959 wurden mehr und mehr Soldaten der beteiligten Nationen der *CENTAG Planning Group* zugewiesen, die im April 1959 schließlich zu einem *CENTAG*-Hauptquartier erweitert und aus

↑ Ausstellung schwerer Artilleriegeschütze und Raketen in der *Campbell Barracks* am 2. April 1958 anlässlich des Jahrestags der *NATO*-Gründung (*USAREUR History Office*).

↑ Der französische Brigadegeneral Pierre de Montjamont beim Besuch des *Heidelberg AWC* am 5. April 1961. Der General diente zu dieser Zeit als *Deputy Chief of Staff for Administration and Logistics* im *CENTAG*-Hauptquartier (*HCSC*).

→ Teilnehmer einer *CENTAG Commanders' Conference* in Heidelberg am 17. Nov. 1970. Obwohl das *CENTAG*-Hauptquartier zu dieser Zeit in Mannheim residierte, suchte man oft die Nähe des Heidelberger *USAREUR*-Hauptquartiers (*USAREUR History Office*).

der *USAREUR*-Stabsstruktur herausgelöst wurde. Offiziell wurde das neue Hauptquartier am 1. Oktober 1960 im Gebäude 16 der *Campbell Barracks* in Dienst gestellt,[93] mittlerweile gehörten allein rund 100 Offiziere der neuen Einheit an. Erster Kommandeur des neuen Hauptquartiers (*COMCENTAG*) wurde *CINCUSAREUR* GEN Clyde D. Eddleman, der aber noch während des Jahrs 1960 durch *CINCUSAREUR* GEN Bruce C. Clarke abgelöst wurde. Auch in den folgenden Jahrzehnten wurden die obersten Dienstposten von *USAREUR* (ab 1. Dezember 1966 *USAREUR/7A*) und *CENTAG* stets in Personalunion besetzt und damit von einem amerikanischen General bekleidet. Da dieser General nunmehr „zwei Hüte" zu tragen hatte (*CINCUSAREUR* und *COMCENTAG*), überließ man die eigentliche Führungsarbeit innerhalb des *CENTAG*-Hauptquartiers einem amerikanischen *Chief of Staff* im Rang eines *Major General* (ab 1972 ein deutscher Generalmajor). Ihm wurden zunächst zwei *Deputy Chiefs of Staff* für *Operations and Intelligence* (Operationen und Nachrichtendienstwesen; ein deutscher Generalmajor oder Brigadegeneral) bzw. *Administration and Logistics* (Verwaltung und Nachschub; ein französischer Generalmajor oder Brigadegeneral) zur Seite gestellt.[94]

Von Beginn an war das *CENTAG*-Hauptquartier zwar ein multinationales Hauptquartier, orientierte sich in Struktur und Denkweisen aber eng an amerikanischen Vorbildern. Insbesondere wies das Hauptquartier einen ähnlichen Stabsaufbau wie vergleichbar ranghohe amerikanische Heereshauptquartiere auf. Zusätzlich zu den Stäben wurden ein *Signal Support Command* zur kommunikationstechnischen Unterstützung des Hauptquartiers und ein *Support Command* zur Bereitstellung aller anderen wichtigen Unterstützungsfunktionen aufgebaut (Unterhaltung eines Fuhrparks, Sicherung des Hauptquartiers etc.).[95]

Beispielsweise verfügte das *CENTAG*-Hauptquartier über 33 Militärpolizisten (je elf aus jeder beteiligten Nation), die im Gebäude 114 der *Patton Barracks* untergebracht waren (jede Nation hatte hier ihr eigenes Stockwerk) und regelmäßig vor dem Hauptquartiersgebäude in der *Campbell Barracks* Wache stehen mussten. Hierzu wurde in Zweistundenschichten während der üblichen Bürozeiten je ein Militärpolizist vor dem Haupteingang positioniert, jeweils morgens und abends galt es noch zusätzlich die Fahnen zu hissen bzw. einzuholen. Etwa einmal im Monat fanden Alarmübungen statt, bei denen sich die Militärpolizisten im *War Room* des Hauptquartiersgebäudes für Sicherungsaufgaben einfinden mussten. Dabei fungierten die elf Militärpolizisten jeder Nation als Personenschützer ihres jeweils ranghöchsten Generals im Hauptquartier.[96]

Das *CENTAG*-Hauptquartier führte naturgemäß immer wieder illustre militärische Gäste in die Heidelberger *Campbell Barracks,* was von der deutschen Außenwelt meist nur am Rand wahrgenommen wurde. Am 13. Februar 1961 fand für den im *NATO*-Hauptquartier im französischen St. Germain-en-Laye seines Amts als *Commander in Chief, Allied Forces Central Europe* enthobenen französischen General Maurice Challe beispielsweise eine Abschiedsparade in der *Campbell Barracks* statt.[97] Am 8. August des gleichen Jahrs besuchte mit dem italienischen General Siro Bernabo der *Commander, Allied Land Forces Southern Europe* das *CENTAG*-Hauptquartier.[98]

Parallel zum *CENTAG*-Hauptquartier wurde 1960 noch ein weiteres wichtiges *NATO*-Hauptquartier in der *Campbell Barracks* aufgestellt, das Hauptquartier der *Allied Command Europe Mobile Force (Land)* (*AMF(L)*).[99] Dieses ebenfalls multinationale Hauptquartier auf Divisionsebene ging auf eine Idee des britischen Feldmarschalls Bernard L. Montgomery aus dem Jahr 1957 zurück[100] und sollte als eine Art „Feuerwehr" im Bedarfsfall an den bedrohten Nord- und Südflanken des *NATO*-Bündnisses zum Einsatz kommen (Dänemark und Norwegen bzw. Italien, Griechenland und Türkei). Verschiedene *NATO*-Staaten (vor allem die USA, Großbritannien, Deutschland, Belgien, Italien und Kanada) beteiligten sich mit Verbänden in Bataillons- oder Kompaniestärke an der *AMF(L),* deren recht kleines Hauptquartier in der *Campbell Barracks* von einem Zwei-Sterne-General eines beteiligten Staats geführt wurde. Fast alle an der *AMF(L)* mit Truppen beteiligten Staaten entsandten Stabs- oder Verbindungsoffiziere in das Heidelberger Hauptquartier, das jedoch nur aus rund 40 Soldaten bestand.[101] Zur logistischen Unterstützung des Hauptquartiers wurde eine kleine amerikanische Stabskompanie im nahen Mannheim ins Leben gerufen.

Die Aufstellung der beiden neuen *NATO*-Hauptquartiere führte rasch zu Platzproblemen in der *Campbell Barracks,* weshalb beide Einheiten in der zweiten Jahreshälfte 1961 in die Mannheimer *Hammonds Barracks* verlegt wurden. Da die *Hammonds Barracks* zu dieser Zeit verwaltungstechnisch zur Heidelberger Garnison gehörte, waren beide Einheiten damit im amerikanischen Verständnis weiterhin in Heidelberg stationiert. Lediglich der *COMCENTAG/CINCUSAREUR* verblieb in der *Campbell Barracks,* da der Oberbefehl über *USAREUR* ohnehin seine Hauptaufgabe in Friedenszeiten darstellte. Auch blieben die meisten der insgesamt 300 betroffenen amerikanischen, deutschen und französischen Soldaten und deren Familienangehörige in ihren Heidelberger Wohnquartieren,[102] lediglich viele alleinstehende Soldaten mussten umziehen.

Als sich Frankreich aus der militärischen Organisation der *NATO* verabschiedete, wurde die *CENTAG* zum 1. Juli 1966 zu einem rein deutsch-amerikanischen Hauptquartier, dem im Verteidigungsfall fortan je zwei amerikanische und zwei deutsche Korps unterstanden hätten. Ab 1971 kam Kanada als dritte Nation hinzu, konnte an Truppen aber lediglich eine mechanisierte Brigadegruppe seiner Heeresstreitkräfte anbieten. Die Kanadier blieben zwar die Juniorpartner innerhalb des *CENTAG*-Hauptquartiers, waren nun aber sichtbarer Teil der Heidelberger Garnison.

Die geografische Trennung der Hauptquartiere von *USAREUR* und *CENTAG* erwies sich über die Jahre als wenig hilfreich, gerade bei wichtigen Stabsrahmenübungen. Hinzu kamen ab 1972 Überlegungen des *NATO*-Militärausschusses, die Befehlsstrukturen der Land- und Luftstreitkräfte der *NATO* besser zu verzahnen, da im Verteidigungsfall ohnehin eine Zusammenarbeit beider Teilstreitkräfte erforderlich gewesen wäre. 1976 wurden entsprechende Pläne für eine Zusammenführung wichtiger Heeres- und Luftwaffenhauptquartiere schließlich von hohen *NATO*-Behörden bewilligt, fortan arbeitete *USAREUR* in Heidelberg an einer Rückholung der *CENTAG*- und *AMF(L)*-Hauptquartiere, die mittlerweile aus 583 bzw. 47 Soldaten und zivilen Mitarbeitern bestanden. Zusätzlich sollte nun auch das Hauptquartier der *4th Allied Tactical Air Force* (üblicherweise als *FOURATAF* bezeichnet) mit 195 Soldaten nach Heidelberg verlegt werden.[103] Die *FOURATAF* in Ramstein fasste in den späten 1970er Jahren die *NATO*-Luftstreitkräfte in der südlichen Bundesrepublik Deutschland zusammen und verfügte über rund 600 amerikanische, deutsche und kanadische Kampfflugzeuge.

Die geplante Zusammenlegung der genannten Hauptquartiere in der *Campbell Barracks* führte 1980/1981 zu einer regen Umzugstätigkeit von Mannheim und Ramstein nach Heidelberg und innerhalb der Heidelberger Garnison. Im Wesentlichen mussten einige Verwaltungseinheiten von der *Campbell Barracks* nach Schwetzingen umziehen (*Kilbourne Kaserne* und *Tompkins Barracks*). Daneben mussten fast alle *USAREUR*-Stäbe enger zusammenrücken und teilweise innerhalb der *Campbell Barracks* umziehen. Auch in der *Patton Barracks* kam es zu größeren Verschiebungen, da hier viele alleinstehende Soldaten aller betroffenen Einheiten untergebracht waren. Das *CENTAG*-Hauptquartier konnte schließlich Ende 1980 die Gebäude 1, 3, 5, 7 (teilweise) und 14 beziehen, während die anderen beiden hinzuziehenden Hauptquartiere in den Gebäuden 7 (*AMF(L)*) bzw. 8 (*FOURATAF*) untergebracht wurden.[104] Heidelberg war fortan Sitz gleich vier wichtiger amerikanischer oder multinationaler Hauptquartiere und erreichte eine bis dahin nie gekannte Dichte an höheren Offizieren aller beteiligten Staaten, an der sich bis 1993 nichts Wesentliches ändern sollte.

↑ GEN Crosbie E. Saint (rechts) übergibt am 9. Juli 1992 den *CENTAG*-Oberbefehl an GEN David M. Maddox (*USAREUR History Office*).

Die 1980er Jahre waren immer wieder von umfangreichen Stabsrahmenübungen der Heidelberger Hauptquartiere geprägt, bei denen stellenweise auch Luftangriffe auf die *Campbell Barracks* simuliert wurden. Um die Sicherheit der wichtigsten Führungsstrukturen von *CENTAG* und *FOURATAF* im Verteidigungsfall zu gewährleisten, wurde bereits seit den frühen 1960er Jahren eine alte Bunkeranlage bei Ruppertsweiler in der Pfalz durch die *CENTAG* genutzt (*Hill 450*). Hier bestand auch ein wichtiges unterirdisches Kommunikations- und Führungszentrum. Diese Liegenschaft diente der *CENTAG* seit 1977 als Kriegshauptquartier, nach umfangreichen Erweiterungen Mitte der 1980er Jahre kam die *FOURATAF* hinzu.[105]

Als die *NATO* mit dem Ende des Kalten Kriegs ihre Strukturen mehr und mehr verschlankte, verschwanden die drei multinationalen Hauptquartiere allmählich aus der Stadt. Zum 30. Juni 1993 wurde zunächst das *FOURATAF*-Hauptquartier zusammen mit einem ähnlichen Hauptquartier in Mönchengladbach (*TWOATAF*) außer Dienst gestellt und durch das *AIRCENT*-Hauptquartier in Ramstein ersetzt (*Allied Air Forces Central Europe*). Parallel dazu wurde das *CENTAG*-Hauptquartier zusammen mit dem *NORTHAG*-Hauptquartier in Mönchengladbach außer Dienst gestellt und durch das

↑ Der niederländische General Marinus J. Wilmink kommandierte ab dem 1. Juli 1993 das neu eingerichtete *LANDCENT*-Hauptquartier in der *Campbell Barracks* (*USAG Baden-Württemberg*).

Hauptquartier der *Allied Land Forces Central Europe* (*LANDCENT*) in Heidelberg zum 1. Juli 1993 ersetzt. Durch die Zusammenführung der *CENTAG*- und *NORTHAG*-Strukturen verfügte das neue Hauptquartier von Beginn an über deutlich mehr beteiligte *NATO*-Staaten (zu den drei *CENTAG*-Staaten traten noch Belgien, Dänemark, Großbritannien und die Niederlande hinzu) und war dadurch sogar größer als sein Heidelberger Vorgänger.[106] Mehrere Kasernengebäude vor allem in der *Patton Barracks* wurden fortan den *National Support Elements* einzelner *NATO*-Staaten überlassen, das neue Hauptquartier war daher insgesamt deutlich weniger amerikanisch geprägt als die *CENTAG*.[107] Nicht zuletzt deshalb wurde nun auch die einstige Personalunion der Kommandeure von *USAREUR* und *NATO*-Hauptquartier gelegentlich aufgegeben; erster *Commanding General* des neuen *NATO*-Hauptquartiers war mit Marinus J. Wilmink denn auch ein niederländischer General.

Heidelbergs Rolle als wichtigstes amerikanisches Heereshauptquartier in Europa dürfte dem neuen *NATO*-Hauptquartier in den folgenden Jahren mehrmals das Überleben gesichert haben, da es ab 2000 immer wieder zu Reformen der *NATO*-Kommandostrukturen kam, aus denen Heidelberg ungeschoren hervorging. Im Rahmen der Umsetzung einer neuen integrierten Militärstruktur der *NATO* wurde das Heidelberger *LANDCENT*-Hauptquartier am 9. März 2000 in *Joint Headquarters Centre* (*JHQ CENT*) umbenannt. Gleichzeitig stießen fünf weitere Nationen hinzu (Polen, Tschechien, Ungarn, Italien und Norwegen).[108]

Schon am 1. Juli 2004 kam es zu einer neuerlichen Reform der *NATO*-Kommandostrukturen, in deren Zuge aus ursprünglich sieben Heereshauptquartieren mit regionaler Verantwortung in Europa zwei große überregionale Heereshauptquartiere wurden, darunter das neue *Component Command – Land Headquarters Heidelberg* (*CC-Land HQ HD*). Die Zahl der am Hauptquartier aktiv beteiligten *NATO*-Staaten stieg weiter auf 20. Hinzu kamen mit Finnland, Schweden und Österreich nun auch Staaten ohne *NATO*-Mitgliedschaft, die im Rahmen des *Partnership for Peace*-Programms einen Beobachterstatus in Heidelberg einnahmen.[109] Das *NATO*-Hauptquartier in der Heidelberger *Campbell Barracks* gehörte somit zu den wenigen Gewinnern der umfassenden Truppenreduzierungen in fast allen *NATO*-Staaten nach 1989.

Speziell die *NATO*-geführten Einsätze auf dem Balkan und in Afghanistan führten mit der Zeit dazu, dass sich auch das Heidelberger Hauptquartier mehr und mehr zu einem aktiven Einsatzhauptquartier wandelte, das *NATO*-Einsätze personell unterstützen konnte. Ab 2008 hatte das *CC-Land HQ HD* als erstes wichtiges *NATO*-Hauptquartier die von der *NATO* geforderten *Deployable Joint Staff Element*-Strukturen geschaffen und wurde mit Blick auf künftige Missionen am 1. März 2010 in *Headquarters, Allied Force Command Heidelberg* (*HQ AFC HD*) umbenannt.[110] Vor dem Hintergrund des bevorstehenden Abzugs des *USAREUR*-Hauptquartiers aus Heidelberg verlor allerdings auch das *HQ AFC HD* seine Bedeutung und wurde am 14. März 2013 außer Dienst gestellt.[111] LTG John W. Morgan, der letzte *Commanding General* des Hauptquartiers, war zu diesem Zeitpunkt der ranghöchste amerikanische General in Heidelberg.

Das *AMF(L)*-Hauptquartier in Heidelberg erlebte in den Jahren nach dem Ende des Kalten Kriegs eine ähnliche Internationalisierung und einen überaus lebhaften Übungsbetrieb, der auch Soldaten aus dem Heidelberger Hauptquartier immer wieder nach Norwegen oder in den Mittelmeerraum führte (vor allem nach Italien und in die Türkei). Als Budgetkürzungen, Truppenreduzierungen und laufende Einsätze in den meisten kleineren *NATO*-Staaten die Abstellung der geforderten nationalen Kontingente immer schwieriger machten und sich gleichzeitig die Umwandlung der divisionsartigen *AMF(L)*-Struktu-

↑ LTG John W. Morgan empfängt am 5. Mai 2010 die Flagge des *HQ AFC HD* aus den Händen des deutschen Generals Egon Ramms und übernimmt damit symbolisch das Kommando über das *HQ AFC HD*. Er sollte zum letzten Kommandeur des Heidelberger *NATO*-Hauptquartiers werden (*HQ AFC HD*).

↑ Angehörige des Heidelberger *HQ AFC HD* bei der Stabsübung *Steadfast Joint* in Litauen 2011 (*HQ AFC HD*).

ren in kleinere, brigadeartige Strukturen als zu kompliziert erwies, wurde das Heidelberger Hauptquartier der *AMF(L)* im Herbst 2002 außer Dienst gestellt und durch das kleinere Hauptquartier der *NATO Response Force* ersetzt (*NRF;* an wechselnden Standorten beheimatet).[112]

It will be done! – Das *Victory Corps* an der Römerstraße

Als infolge der sowjetischen Berlin-Blockade 1948/1949 und des Korea-Kriegs ab 1950 der Kalte Krieg zwischen den Supermächten immer offener zu Tage trat, entsandten die USA ab 1951 umfangreiche Truppenverstärkungen nach Deutschland. Das Kernstück dieser Truppenverstärkungen bildeten zwei Korps von mehreren zehntausend Soldaten, die in Frankfurt am Main (*V Corps;* wegen der Schreibweise als *Victory Corps* bezeichnet) und Stuttgart (*VII Corps*) stationiert und der ebenfalls in Stuttgart beheimateten *Seventh Army* unterstellt wurden. Die Korps verfügten in den Anfangsjahren über drei (*V Corps*) bzw. zwei (*VII Corps*) Divisionen, weitere kleinere Kampfeinheiten auf Brigadeebene und umfangreiche Korpstruppen (Führungs- und Nachschubtruppen).[113]

Mit dem Ende des Kalten Kriegs wurde das *VII Corps* 1992 außer Dienst gestellt. Zurück blieb das Frankfurter *V Corps* mit zwei Divisionen (*1st Armored Division* in Bad Kreuznach und *3rd Infantry Division* – ab 1996 *1st Infantry Division* – in Würzburg), dem *11th Armored Cavalry Regiment* (*11th ACR;* ein Panzeraufklärungsregiment) in Fulda und weiteren Einheiten. Zum 1. April 1993 gab das *V Corps* das Kommando über die *1st Armored Division* an das deutsche II. Korps in Ulm ab. Im Gegenzug übernahm man das Kommando über die deutsche 5. Panzerdivision in Diez an der Lahn. Das *V Corps* wurde damit streng genommen zu einem gemischten deutsch-amerikanischen Großverband, in der Praxis lief die Neustrukturierung aber lediglich auf die Entsendung einiger Verbindungsoffiziere in das jeweils andere Korpshauptquartier hinaus und hatte insbesondere keine Auswirkungen auf die zahlreichen Auslandseinsätze des *V Corps* nach 1994.[114]

↙ Schulterabzeichen des *V Corps* (*US Army*).

Die vom amerikanischen Präsidenten William (Bill) J. Clinton 1993 angeordneten weiteren Truppenreduzierungen führten 1994/1995 zum Abzug des *11th ACR,* daneben mussten beide amerikanischen Divisionen in Deutschland je eine ihrer drei Kampfbrigaden in die USA verlegen. In der Folge leerten sich einzelne Garnisonen des *V Corps* immer mehr, u.a. Frankfurt am Main und Mannheim. Deshalb wurde am 25. Februar 1994 die Verlegung des Hauptquartiers des *V Corps* nach Heidelberg bekannt gegeben, einige Unterstützungseinheiten des *V Corps* zogen parallel dazu nach Mannheim; die seit 1991 schon stark geschrumpfte Frankfurter Garnison der *US Army* sollte im Gegenzug endgültig geschlos-

↑ LTG John W. Hendrix übernimmt am 31. Juli 1997 in der *Campbell Barracks* das Kommando über das *V Corps* (*USAG Baden-Württemberg*).

sen werden.[115] Für die Heidelberger Garnison bedeuteten diese Maßnahmen 1994 einen Zuzug von über 900 Soldaten und zivilen Mitarbeitern mit mehreren hundert Familienangehörigen, der nach dem teilweisen Truppenabbau seit 1990 aber problemlos aufgefangen werden konnte.[116]

Für den Umzug des Hauptquartiers von Frankfurt am Main nach Heidelberg wurde ursprünglich ein Zeitraum von 18 Monaten veranschlagt, was die einzelnen Stabsabteilungen des *V Corps* unter dem Kommando von LTG Jerry R. Rutherford vor große Probleme stellte, da das Hauptquartier trotz des Umzugs seine volle Einsatzbereitschaft nicht verlieren durfte; vor allem mit Blick auf die immer kritischere Lage im ehemaligen Jugoslawien. Daher wurde beschlossen, das *V Corps* während des Umzugs parallel von Frankfurt am Main und Heidelberg aus operieren zu lassen. Der Umzug selbst wurde derweil mit allen erdenklichen Mitteln beschleunigt. Bis zum Dezember 1994 war der Umzug schließlich abgeschlossen, waren die neuen Quartiere in der *Campbell Barracks* (hauptsächlich die Gebäude 9, 13 und 15) und in einigen Gebäuden der *Mark Twain Village* (*MTV*) bezogen. Während des Umzugs blieb das Hauptquartier in der Tat voll funktionsfähig, selbst der normale Ausbildungs- und Trainingsrhythmus der zum Korps gehörenden Einheiten konnte in der üblichen Art und Weise durchgeführt werden.[117]

Durch den Zuzug des *V Corps*-Hauptquartiers erfuhr die Heidelberger Garnison einen Bedeutungszuwachs, da sich hier nun neben dem *USAREUR*-Hauptquartier und dem *LANDCENT*-Hauptquartier der *NATO* auch das ranghöchste Einsatzhauptquartier der amerikanischen Landstreitkräfte in Europa befand. Der innere Führungszirkel (*Command Group*) des *V Corps* setzte sich aus dem *Commanding General* (einem *Lieutenant General*), dem *Deputy Commanding General* (einem *Major General*), dem *Chief of Staff* (einem *Brigadier General*) und dem *Command Sergeant Major* als ranghöchstem Unteroffizier der Einheit zusammen. Daneben gab es die für höhere Hauptquartiere übliche Untergliederung in Stäbe (G 1 bis G 6; in ihren Aufgaben und Funktionen vergleichbar den G-Stäben im *USAREUR*-Hauptquartier) und weitere Spezialstäbe für Militärseelsorge (*Chaplain*), Militärgerichtsbarkeit (*Staff Judge Advocate*), Militärpolizei (*Provost Marshal*), Öffentlichkeitsarbeit (*Public Affairs*), Sanitätswesen (*Surgeon*) und andere Bereiche. Auch eine Verbindungsstelle zur *US Air Force* (*Air Liaison*) und sogar ein eigener Historiker (*V Corps Historian*) gehörten zum *V Corps*-Hauptquartier.[118] Das Führungspersonal der meisten der genannten Stäbe bestand aus Offizieren der Dienstränge *Colonel, Lieutenant Colonel* und *Major,* für die die Tätigkeit in einem großen Hauptquartier häufig eine interessante Abwechslung zu einer normalen Truppenverwendung darstellte.

Um die Arbeit in den Stäben nicht durch zusätzliche Personalführungsaufgaben zu belasten und um die materielle Funktionsfähigkeit des Hauptquartiers sicherzustellen, verfügte das *V Corps* über eine Stabskompanie (*HHC, V Corps*) und ein Unterstützungs- und Versorgungsbataillon (*Special Troops Battalion, V Corps = STB, V Corps*), dem die meisten Soldaten des Hauptquartiers verwaltungstechnisch zugeordnet waren. Diese Einheit brachte Soldaten aus einer Vielzahl an Verwendungen zusammen. Neben Militärpolizisten, Sanitätern und Juristen gehörten dazu auch Feldköche, hoch spezialisierte Techniker verschiedener Fachrichtungen, Verwaltungsexperten und Soldaten mit journalistischer Vorbildung – letztere vor allem für Tätigkeiten in der Öffentlichkeitsarbeit, aber auch für das Verfassen von Trainingshandbüchern oder Vorschriften für die Truppe und die Ausfertigung wichtiger Schriftstücke.

Während der 1990er Jahre und danach zogen weitere kleinere Einheiten des *V Corps* in die Heidelberger Garnison, u.a. die *A Company* des *302nd Military Intelligence Battalion (Operations).* Diese Einheit der Nachrichtendiensttruppe versorgte das Hauptquartier des *V Corps* direkt mit wichtigen nachrichtendienstlichen Informationen und war daher an allen wichtigen Einsätzen des Korps beteiligt.[119] Auch das Hauptquartier der *30th Medical Brigade* mit ihren diversen medizinischen, zahnmedizinischen und veterinärmedizinischen Einheiten (einige davon ebenfalls in Heidelberg) gehörte seit März 1992 direkt zum *V Corps* und zog noch im gleichen Jahr in die Heidelberger *Nachrichtenkaserne.* Im Jahr 2000 wurde zudem *V Corps Artillery,* das Artilleriekommando des *V Corps,* von Wiesbaden in die Schwetzinger *Tompkins Barracks* verlegt. Die 128 Soldaten und vier Zivilisten starke Einheit verfügte über 51 Radfahrzeuge mit 13 Anhängern und einen *M-557* Kommandopanzer. Während des Kalten Kriegs hatte die Stabs- und Führungseinheit noch zwei Brigaden mit insgesamt zehn Artilleriebataillonen kommandiert, im Jahr 2000 war davon lediglich ein Brigadehauptquartier mit einem Raketenartilleriebataillon (beide in Babenhausen) übrig geblieben.[120] Das Gros des *V Corps* – alles in allem zwei Divisionen, ein Korpsnachschubkommando und neun selbstständige Brigaden, insgesamt gut 41.000 Soldaten (Stand 1995; ohne die *V Corps*-Einheiten in den USA) – befand sich jedoch an anderen Standorten in Süddeutschland.[121]

↑ Ein etwas großwüchsiger Angehöriger des *STB, V Corps* müht sich im Sept. 1997 redlich, in einem *Humvee* seiner Einheit Platz zu nehmen (*USAG Baden-Württemberg*).

Mit dem Umzug des *V Corps*-Hauptquartiers nach Heidelberg begann für das Korps eine Zeit fast ununterbrochener Auslandseinsätze, die bis 2013 anhielten. An einigen dieser Operationen war das Hauptquartier ganz oder teilweise beteiligt, viel häufiger mussten jedoch Einheiten des *V Corps* anderen Einsatzhauptquartieren unterstellt werden. In jedem Fall war das *V Corps* zu keinem Zeitpunkt nach 1995 mehr vollständig in seinen deutschen Garnisonen anzutreffen, stattdessen prägten Auslandseinsätze den Alltag der Soldaten.

Im Dezember 1995 entsandte das *V Corps* seine *1st Armored Division* und große Teile seiner selbstständigen Brigaden nach Ungarn, Kroatien und Bosnien-Herzegowina.[122] Teile des Heidelberger Hauptquartiers wurden dazu herangezogen, das Einsatzhauptquartier *USAREUR (Forward)* in Taszár/Ungarn zu bilden. LTG John N. Abrams (*Commanding General* des *V Corps*) fungierte dabei als stellvertretender Kommandeur von *USAREUR (Forward)*, große Teile der Stäbe setzten sich aus Heidelberger Stabsoffizieren des *V Corps* zusammen. Um die Nachhuten der nun auf dem Balkan stationierten Einheiten des *V Corps* zu befehligen, wurde parallel dazu in Wiesbaden unter dem Namen *Task Force Victory* ein weiterer Generalstab aus Teilen der *V Corps Artillery* unter dem Kommando von MG Walter H. Yates, dem *Deputy Commanding General* des *V Corps*, gebildet. In Heidelberg bestand derweil weiterhin das eigentliche Hauptquartier des *V Corps*, wenn auch mit stark verkleinertem Personalumfang.[123]

Parallel zu den Operationen auf dem Balkan musste das *V Corps* nun auch immer wieder einzelne Einheiten für kleinere Operationen abstellen, etwa als Luftabwehrbatterien vom Typ *Patriot* in Israel am 12. Dezember 1998 nur 48 Stunden nach ihrer Alarmierung einen effektiven Luftabwehrschirm gegen mögliche Angriffe mit Scud-Raketen aus dem Irak aufbauten (*Task Force Shining Presence*). Die nur zehn Tage dauernden Operationen in Israel wurden vor Ort von *Deputy Commanding General* MG Julian B. Burns geleitet. Eine ähnliche Mission hatte die vom *V Corps* gebildete *Task Force 6–52* (benannt nach *6–52nd ADA*, einem Luftabwehrbataillon) Anfang 1999 in der südlichen Türkei zu erfüllen, hier dauerte der Einsatz jedoch mehrere Monate.[124]

Auch an humanitären Aktionen wie etwa der Evakuierung von Urlaubern aus dem völlig verschneiten Wintersportort Galtür in Österreich im Februar 1999 beteiligten sich Einheiten des *V Corps* (Heeresflieger), was eine Koordinierung der Maßnahmen aus dem Heidelberger Korpshauptquartier erforderlich machte. Hinzu kamen zahlreiche *Partnership for Peace*-Übungen mit den Streitkräften anderer Staaten. Allein zwischen Oktober 1999 und September 2000 (dem amerikanischen Haushaltsjahr 2000) fanden sieben solcher eher kleineren Übungen von Norwegen bis Rumänien statt.[125]

Ab dem Frühjahr 1999 stand dem *V Corps* ein weiterer großer Auslandseinsatz ins Haus, diesmal im Rahmen des Konflikts um das zwischen Albanern und Serben umstrittene Kosovo. Nachdem Serbien den Einsatz einer internationalen Friedenstruppe für das Kosovo abgelehnt hatte, begann am 24. März 1999 eine mehrwöchige Kampagne von *NATO*-Luftangriffen auf serbische Ziele im Kosovo und in

Serbien selbst. Zusätzlich beorderte der *USCINCEUR* und *NATO*-Oberbefehlshaber GEN Wesley J. Clark eine Einsatzgruppe aus Heeresfliegern und Artillerieeinheiten an die Grenzen des Kosovo, um die serbische Regierung weiter unter Druck zu setzen. *USAREUR* beauftragte das *V Corps* mit der Zusammenstellung einer entsprechenden Einsatzgruppe (*Task Force Hawk*), die schließlich ab dem 9. April in Tirana/Albanien unter dem Befehl von LTG John W. Hendrix eintraf (*Commanding General* des *V Corps*). Die im Wesentlichen aus zwei Bataillonen mit Kampfhubschraubern vom Typ *AH-64 Apache* und dem Raketenartilleriebataillon der *V Corps Artillery* bestehende *Task Force Hawk* konnte nach einigen technischen Pannen am 26. April ihre Einsatzbereitschaft melden, wurde jedoch nicht benötigt. Als die serbische Regierung der Stationierung einer internationalen Friedenstruppe für das Kosovo am 10. Juni 1999 schließlich zustimmte, trat die *Task Force Hawk* den Rückzug in ihre deutschen Garnisonen an. Den eigentlichen Einmarsch in das Kosovo erledigten andere Einheiten, die überwiegend ebenfalls zum *V Corps* gehörten (*Task Force Falcon* unter dem Befehl der *1st Infantry Division*).[126] Da auch in den Folgejahren gelegentlich kleinere *V Corps*-Kontingente in das Kosovo verlegt wurden, blieb der Balkan-Konflikt lange Zeit auf der Agenda des *V Corps*-Hauptquartiers in Heidelberg.

Die veränderte Weltlage und die neuen Einsatzerfahrungen nach dem Ende des Kalten Kriegs machten schon frühzeitig eine Neudefinition der Aufgaben des einzigen verbliebenen amerikanischen Korps in Europa erforderlich. Insbesondere sah sich das *V Corps* nun zunehmend der Notwendigkeit gegenüber, multinationale Einsatzverbände fernab seiner deutschen Garnisonen führen und unterstützen zu müssen. Die Vorstellung großer Panzerschlachten im Zentrum Europas gehörte dagegen der Vergangenheit an. Bereits zwischen 1990 und 1995 übte das Hauptquartier des *V Corps* daher regelmäßig die Bildung so genannter *Crisis Action Teams* (*CAT*), die kritische weltpolitische Entwicklungen beobachten und analysieren und eine etwaige Truppenentsendung vorbereiten sollten. Ein *CAT* bestand meist aus dem *Chief of Staff*, einigen ranghohen Offizieren (meist den Kommandeuren der wichtigsten G-Stäbe), Mitarbeitern der Öffentlichkeitsarbeit und dem Kommandeur des *STB, V Corps*, dessen Einheit die Funktionsfähigkeit des *V Corps*-Hauptquartiers bei einer möglichen Verlegung sicherzustellen hatte.[127]

Ab 1996 wurde in Heidelberg zusätzlich ein *Emergency Action Center* (*EAC*) eingerichtet, das im Gegensatz zu einem *CAT* als Teil des G3-Stabs dauerhaft bestehen und die weltpolitische Nachrichtenlage überwachen sollte. Das *EAC* verfügte zu diesem Zweck über moderne Nachrichten- und Kommunikationstechnik und wurde in zwei Schichten von 6:00 Uhr bis 18:00 Uhr bzw. 18:00 Uhr bis 6:00 Uhr betrieben. Ab 1997 wurde in der *Campbell Barracks* an Plänen gearbeitet, das *EAC* in ein regelrechtes *Corps Command Center* weiterzuentwickeln, dessen Aufbau 1999 schließlich auch in Angriff genommen wurde. Der *Chief of Staff* des *V Corps* zu dieser Zeit, BG Stephen M. Speakes, führte parallel dazu tägliche Briefings zur allgemeinen Nachrichtenlage ein, die jeweils um 8:30 Uhr stattfanden und den *Chief of Staff* und andere wichtige Offiziere über die Entwicklung der Nachrichtenlage während der Nacht informierten.[128]

Um die wesentlichen Führungsstrukturen des *V Corps* im Krisenfall schneller vor Ort einsatzfähig zu haben, wurde schon seit 1993 daran gearbeitet, das Hauptquartier selbst beweglicher zu machen. Das aus diesen Überlegungen hervorgegangene *Tac-Plus*-Hauptquartier konnte in weiten Teilen in Zelten und Führungspanzern sowie auf Lastwagen untergebracht werden, erwies sich während der Operationen in Albanien 1999 aber noch als zu schwerfällig. Insbesondere erforderte das immer noch verwendete schwere Gerät eine Luftverlegung auf Basis großer *C-5* und *C-17* Transportflugzeuge, die in Krisengebieten häufig nicht landen konnten. Während der folgenden beiden Jahre verbrachte das *V Corps*-Hauptquartier in Heidelberg daher viel Zeit damit, neue Konzepte für ein verlegbares und hochmobiles Einsatzhauptquartier zu entwickeln, die während zweier *Victory Strike*-Manöver in Polen in den Jahren 2000 und 2001 erprobt wurden. Der so entwickelte *Strike Command Post* war deutlich leichter als seine Vorgänger und konnte auch mit kleineren und wendigeren Transportflugzeugen vom Typ *C-130* verlegt werden, was eine schnelle Verfügbarkeit vor Ort ermöglichte. Das *V Corps* hatte sich damit – in den Worten von LTG John N. Abrams (*Commanding General* zwischen 1995 und 1997) – zu einem *Expeditionary Corps* gewandelt und den Kalten Krieg endgültig hinter sich gelassen.[129]

Parallel zur Verbesserung seiner Mobilität arbeiteten die diversen Stäbe des *V Corps* in Heidelberg während der späten 1990er Jahre auch an neuartigen Konzepten zur schnellen Verlegung kleiner Truppenkontingente in Krisengebiete. Ab Dezember 1999 stand zu diesem Zweck eine *Immediate Ready Force* (*IRF*) in Form einer verstärkten mechanisierten Infanteriekompanie zur Verfügung, die je nach Einsatz und Lage mit bis zu fünf *Force Enhancement Modules* verstärkt werden konnte (im Wesentlichen ein kleines Hauptquartier, eine weitere mechanisierte Infanteriekompanie und je ein Zug Militärpolizei, Pioniere und Aufklärer). Im Ergebnis konnte so eine flexible Einsatzgruppe in Bataillonsstärke dargestellt werden, die in Krisengebieten schnell zum Einsatz kommen und durch weitere Kräfte verstärkt werden konnte.[130]

Die zahlreichen Reformen, die das Hauptquartier des *V Corps* während der späten 1990er Jahre in Heidelberg erarbeitet und umgesetzt hatte, sollten sich im Rahmen der Bekämpfung des internationalen Terrorismus nach dem 11. September 2001 bezahlt machen. Bereits im November 2001 erhielt das *V Corps* den Befehl, sich auf größere Operationen in Südwestasien vorzubereiten. Im Juli 2002 lag schließlich ein ausführlicher Einsatzplan vor, vier Monate später wurde das *V Corps*-Hauptquartier nach Kuwait verlegt.[131]

Am 19. März 2003 überschritt das *V Corps* im Rahmen der *Operation Iraqi Freedom* unter dem Befehl von LTG William S. Wallace die Grenze zum Irak, nach gut sechs Wochen erreichte man bei relativ geringen Verlusten Bagdad. Hier wurde LTG Wallace am 14. Juni 2003 von LTG Ricardo S. Sanchez abgelöst (ehemals *Commanding General* der *1st Armored Division*, die die Verantwortung für den Großraum Bagdad hatte), bevor das Hauptquartier einen Tag später im Hauptquartier der *Combined Joint Task Force 7* (*CJTF-7*) aufging. Das neue Hauptquartier der *CJTF-7* hatte nunmehr einen großen Teil der Ver-

↑ Befehlsstand von LTG William S. Wallace nahe der kuwaitisch-irakischen Grenze am 20. März 2003. Am Tag zuvor waren erste Einheiten des *V Corps* in den Irak einmarschiert (*William J. Roche*).

↑ Einweihung einer Gedenkstätte in der *Campbell Barracks* für die im Rahmen der *Operation Iraqi Freedom* gefallenen Soldaten des *V Corps* am 25. Mai 2005. Am Mikrofon: LTG Ricardo S. Sanchez, *Commanding General* des *V Corps* (*William J. Roche*).

antwortung für die weitere Entwicklung im Irak. Zu den Hauptaugaben der Einheit gehörten neben der Befriedung weiter Teile des Landes vor allem die Unterstützung des Wiederaufbaus sowie die Suche nach führenden Vertretern des alten Regimes von Saddam Hussein.

Ab Februar 2004 übernahm das *III Corps* aus Fort Hood in Texas die Leitung der *CJTF-7,* womit die Soldaten des *V Corps*-Hauptquartiers wieder nach Heidelberg zurückkehren konnten. Am 19. März 2004 wurden einige hundert Soldaten im Rahmen einer feierlichen Parade in der *Campbell Barracks* offiziell von GEN Burwell B. Bell (*Commanding General, USAREUR/7A*) und LTG Sanchez in ihrer Heimatgarnison begrüßt.[132] Schon im Januar 2006 sollte das *V Corps*-Hauptquartier jedoch für ein weiteres Jahr in den Irak zurückkehren, um die Führungsaufgaben des nun dort stationierten *Multinational Corps, Iraq* (*MNC-Iraq*) zu übernehmen. Einzelne Einheiten des *V Corps* (auch kleinere Kontingente aus Heidelberg) wurden derweil immer wieder zu 12- bis 15-monatigen Aufenthalten in den Irak oder nach Afghanistan verlegt.

Obwohl das *V Corps*-Hauptquartier seinen Nutzen während aller Auslandseinsätze seit 1995 durchaus unter Beweis gestellt hatte, sahen die ab 2003 an die Öffentlichkeit dringenden Vorstellungen des amerikanischen Europahauptquartiers *USEUCOM* für ein solch hochrangiges Hauptquartier in Europa keine Zukunft mehr.[133] Ab 2005 verschwanden daher nach und nach Einheiten des *V Corps* aus Deutschland, entweder durch Verlegung in die USA, Zusammenlegung mit anderen Einheiten oder Außerdienststellung. Wichtigste Einzelmaßnahmen waren in diesem Zusammenhang die Verlegungen der Hauptquartiere der *1st Infantry Division* von Würzburg nach Fort Riley in Kansas im Jahr 2006 und der *1st Armored Division* von Wiesbaden nach Fort Bliss in Texas fünf Jahre später.

Nicht in allen Fällen wurden im Rahmen des Truppenabbaus allerdings militärische Fähigkeiten aufgegeben. Als beispielsweise *V Corps Artillery* in der Schwetzinger *Tompkins Barracks* im Mai 2007 außer Dienst gestellt wurde, richtete das *V Corps* parallel dazu ein *Fire Support Element* in seinem Hauptquartier ein, das mehrere Dutzend Soldaten der außer Dienst gestellten Einheit übernahm und dem Hauptquartier artilleristisches Fachwissen sicherte.[134]

Überraschenderweise zog sich die geplante Außerdienststellung des *V Corps* recht lange hin, weshalb die amerikanische Truppenzeitung *Stars and Stripes* im Sommer 2009 gar von den „neun Leben des *V Corps*" sprach. In der Tat schien das *V Corps*-Hauptquartier, das nach ursprünglichen Planungen eigentlich mit dem *USAREUR*-Hauptquartier zu einem verlegbaren Einsatzhauptquartier für Europa zusammengelegt werden sollte, 2009 noch einmal eine neue Perspek-

↑ Soldaten des *V Corps* rollen am 3. Jan. 2006 symbolisch die Fahne der Einheit in Heidelberg ein, bevor das *V Corps*-Hauptquartier zu einem weiteren Einsatz in den Irak aufbricht (*William J. Roche*).

tive zu bekommen. Hauptgründe für diese Entwicklung dürften die fortdauernden Operationen in Afghanistan und im Irak und die parallel dazu ablaufenden Truppenreduzierungen und Umstrukturierungen der Amerikaner in Europa gewesen sein, die die fortgesetzte Existenz eines leicht verlegbaren, erprobten und hochrangigen Heereshauptquartiers in Europa vorerst ratsam erscheinen ließen.[135]

So wurde schließlich sogar der Umzug des *V Corps*-Hauptquartiers nach Wiesbaden eingeleitet und das Hauptquartier selbst zuvor in Heidelberg noch einmal umstrukturiert. An die Stelle der *HHC, V Corps* und des *STB, V Corps* trat am 16. April 2011 das neu aufgestellte *Headquarters and Headquarters Battalion, V Corps* (*HHBN, V Corps*). Die neue Einheit zog umgehend nach Wiesbaden, wo sie bereits am 1. Juni 2011 *Initial Operating Capability* meldete (vorläufige Einsatzbereitschaft).[136] Das Entrollen der Fahne des *V Corps* durch *Commanding General* BG Ricky D. Gibbs in Wiesbaden am 12. August 2011 schloss den Umzug des Hauptquartiers dann symbolisch ab.[137] Schon im Folgejahr rückte das Hauptquartier des *V Corps* ein letztes Mal zu einem Einsatz nach Afghanistan aus, bevor es am 12. Juni 2013 nach 62 Jahren Stationierungszeit in Deutschland endgültig außer Dienst gestellt wurde.[138]

3 Heidelberg als Zentrum des amerikanischen Heeressanitätswesens

Nach der Einnahme Heidelbergs durch die Amerikaner Ende März 1945 entwickelte sich die Stadt rasch zu einer wichtigen Durchgangsstation für die weiter nach Osten und Südosten vorrückenden amerikanischen Heeresstreitkräfte. In umgekehrter Richtung erreichten nun immer mehr verwundete amerikanische Soldaten die Stadt am Neckar, speziell nach den schweren Kämpfen bei Heilbronn Mitte April 1945, womit Heidelberg durch seine geografische Lage noch während der Kampfhandlungen zu einer Drehscheibe des amerikanischen Sanitätswesens wurde. Verwundete Soldaten erhielten hier nach der Erstversorgung durch frontnahe Verbandsplätze weitergehende medizinische Versorgung. Im Bedarfsfall konnten Schwer- und Schwerstverwundete auch in noch größere Militärlazarette weiter westlich transportiert werden. Die genannten Aufgaben erfüllte in den letzten Tagen des Weltkriegs und unmittelbar danach das *103rd Evacuation Hospital,* das zu diesem Zweck in der Rohrbacher *Nachrichtenkaserne* Quartier bezog, wo bereits während des Zweiten Weltkriegs ein deutsches Militärlazarett bestanden hatte.[1]

Nach dem Ende des Zweiten Weltkriegs nahm die Zahl der verwundeten Soldaten langsam ab. Damit fiel der Rohrbacher Einrichtung mehr und mehr die allgemeine Gesundheitsversorgung der im Raum Heidelberg stationierten amerikanischen Besatzungssoldaten zu. Hinzu kam die Versorgung von Flüchtlingen und befreiten Opfern des Nationalsozialismus, die häufig an Unterernährung und Mangelerscheinungen litten. Bedingt durch das neue Aufgabenspektrum wurde das *103rd Evacuation Hospital* am 24. August 1945 vom *130th Station Hospital* abgelöst. Aus dem Militärlazarett im Kriegszustand wurde so ein gewöhnliches Militärkrankenhaus im Frieden.[2] Insgesamt wurden aus den 318 amerikanischen Militärlazaretten mit rund 258.000 Betten während der Endphase des Kriegs (hinzu kamen noch 700 kleinere Sanitätseinheiten) bis Mitte 1946 in der amerikanischen Besatzungszone 17 Militärkrankenhäuser mit zusammen 10.400 Betten. Zusammen mit den *General Hospitals* in Frankfurt am Main und München (je 1.000 Betten) und den *Station Hospitals* in Nürnberg und Wiesbaden (je 750 Betten) gehörte das Heidelberger *130th Station Hospital* mit seinen 750 Betten dabei zunächst zu den größeren Einrichtungen.[3]

Die Arbeitsbedingungen in der *Nachrichtenkaserne* erforderten von den Bediensteten des *130th Station Hospital* in der Anfangszeit ein hohes Maß an Improvisationsvermögen und gutem Willen. Die Räumlichkeiten waren nicht für ein Militärkrankenhaus dieser Größe ausgelegt. Hinzu kamen große Probleme mit den Sanitäranlagen. Bis 1947 wurden daher gründliche Renovierungsarbeiten und Umbauten vorgenommen. Ebenso wurden einige neue Gebäude errichtet und die Zahl der Betten im letzten Quartal 1946 auf 500 reduziert. Nach Abschluss der Arbeiten im Jahr 1947 verfügte das Krankenhaus über eine eigene Zahnklinik, umfangreiche Versorgungseinrichtungen, Unterkünfte für Bedienstete (getrennt nach Dienstrangen und Geschlechtern) und sogar ein kleines Gefängniskrankenhaus. Zu den Freizeiteinrichtungen in der Liegenschaft gehörten neben einem Kino mit 500 Sitzplätzen und diversen Sporteinrichtungen auch ein *Post Exchange* (*PX;* Warenhaus), eine Bibliothek und eine kleine Militärkirche (*Hospital Chapel,* später meist *Nachrichten Chapel*).[4]

Als *Station Hospital* konnte das Heidelberger Militärkrankenhaus fast alle medizinischen Dienstleistungen anbieten. Die wenigen Ausnahmen mussten an die noch größeren *General Hospitals* der *US Army* in Deutschland verwiesen werden (in der Anfangszeit Frankfurt am Main und München, in späteren Jahren Frankfurt am Main und Landstuhl bei Kaiserslautern). Gleichzeitig unterstützte die Einrichtung als wichtiges Facharztzentrum kleinere ambulante Kliniken (meist als *Dispensaries* bekannt, später auch als *Health Clinics*) in den von ihr betreuten Garnisonen Heidelberg, Karlsruhe und Mannheim. Der Zuzug von Familienangehörigen ab 1946 machte gewisse Veränderungen im Leistungsspektrum des *130th Station Hospital* erforderlich. Beispielsweise mussten gynäkologische Dienst-

Ehrenamtliche Sozialarbeiterin des ***130th Station Hospital*** berät Mitte der 1960er Jahre Eltern verhaltensauffälliger Kinder (***HCSC***).

↑ Patienten des *130th Station Hospital* während der 1950er Jahre (*USAREUR History Office*).

leistungen erweitert und Dienstleistungen im Bereich der Geburtshilfe und Pädiatrie aufgebaut werden. Das stürmische Wachstum der betreuten Garnisonen nach 1950 machte darüber hinaus einen weiteren Ausbau des Militärkrankenhauses erforderlich, das schon bald einen neuen Hauptbau im Inneren der Liegenschaft erhielt.

Hierarchisch diente das Heidelberger Militärkrankenhaus während seiner Frühphase zwei Herren. Einerseits war die Einrichtung der lokalen Standortverwaltung unterstellt. Andererseits waren die Bediensteten weiterhin Teil des *Army Medical Service* und damit in Fachfragen dem *Chief Surgeon* des *USAREUR*-Hauptquartiers unterstellt, dem ranghöchsten Militärarzt der *US Army* in Europa mit Dienstsitz in der Heidelberger *Campbell Barracks*, zeitweise auch in der *Nachrichtenkaserne*. Einige Mitte der 1950er Jahre von der *Medical Division* des *USAREUR*-Hauptquartiers in Auftrag gegebene Studien zum Zustand des amerikanischen Heeressanitätswesens in Europa förderten eine Vielzahl an ineffizienten Insellösungen, Kompetenzwirrwarr und andere Probleme zutage, was den *Chief Surgeon* des *USAREUR*-Hauptquartiers zu einer grundlegenden Neuordnung des Heeressanitätswesens in Europa veranlasste.[5]

Kernstück der Reform war die Bildung von *Medical Service Areas* (*MSA*; Heeressanitätsregionalkommandos), die ab dem 1. Oktober 1957 jeweils ein Militärkrankenhaus und die in seinem Einzugsgebiet liegenden ambulanten Kliniken unter einer Führung zusammenfassten. Mehrere *MSA* wurden dabei unter dem Dach eines *Hospital Center* zusammengefasst. In Heidelberg bestand neben der *Heidelberg MSA* unter Führung des *130th Station Hospital* zunächst das erste und einzige *Hospital Center* (offizieller Name), das schon kurze Zeit später zum *549th Hospital Center* umgeflaggt wurde und sechs *MSA* in Deutschland kommandierte. Daneben existierte ab dem 1. Juli 1960 das *9th Hospital Center* in Landstuhl, dem drei, später vier *MSA* unterstellt wurden, und ab März 1962 das *819th Hospital Center* mit Zuständigkeit für Frankreich.[6]

Schon am 15. Dezember 1962 wurden die genannten Strukturen erneut verändert. Alle *MSA* des *549th Hospital Center* wurden dem *9th Hospital Center* übertragen, das gleichzeitig mit dem *549th Hospital Center* fusionierte und in die Heidelberger *Nachrichtenkaserne* umzog. Heidelberg beherbergte damit nicht nur den ranghöchsten Militärarzt in ganz Europa (ein *Major General*), sondern mit dem *9th Hospital Center* unter dem Kommando eines *Brigadier General* auch das direkte Hauptquartier fast aller amerikanischen Militärkrankenhäuser und *MSA* in Deutschland, denen wiederum zahllose kleinere Kliniken und *Medical Detachments* (Sanitätseinheiten in Kompaniestärke) in deutschen Garnisonen unterstanden.[7] Mitte der 1960er Jahre versorgten diese Einrichtungen nicht weniger als 423.200 Personen (Soldaten, zivile Mitarbeiter und deren Familienangehörige) in Bayern, Hessen, Rheinland-Pfalz und dem nördlichen Baden-Würt-

↑ Neu errichteter Hauptbau des *130th Station Hospital* 1952 (*Bilfinger SE*).

temberg. Lediglich die amerikanischen Militärkrankenhäuser und Kliniken in Berlin und Bremerhaven unterstanden zu diesem Zeitpunkt nicht dem *9th Hospital Center,* sondern seiner Schwestereinheit in Frankreich.[8]

Bei alldem war das *130th Station Hospital* nicht das einzige amerikanische Militärkrankenhaus in Heidelberg. Bereits seit den frühen 1950er Jahren befand sich in der *Nachrichtenkaserne* auch das *5th Mobile Army Surgical Hospital* (*5th MASH*), das im Verteidigungsfall als mobiles Militärlazarett der in Stuttgart stationierten *Seventh Army* gedient hätte. Ab Mitte der 1950er Jahre unterstand die Einheit der *31st Medical Group* in Darmstadt, die ihrerseits zunächst den *Army Troops, Seventh Army,* ab Ende der 1950er Jahre dann dem *Seventh Army Support Command* in Mannheim unterstand. Vor dem Hintergrund des Abzugs aller amerikanischen Truppen aus Frankreich und der Fusion der Hauptquartiere von *USAREUR* und *Seventh Army* in Heidelberg wurde das *5th MASH* kurzzeitig der *7th Medical Brigade* in Ludwigsburg unterstellt, bevor die Einheit Ende der 1960er Jahre aus Europa verschwand.[9]

Die erwähnte Zusammenlegung der Hauptquartiere von *USAREUR* und *Seventh Army* zum 1. Dezember 1966 führte notgedrungen auch zu einer Zusammenführung der Sanitätsbereiche beider Hauptquartiere und ihrer jeweiligen Aufgaben. Während *USAREUR* mit dem *9th Hospital Center* eher die ortsfesten und an den Bedürfnissen einer Garnison in Friedenszeiten orientierten Militärkrankenhäuser und Kliniken unterhielt, war das Sanitätswesen der *Seventh Army* allein auf den Verteidigungsfall ausgerichtet, weshalb man hier beispielsweise einige mobile Militärlazarette unterhielt. In der Folge wurde das *US Army Medical Command, Europe* (*USAMEDCOMEUR*) am 1. Juli 1968 in Heidelberg in Dienst gestellt, das fortan alle Sanitätsaktivitäten von *USAREUR* unter einem Dach zusammenfasste. Hierzu gehörten auch die veterinär- und zahnmedizinischen Dienste.[10]

Auch das *9th Hospital Center* wurde *USAMEDCOMEUR* unterstellt, aber bereits 1970 außer Dienst gestellt. Die bis zu diesem Zeitpunkt vom *9th Hospital Center* geführten *MSA* wurden in *Medical Department Activities* (*MEDDAC*) umgeflaggt. Parallel dazu wurden zudem *Dental Activities* (*DENTAC*) ins Leben gerufen. Daneben befehligte *USAMEDCOMEUR* von Heidelberg aus mit dem *US Army Veterinary Detachment, Europe* in Gießen auch die oberste Lebensmittelprüfstelle der Amerikaner in Europa, eine Blutbank und große medi-

↑ Beförderung mehrerer Soldaten des *9th Hospital Center* durch den Kommandeur der Einheit BG Douglas B. Kendrick (Bildmitte) im Herbst 1963 (*Dr. William R. Pupke*).

↑ Patienten des *130th Station Hospital* werden 1965 durch Angehörige des *American Red Cross* mit Büchern und Zeitschriften versorgt (*HCSC*).

zinische Laboratorien in Landstuhl und Heidelberg, das zentrale medizinische Archiv von *USAREUR* in Landstuhl, medizinische Depots westlich von Kaiserslautern und in Pirmasens und eine Vielzahl weiterer Einheiten. Von Seiten der ehemaligen *Seventh Army* übernahm *USAMEDCOMEUR* die *7th Medical Brigade* in Ludwigsburg und die *421st Medical Company (Air Ambulance)*, die der Luftevakuierung Verletzter diente und auf mehrere Standorte in Deutschland verteilt war.[11]

Nach kleineren Umstrukturierungen wurde aus *USAMEDCOMEUR* zum 21. September 1978 das *7th Medical Command (7th MEDCOM)*. Die Einheit blieb jedoch in Heidelberg.[12] Das *130th Station Hospital* war zu diesem Zeitpunkt auf nur noch 150 Betten zusammengeschrumpft, leitete aber weiterhin die *Heidelberg MEDDAC*, nunmehr eines von zwölf derartigen Heeressanitätsregionalkommandos in Deutschland, Belgien, Italien und dem Iran. Der *Heidelberg MEDDAC* unterstanden 1978 sieben Kliniken, eine Tierklinik und vier Lebensmittelprüfstellen im Großraum Heidelberg/Karlsruhe/Mannheim. Im gleichen Gebiet befehligte die parallel dazu bestehende *Heidelberg DENTAC* acht Zahnkliniken.[13]

Schon 1980 meldete das *130th Station Hospital* nur noch 125 Betten mit einer durchschnittlichen Belegung von 75, brachte es aber weiterhin pro Tag auf 900 bis 1.000 ambulante Patienten, unter denen sich nun auch mehr und mehr Pensionäre der amerikanischen Streitkräfte befanden, die nach ihrer aktiven Militärzeit in Deutschland geblieben waren. Einzelne komplizierte Krankheitsfälle wurden an die beiden nun deutlich größeren *General Hospitals* in Frankfurt am Main und Landstuhl oder an das Heidelberger Universitätsklinikum verwiesen, mit dem sich über die Jahre eine enge Kooperation entwickelt hatte. Während der späten 1970er und frühen 1980er Jahre wurden auch nochmals große Teile des Militärkrankenhauses renoviert.[14] An den nun bestehenden Strukturen und Größenverhältnissen sollte sich bis in die 1990er Jahre hinein nichts Wesentliches ändern.

Das Ende des Kalten Kriegs führte zu einem massiven Truppenabbau der *US Army* in Europa, dem ein entsprechender Abbau der Sanitätskapazitäten folgte. Bis Mitte der 1990er Jahre schrumpfte die Zahl der amerikanischen Militärkrankenhäuser in Europa auf drei zusammen (Heidelberg, Landstuhl, Würzburg). Das *130th Station Hospital* wurde 1993 in *95th Combat Support Hospital* umbenannt; ein Jahr später wurde dieser Name aber schon wieder zugunsten von *US Army Medical Department Activity, Heidelberg* aufgegeben. Das Heidelberger Militärkrankenhaus wurde durch diese Umbenennung praktisch mit dem ihm unterstellten Heeressanitätsregionalkommando verschmolzen. Da parallel dazu mehrere *MEDDAC* in Deutschland verschwanden, vergrößerte sich das Einzugsgebiet des Heidelberger Militärkrankenhauses enorm. Zeitweise gehörten nun auch Kliniken in Büdingen, Butzbach, Darmstadt, Friedberg, Gelnhausen, Hanau, Ludwigsburg und Stuttgart zur *Heidelberg MEDDAC;* die meisten der genannten Kliniken wurden im Lauf der Jahre aber geschlossen.[15]

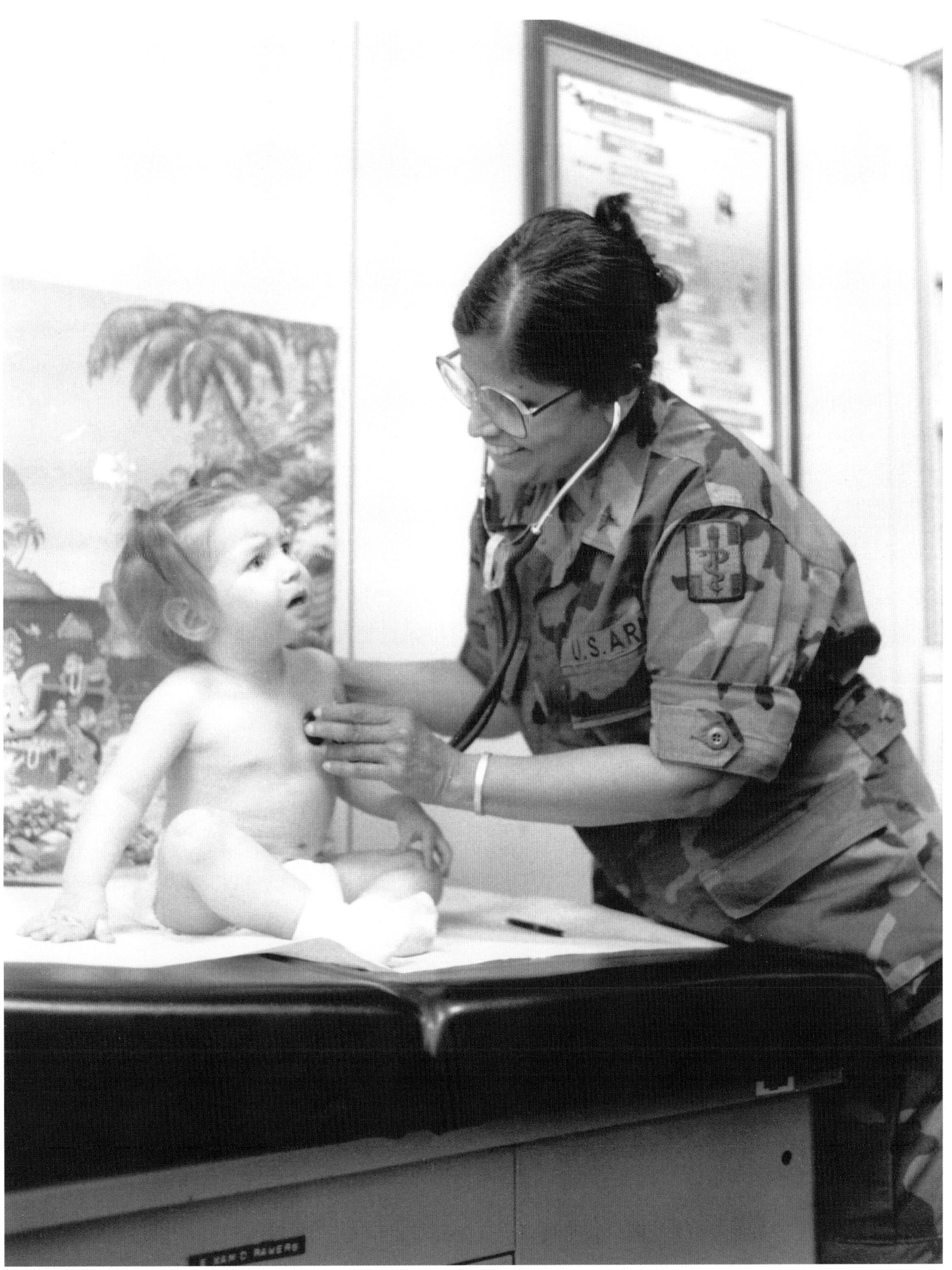

↑ Kleinkind Mitte der 1980er Jahre bei einer Routineuntersuchung im *130th Station Hospital* (*USAG Baden-Württemberg*).

↑ Krankenwagen in der *Nachrichtenkaserne* während der 1980er Jahre (*USAG Baden-Württemberg*).

Das *7th MEDCOM* wurde am 15. Oktober 1994 in Heidelberg außer Dienst gestellt und durch die *European Health Services Support Area* (*E-HSSA*) in Landstuhl ersetzt. Im Juli 1996 wurde die Einheit in *European Regional Medical Command* (*ERMC*) umbenannt und kehrte 1997 in die *Nachrichtenkaserne* zurück. Die Führungsverantwortung für das nichtstationäre Sanitätswesen der *US Army* in Europa fiel an die *30th Medical Brigade,* die dem *V Corps* unterstellt war und ihr Hauptquartier schon 1992 in Heidelberg aufgeschlagen hatte. An allen nach 1994 laufenden Auslandseinsätzen des *V Corps* war die *30th Medical Brigade* direkt oder indirekt beteiligt.[16] Da mittlerweile nicht mehr genügend Personal zur Verfügung stand, um sowohl das Heidelberger Militärkrankenhaus als auch die verlegbaren Sanitätseinheiten auf voller Stärke zu halten, wurden Soldaten des Wiesbadener *212th Combat Support Hospital* (ein mobiles Militärlazarett; später in Miesau stationiert) in die *Nachrichtenkaserne* versetzt, um dort bei Auslandseinsätzen durch Reservisten aus den USA ersetzt zu werden (*Operation Backbone*). Nach 1994 dienten deshalb regelmäßig zahlreiche Reservisten der *US Army* in der *Nachrichtenkaserne.*[17]

Ihren größten Einsatz erlebte die Heidelberger *30th Medical Brigade* im Rahmen der *Operation Iraqi Freedom* im Frühjahr 2003. Die Einheit befehligte während der Operation insgesamt 5.000 Soldaten in 78 verschiedenen Sanitätseinheiten, weshalb ihr Schulterabzeichen fast im gesamten Irak zu sehen war. Die Brigade erzielte dabei die niedrigsten Todesraten infolge von Verwundung und Krankheit, die bis dahin in einem Krieg erreicht worden waren, und wurde kurzzeitig zur größten Sanitätsbrigade der amerikanischen Streitkräfte, die jemals in einem Einsatz gestanden hatte. Spätere Einsätze führten das Heidelberger Hauptquartier der Brigade erneut in den Irak und nach Afghanistan.[18]

Am 16. Oktober 2008 wurde die *30th Medical Brigade* in das *30th Medical Command (Deployment Support)* umgeflaggt, verblieb aber weiterhin in der Heidelberger *Nachrichtenkaserne.* Mittlerweile machte sich der bevorstehende Abzug der Amerikaner aus Heidelberg bemerkbar, weshalb immer mehr medizinische Dienstleistungen eingestellt werden mussten und das Militärkrankenhaus am 15. Juli 2008 zum *Heidelberg Health Center* umbenannt wurde.[19] Um die absehbare allmähliche Schließung der *Nachrichtenkaserne* vorzubereiten ohne der Garnison die notwendige medizinische Grundversorgung zu entziehen, wurde 2012 eine *Health Clinic* in der *PHV* eröffnet, die der Garnison bis zu ihrem Ende im Sommer 2013 erhalten blieb.

Der große Exodus von Einheiten aus der *Nachrichtenkaserne* wurde am 3. August 2012 mit der Außerdienststellung der *Heidelberg MEDDAC* und *Heidelberg DENTAC* eingeläutet. Die *Heidelberg MEDDAC* befehligte zu diesem Zeitpunkt nur noch das *Heidelberg Health Center* und zwei Kliniken in Mannheim (*Coleman Troop Clinic*) und Stuttgart, die mit diesem Tag der *Landstuhl MEDDAC* unterstellt wurden. Die mittlerweile in der *Nachrichtenkaserne* beheimateten Heeressanitätshauptquartiere (*ERMC* und *European Regional Dental Command = ERDC*) zogen 2013 schrittweise nach Sembach bei Kaiserslautern, ebenso das *30th Medical Command (Deployment Support).* Das ebenfalls einige Jahre in der *Nachrichtenkaserne* untergebrachte *European Regional Veterinary Command* (*ERVC*; ranghöchstes veterinärmedizinisches Hauptquartier der *US Army* in Europa) wurde derweil in Landstuhl bei Kaiserslautern mit einem anderen

↑ Auch außerhalb der *Nachrichtenkaserne* gab es medizinische Einrichtungen der Amerikaner in Heidelberg: *Dispensary* (Klinik) in der *Patton Barracks* während der 1950er Jahre (*US Army*).

Hauptquartier zum *US Army Public Health Command (Provisional) Region-Europe* (*USAPHCR-Europe*) zusammengelegt.

Mit der Schließung der *Nachrichtenkaserne* im Sommer 2013 ging eine Ära zu Ende, in der Heidelberg durchaus erste Adresse des amerikanischen Heeressanitätswesens gewesen ist. Viele spätere Spitzenkräfte des amerikanischen Heeressanitätswesens haben hier gedient, darunter auch einige spätere *Surgeon General* der *US Army* (ranghöchster Offizier der Truppengattung im Rang eines *Lieutenant General*). So wurde COL Hal B. Jennings, der das *130th Station Hospital* 1964 kommandierte, schon fünf Jahre später in dieses höchste Amt berufen. Auch LTG Frank F. Ledford, der *Surgeon General* zwischen 1988 und 1992, konnte auf einige Heidelberger Jahre zurückblicken: 1971/1972 hatte er als *Lieutenant Colonel* im *130th Station Hospital* gedient. Mit LTG Quinn H. Becker brachte es auch ein ehemaliger Kommandeur (1964/1965) des Heidelberger *5th MASH* zum *Surgeon General* (1985 – 1988).[20]

In Fragen der medizinischen Forschung war das Heidelberger Militärkrankenhaus über die Jahrzehnte ebenfalls recht aktiv. Neben zahllosen Fachveröffentlichungen der hier stationierten Militärärzte spricht hierfür auch die Indienststellung der *US Army Medical Research Unit – Europe* (*USAMRU-E*) am 1. September 1977, einer Außenstelle des renommierten *Walter Reed Army Institute of Research* im amerikanischen Bundesstaat Maryland. Die Einheit beschäftigte sich schon früh mit Fragen der Früherkennung, Diagnose und Behandlung psychischer Erkrankungen infolge von Kampfeinsätzen. Die dabei gewonnenen Erkenntnisse kamen mit Beginn der Operationen auf dem Balkan 1995 zahllosen Soldaten und ihren Familienangehörigen zugute.[21]

Das Militärkrankenhaus behandelte während seiner fast sieben Jahrzehnte in der Heidelberger *Nachrichtenkaserne* sogar manch prominenten Patienten. Der wohl bekannteste Patient, der hier jemals behandelt wurde, dürfte der legendäre GEN George S. Patton sein, der am 9. Dezember 1945 bei einem Autounfall in Mannheim schwer verletzt worden war. Die durch den Unfall verursachte Verschiebung des dritten Halswirbels führte bei Patton zu einer vollständigen Lähmung unterhalb des Halses, die an den folgenden Tagen mehr und mehr Komplikationen nach sich zog. Am 21. Dezember 1945 verstarb Patton schließlich an einem Herzstillstand infolge eines Lungenödems. Das Andenken an den berühmten Patienten wurde im Heidelberger Militärkrankenhaus stets wach gehalten. Ein Metallschild (1975 von Pattons Sohn gestiftet) und ein Foto Pattons an der Wand neben dem Eingang zu seinem Todeszimmer in der späteren Röntgenabteilung erinnerten bis 2012 an seinen tragischen Tod. Bis 2011 fanden im Militärkrankenhaus auch regelmäßig Feierlichkeiten statt, mit denen an den berühmten Weltkriegsgeneral und sein Vermächtnis erinnert wurde.[22]

Nicht zuletzt hat das Heidelberger Militärkrankenhaus dafür gesorgt, dass sich die Stadt Heidelberg in den Geburtsurkunden vieler tausend Amerikaner verewigt hat – in Spitzenzeiten kamen in den Kreißsälen des *130th Station Hospital* über 100 Babys monatlich zur Welt. Unter den hier Geborenen befinden sich der bekannte Sänger Jackson Browne (1948), Leah Sears Ward (1955), die als erste schwarze Amerikanerin in das höchste Richteramt eines amerikanischen Bundesstaats aufstieg, der amerikanische Football-Profi Emmanuel Moody (1987) und Ashley Wagner (1991), die amerikanische Eiskunstlaufmeisterin des Jahrs 2012.[23]

4 Von *Topos, WACs* und weißen Mäusen

Obwohl die Heidelberger Garnison von Amerikanern und Deutschen fast ausschließlich mit den hier angesiedelten *EUCOM-, USAREUR-* und *CENTAG-*Hauptquartieren assoziiert wurde, waren über die Jahrzehnte auch andere Hauptquartiere und Einheiten in der Stadt beheimatet. Hierzu gehörten nicht nur die Sanitätshauptquartiere und das Militärkrankenhaus in der *Nachrichtenkaserne*, sondern zahlreiche weitere Hauptquartiere und Einheiten vor allem der Fernmelde-, Militärpolizei- und Pioniertruppen sowie ranghohe Verwaltungshauptquartiere des amerikanischen Personalverwaltungs- und Zahlmeisterwesens in Europa. Viele dieser Einheiten befanden sich dabei zeitweise oder dauerhaft gar nicht in Heidelberg selbst, sondern in Liegenschaften im benachbarten Mannheim und Schwetzingen, die im verwaltungstechnischen Verständnis der Amerikaner aber zur Heidelberger Garnison gehörten. Zudem erlebten viele dieser Hauptquartiere und Einheiten im Lauf der Jahre immer wieder Umbenennungen („Umflaggungen") oder Auf- bzw. Abwertungen innerhalb der militärischen Hierarchie.

Von besonderer Bedeutung für die Funktionsfähigkeit der Heidelberger Hauptquartiere waren stets die Fernmeldetruppen. Am 20. Juni 1947 wurde in der Mannheimer *Loretto Kaserne* (ab 1948 *Hammonds Barracks*) das *7774th Signal Battalion* in Dienst gestellt, das für die Fernmeldeverbindungen des *EUCOM-*Hauptquartiers verantwortlich zeichnete (später in gleicher Funktion für das *USAREUR-*Hauptquartier tätig). Die Einheit verfügte zum Zeitpunkt ihrer Gründung über drei Kompanien in verschiedenen Teilen der amerikanischen Besatzungszone (Fulda, Bad Wildungen, Stuttgart), später kamen Abteilungen (*Detachments*) an anderen Orten in Deutschland und Frankreich hinzu. In Edingen und Mannheim-Neuostheim verfügte die ab dem 15. März 1954 als *USAREUR Signal Operations Battalion, 7774th Army Unit* bekannte Einheit (später auch *USAREUR Signal Service Battalion*) über wichtige Fernmeldestationen, die das *EUCOM-* bzw. *USAREUR-*Hauptquartier mit hohen militärischen Dienststellen in den USA verbanden. Herzstücke der Einheit waren jedoch das in der Heidelberger *Campbell Barracks* angesiedelte *Communications Center* (*Comm Center*), zu dem eine Sende- und Empfangseinrichtung sowie eine Dechiffriereinheit (*Crypto Center*) gehörten, und eine Telefonzentrale (*Headquarters USAREUR Telephone Switchboard*) an gleicher Stelle. Hier arbeiteten auch Soldatinnen des *Women's Army Corps* (in der Sprache der *US Army* seinerzeit häufig als *WACs* bezeichnet) sowie deutsche Mitarbeiter.[1]

Das *7774th Signal Battalion* gehörte ab den frühen 1950er Jahren zu der in der *Campbell Barracks* beheimateten *4th Signal Group*, die zu dieser Zeit als oberstes Hauptquartier der amerikanischen Fernmeldetruppen in Europa fungierte und direkt der *Signal Division* im *USAREUR-*Hauptquartier unterstellt war. Zur *4th Signal Group* gehörte ab Mitte der 1950er Jahre auch das in Mannheim-Feudenheim stationierte *102nd Signal Battalion*, das u.a. für den Betrieb der Fernmeldestation auf dem Heidelberger Königstuhl verantwortlich zeichnete.[2] Von dieser seit den späten 1940er Jahren existierenden Fernmeldestation (meist als *Königstuhl Radio Relay Station* bezeichnet) wickelten die Amerikaner zu diesem Zeitpunkt ihren Telefonverkehr von und nach Heidelberg ab. Wichtige Gegenstellen befanden sich auf dem Donnersberg in Rheinhessen und auf dem Melibokus bei Darmstadt.[3]

1958 wurde in Heidelberg das *US Army Signal Command, Europe* als höchstes Hauptquartier der amerikanischen Fernmeldetruppen in Europa in Dienst gestellt. Das zu Beginn nur aus 15 Soldaten, darunter neun Offizieren, bestehende Hauptquartier unterstand einem *Brigadier General*, der gleichzeitig die *USAREUR Signal Division* leitete und deshalb als *USAREUR Signal Officer* bezeichnet wurde. Als *CINCUSAREUR* GEN Bruce C. Clarke 1960 sein Missfallen über die Bezeichnung *Signal Command* äußerte, wurde das *US Army Signal Command, Europe* zum 1. Februar 1961 zur *US Army Signal Brigade, Europe* umgeflaggt und parallel dazu auf rund 150 Soldaten verstärkt.[4] Nach der Auflösung der *4th Signal Group* befehligte die neue Einheit im Herbst 1964:

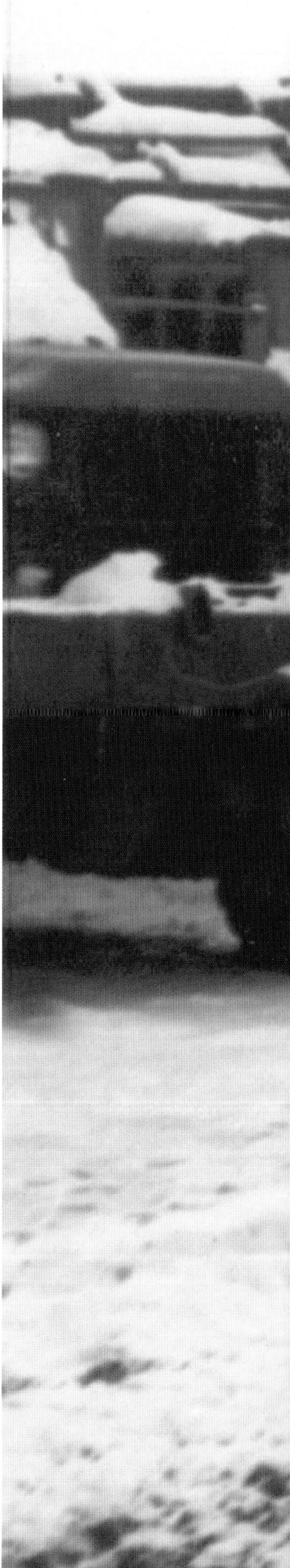

Fahrzeugpark der *541st Engineer Company (Float Bridge)* in der *Tompkins Barracks* Mitte der 1960er Jahre. Das schwere Gerät der Heidelberger Garnison befand sich überwiegend in der Schwetzinger Kaserne (*Otto Boyd*).

↑ Das *Headquarters USAREUR Telephone Switchboard* 1959 (*Walter F. Elkins*).
→ Soldaten des *102nd Signal Battalion* verbringen Mitte der 1950er Jahre ihre Freizeit auf dem Gelände der *Königstuhl Radio Relay Station* (*Henry (Hank) Bartosik*).

- die *516th Signal Group* in Karlsruhe mit einem Bataillon und mehreren *Labor Service Units* und *Civilian Labor Groups* in Karlsruhe und Pirmasens,[5]
- das *102nd Signal Battalion* in Mannheim mit fünf Kompanien an verschiedenen Standorten in Deutschland und Frankreich,
- das *USAREUR Signal Center* in Heidelberg, das die Fernschreib- und Telefonverbindungen des *USAREUR*-Hauptquartiers verantwortete.

Dazu kamen weitere Einheiten auf Kompanieebene wie das *326th Signal Detachment (Intelligence)* (eine Nachrichtendiensteinheit) in Heidelberg, eine eigene Flugbereitschaft auf dem *Heidelberg Army Airfield* oder die *69th Signal Company (Photo)* in Kaiserslautern, die *USAREUR*-Aktivitäten fotografisch dokumentierte.[6] Der Schwerpunkt der Heidelberger *US Army Signal Brigade, Europe* lag im Wesentlichen auf der Unterhaltung des stationären Fernmeldenetzes der amerikanischen Heeresstreitkräfte in Europa; die großen taktischen *USAREUR*-Einheiten etwa auf Divisionsebene verfügten über eigene mobile Fernmeldeeinheiten.

Im Zuge einer weltweiten Vereinheitlichung des amerikanischen Heeresfernmeldewesens wurde am 1. Juli 1964 in der Schwetzinger *Neue Kaserne* das *US Army Strategic Communications Command, Europe* (*STRATCOM-Europe*) ins Leben gerufen. Die Liegenschaft wurde am 8. März 1966 in Erinnerung an den kurz zuvor verstorbenen MG Charles E. Kilbourne, einem General der amerikanischen Fernmeldetruppen, in *Kilbourne Kaserne* umbenannt.[7] *STRATCOM-Europe* übernahm allmählich alle Funktionen der *US Army Signal Brigade, Europe*, führte aber auch Fernmeldeeinheiten in Äthiopien und dem Iran. Nach zwei Umbenennungen wurde das Hauptquartier schließlich im Sommer 1974 als *5th Signal Command* nach Worms verlegt (ab Mitte der 1990er Jahre in Mannheim, seit 2011 in Wiesbaden). Fortan gab es in der Heidelberger Garnison keine ranghohen Hauptquartiere der Fernmeldetruppen mehr.[8]

Parallel zum Abzug des *5th Signal Command* aus der Heidelberger Garnison wurde das *43rd Signal Battalion* in Heidelberg am 1. Juli 1974 in Dienst gestellt und übernahm die Verantwortung für die Fernmeldeverbindungen des *USAREUR*-Hauptquartiers einschließlich der Fernmeldestation auf dem Königstuhl. Die zwei Einsatzkompanien des neuen Bataillons waren dabei für das *Telecommunications Center* und das *Staff Message Control Center* (*178th Signal Company*) bzw. die stationären Telefonverbindungen des *USAREUR*-Hauptquartiers (*181st Signal Company*) zuständig und verfügten zudem über zahlreiche zivile Mitarbeiter, vor allem Techniker. Das *43rd Signal Battalion* erlebte nach dem Ende des Kalten Kriegs zwar mehrere Umstrukturierungen in Heidelberg, blieb der Garnison aber bis zu seiner Außerdienststellung am 1. August 2013 erhalten.[9]

Die Funktion der Heidelberger Garnison als ranghöchstem Heereshauptquartier der Amerikaner in Europa brachte es mit sich, dass in der Garnison stets auch kleine, aber zentrale Teile des amerikanischen Militärnachrichtendiensts anwesend waren. Bereits 1955 waren in der Heidelberger *Campbell Barracks* das *4th, 55th* und *168th Strategic Intelligence Detachment* gemeldet, die allesamt der *Intelligence Division* im *USAREUR*-Hauptquartier unterstanden.[10] 1989 gehörten hierzu ebenfalls ein Verbindungsbüro des *US Army Intelligence and Security Command (INSCOM)*, je eine Abteilung der *650th Military Intelligence Group (ACE Counterintelligence Activity)* und des *527th Military Intelligence Battalion (Counterintelligence)* zur Spionageabwehr und weitere Einheiten bzw. Teile von Einheiten, die anderenorts ansässig waren. Speziell zur Sicherung der umfangreichen Kommunikation zwischen dem *USAREUR*-Hauptquartier und anderen wichtigen Befehlsstellen der amerikanischen Streitkräfte auf der Welt gab es 1989 in Heidelberg eine *US Army Cryptologic Support Group* zur Chiffrierung und Dechiffrierung von Meldungen und eine Kompanie des *204th Military Intelligence Battalion (Signal Intelligence)*. Auch eine Reservisteneinheit des amerikanischen Militärnachrichtendiensts (*US Army Reserve Military Intelligence Group, Europe*) war zeitweise in Heidelberg beheimatet.[11]

↑ CPT Howard L. Smiley, Kommandeur der *62nd MP Highway Patrol Company*, Mitte der 1950er Jahre am Steuer eines Einsatzwagens seiner Einheit bei Heidelberg (*62nd MP Highway Patrol Company Association*).

Die wohl auffälligsten Einheiten der amerikanischen Militärpolizei in Heidelberg waren die *533rd* bzw. die *529th MP Company*, die zwischen 1948 und 1951 bzw. 1951 und 2013 die *Honor Guard* des *EUCOM*- bzw. *USAREUR*-Hauptquartiers stellten. Eine in der deutschen Öffentlichkeit zu ihrer Zeit nicht minder bekannte Einheit der Militärpolizei wurde in Heidelberg am 13. Dezember 1948 unter der Ägide des damaligen *Deputy Provost Marshal* (stellvertretender Polizeichef) des *EUCOM*-Hauptquartiers BG H. Norman Schwarzkopf aufgestellt, die *EUCOM Highway Patrol.* Hintergrund der Aufstellung dieser amerikanischen Autobahnpolizei war eine wachsende Zahl an Unfällen unerfahrener Soldaten auf den Autobahnen in der amerikanischen Besatzungszone. Das Emblem der Einheit hatte der Vater von BG Schwarzkopf in Anlehnung an das Emblem einer ähnlichen Autobahnpolizeieinheit in New Jersey entworfen.[12]

Die *EUCOM Highway Patrol* bestand aus ihrem Heidelberger Hauptquartier und Abteilungen in einigen wichtigen Garnisonen, die jeweils von Militärpolizeibataillonen vor Ort gestellt werden mussten. Für die Autobahnen im Rhein-Neckar-Raum war das *Detachment F* der *EUCOM Highway Patrol* zuständig. In Anlehnung an die Bemalung ihrer Fahrzeuge waren die Soldaten der Einheit in der deutschen Öffentlichkeit schon bald als „weiße Mäuse" bekannt.[13]

Am 20. September 1951 wurde die in der Heidelberger *Patton Barracks* ansässige *62nd MP Company* zur *62nd MP Highway Patrol Company* umgeflaggt und fungierte seitdem als Hauptquartier der *Highway Patrol* (das ursprüngliche *EUCOM* im Namen fiel im Lauf der Zeit weg). Die Einheit, die seit 1948 für die Sicherheit amerikanischer Einrichtungen in Heidelberg zuständig gewesen war, wuchs zu diesem Zweck auf zwölf Offiziere und 270 Unteroffiziere und Mannschaftsdienstgrade an, die überall in der amerikanischen Besatzungszone ihren Dienst versahen. Zu diesem Dienst gehörten nicht nur die klassischen Aufgaben einer Autobahnpolizei, sondern auch Eskorten für ranghohe Offiziere und Zivilisten sowie die Erkundung geeigneter Routen für die Evakuierung amerikanischer Zivilisten im Verteidigungsfall (*Noncombatant Evacuation Operations = NEO*).[14]

Im Lauf der Jahre wurde die *Highway Patrol* immer kleiner und schrumpfte von neun Abteilungen im August 1953 auf nur noch vier Abteilungen im Mai 1955 zusammen, darunter das *Detachment B* in der *Autobahnkaserne* in Mannheim-Seckenheim. Auch mit Blick auf die nun zunehmend souveränere Bundesrepublik Deutschland wurden die *Highway Patrol* und die *62nd MP Highway Patrol Company* am 20. September 1958 in Heidelberg schließlich aufgelöst.[15]

Während eines Zeitraums von gut 20 Jahren diente Heidelberg den amerikanischen Heeresstreitkräften in Europa auch als Hauptquartier der ranghöchsten Zolleinheit. Unter dem Namen *US Army MP Customs Unit* (*MPCU*) zog dieses Hauptquartier im Winter 1955/1956 von Frankfurt am Main nach Heidelberg, wo es geringfügig umstrukturiert wurde. Seit 1958 waren das Hauptquartier und das *Detachment A* in Heidelberg beheimatet, vier weitere Abteilungen in Bremerhaven, Frankfurt am Main, Kaiserslautern und München stationiert. Hatte sich die Arbeit der Einheit in der Nachkriegszeit noch hauptsächlich um die Bekämpfung von Schwarzmarktaktivitäten gedreht, kamen seit den 1960er Jahren zunehmend die Bekämpfung der Drogenkriminalität und allgemeiner Zollvergehen sowie die Terrorabwehr hinzu. Zu diesem Zweck verfügte die Einheit über Bomben- und Drogenspürhunde, die auf Flughäfen und an Häfen in ganz Europa zum Einsatz kamen. Nachdem die Einheit zwischen 1964 und 1968 als *42nd MP Detachment (Customs)* firmierte, wurde sie am 25. Januar 1968 in *42nd MP Group (Customs)* umbenannt und 1975 aus Platzgründen schließlich ins nahe Mannheim verlegt.[16]

Während langer Jahre gehörte ebenfalls die ranghöchste kriminalpolizeiliche Einheit der amerikanischen Heeresstreitkräfte in Europa technisch zur Heidelberger Garnison, obwohl sie in der Mannheimer *Autobahnkaserne* (ab 1. Oktober 1988 *Stem Kaserne*) residierte. Das *2nd Region, US Army Criminal Investigation Division Command, Europe* (*USACIDC-Europe*) führte seit den 1970er Jahren von der kleinen Kaserne am Rand der Autobahn A 656 zwischen Mannheim und Heidelberg ein Netz aus *Special Agents* (offizielle Bezeichnung der Ermittler) in ganz Europa. Nach einigen Unterbrechungen und Umbenennungen wurde die Einheit als *202nd MP Group (CID)* im Sommer 2009 nach Kaiserslautern verlegt,[17] wo sie infolge weiterer Umstrukturierungen im Juni 2013 außer Dienst gestellt wurde.

Schon kurz nach dem Aufkommen der ersten Computer entwickelte sich die Heidelberger Garnison zu einem Zentrum der elektronischen Datenverarbeitung innerhalb der *US Army.* 1955 befanden sich allein drei *Machine Records Units* (*MRU*) in der Heidelberger *Patton Barracks,* die entweder direkt oder indirekt der *Adjutant General Division* im *USAREUR*-Hauptquartier unterstanden (zuständig für Personalverwaltung).[18] Kurze Zeit darauf wurden die *Machine Records Units* der *US Army* in *Data Processing Units* (*DPU*) umgewandelt, von denen es 1964 insgesamt vier in Europa gab, je zwei in Stuttgart und in der Heidelberger *Patton Barracks* (*11th AG DPU* und *65th AG DPU*; das *AG* steht dabei für *Adjutant General*). Noch im gleichen Jahr wurden alle vier *DPU* in der Heidelberger *Campbell Barracks* zusammengeführt, wo allmählich ein großes Datenverarbeitungszentrum entstand.[19]

Das Zentrum verfügte über Computer der Typen *RCA 301* und *RCA 501* und hatte nicht weniger als 310 militärische und zivile Mitarbeiter. Hier wurden zentral alle militärischen und zivilen Personalakten, Inventarlisten, Stationierungs- und Stärkelisten von Einheiten und weitere Daten gesammelt und verwaltet.[20] 1968 wurde das Heidelberger Datenverarbeitungszentrum als eines von zwölf derartigen Zentren der *US Army* weltweit von der *65th DPU* unter dem Kommando eines *Lieutenant Colonel* betrieben (das *AG* trat im Namen nun nicht mehr auf).[21] Um 1980 – mittlerweile wurde das Datenverarbeitungszentrum von der *25th DPU* mit etwas über 200 Mitarbeitern betrieben – zog die Einrichtung in die Schwetzinger *Kilbourne Kaserne* (Teile auch in die benachbarte *Tompkins Barracks*), wo sie bis über das Ende des Kalten Kriegs hinaus auch blieb und schließlich im dortigen *1st Personnel Command* (*1st PERSCOM*) aufging.[22]

Dieses *1st PERSCOM* war am 20. Oktober 1978 aus dem 1974 in der Heidelberger *Campbell Barracks* in Dienst gestellten *US Army Military Personnel Center, Europe* (*MILPERCENEUR*) hervorgegangen und bildete die oberste Personalverwaltungseinheit von *USAREUR. MILPERCENEUR* hatte das bis 1974 noch recht dezentral betriebene Ersatzwesen von *USAREUR* unter einheitlicher Führung zusammengefasst. *1st PERSCOM* war dabei nicht nur für die eigentliche Personalverwaltung und -entwicklung der in Europa stationierten Heeressoldaten zuständig, sondern fungierte beispielsweise auch als Hauptquartier für die seit 1969 bestehende *US Army Postal Group, Europe* in Schwetzingen bzw. Mannheim-Rheinau (*USAPGE;* oberstes *USAREUR*-Feldposthauptquartier).[23] Daneben führte das *1st PERSCOM* mit seinen 251 militärischen und zivilen Mitarbeitern (Stand 1980)[24] mehrere *Personnel Service Battalions* und *Personnel Service Companies* in ganz Europa, die in den Garnisonen Personaldienstleistungen vor Ort erbrachten. Im Verteidigungsfall wären dem *1st PERSCOM* weitere Einheiten der *US Army Reserve* und *US Army National Guard* aus den USA unterstellt worden, die für die Erfassung und Betreuung von Kriegsgefangenen in Europa zuständig gewesen wären.[25] Der Truppenabbau nach 1990 ging freilich nicht spurlos am *1st PERSCOM* vorüber. Das Hauptquartier wurde im Juni 2008 in der *Kilbourne Kaserne* außer Dienst gestellt und durch eine deutlich kleinere Einheit in Kaiserslautern ersetzt.[26]

Örtlich und inhaltlich meist eng verbunden mit dem *1st PERSCOM* und seinen Vorgängereinheiten war die lange in der Heidelberger Garnison angesiedelte oberste *USAREUR*-Zahlmeistereinheit. In den 1950er Jahren war diese Einheit unter dem Namen *Central Finance & Accounting Office* in der *Campbell Barracks* beheimatet und mit den Aufgaben einer zentralen Finanzverwaltung für *USAREUR* betraut.[27] Um 1980 wurde das Hauptquartier mit seinen 353 militärischen und zivilen Mitarbeitern[28] in die Schwetzinger Liegenschaften der Heidelberger Garnison verlegt. Schon im Spätsommer 1983 zog die mittlerweile als *US Army Finance & Accounting Center, Europe* (*USAFACEUR*) bezeichnete Einheit aus Platzgründen jedoch in ein angemietetes Gebäude in der Englerstraße 6 in Rohrbach, das hierdurch zu einem bewachten militärischen Sperrgebiet wurde.[29] 1987 wurde das Hauptquartier zum *266th Theater Finance Center* umgeflaggt und zog zu Beginn der 1990er Jahre wieder vollständig in die Schwetzinger *Tompkins Barracks* zurück. Hier wurde die Einheit als *266th Finance Command* und letzte Zahlmeistereinheit auf Brigadeebene der gesamten *US Army* im Juli 2008 schließlich außer Dienst gestellt, das deutlich kleinere *266th Financial Management Center* parallel dazu in Dienst gestellt und kurz darauf nach Kaiserslautern verlegt.[30]

Während viele Einheiten innerhalb der Heidelberger Garnison gelegentlich zwischen der *Campbell* und *Patton Barracks* einerseits und den Schwetzinger Liegenschaften andererseits hin- und herzogen, waren die mit schwerem Gerät ausgerüsteten Pioniereinheiten der Garnison stets auf den Standort Schwetzingen beschränkt, vor allem auf die dortige *Tompkins Barracks.* Hier residierte bereits seit den großen Truppenverstärkungen zu Beginn der 1950er Jahre die

↑ Zentralbereich der Schwetzinger *Tompkins Barracks* zu Beginn der 1960er Jahre (*Donald Rothstein*).

zur *Seventh Army* in Stuttgart gehörende *11th Engineer Group* mit einigen Einheiten in Kompanie- und Abteilungsstärke. 1955 gehörten hierzu die *530th Engineer Company (Panel Bridge)* und die *541st Engineer Company (Float Bridge)*, die beide über schweres Pioniergerät zur Überquerung von Flüssen verfügten und dieses bei Übungen am nahen Rhein auch häufig zum Einsatz brachten. In der gleichen Liegenschaft waren daneben zwei Kompanien des *Labor Service* untergebracht, die ebenfalls über Pioniertechnik für Flussüberquerungen verfügten.[31] Darüber hinaus unterstanden der *11th Engineer Group* in den 1950er Jahren mehrere Bataillone und Kompanien der Pioniertruppe in Darmstadt und Mannheim. Im Verteidigungsfall wäre der Einheit die Sicherstellung von Rheinübergängen zugefallen.[32]

Mit der Fusion der Hauptquartiere von *Seventh Army* und *USAREUR* 1967 wurde die *11th Engineer Group* dem Hauptquartier der *USAREUR/7A Troops* in Heidelberg unterstellt, schon kurz darauf aber außer Dienst gestellt und am 9. Juni 1969 in der gleichen Liegenschaft durch das wesentlich kleinere *549th Engineer Battalion* mit vier amerikanischen Brückenbaukompanien und zwei Brückenbaukompanien des *Labor Service* (eine deutsche und eine litauische) ersetzt.[33] Die Sicherstellung amphibischer Fähigkeiten der *US Army* in Europa oblag nun zwei Pionierbrigaden der beiden amerikanischen Korps; das *549th Engineer Battalion* gehörte dabei zur *130th Engineer Brigade* des *V Corps* in Hanau. Wie schon andere Pioniereinheiten in der Heidelberger Garnison pflegte die Einheit gute Beziehungen zu ihrer deutschen Umwelt und war häufig an größeren zivilen Bauprojekten beteiligt, etwa am Bau der Ostkurve des Hockenheimrings oder bei der Trockenlegung von Rheinauen bei Ketsch. Da die Soldaten der Einheit bei diesen zivilen Projekten von ihren deutschen Partnern gern mit warmen Mahlzeiten versorgt wurden, waren diese Arbeiten in der Einheit als „Schnitzelprojekte“ bekannt und beliebt.[34] Im Rahmen einer größeren Umstrukturierung der amerikanischen Pionierkräfte in Europa wurde das *549th Engineer Battalion* am 24. Oktober 1985 außer Dienst gestellt,[35] lediglich die beiden Pionierkompanien des *Labor Service* (mittlerweile als *Civilian Support Groups* bezeichnet, da sie sich nun ausschließlich aus deutschen Mitarbeitern rekrutierten) erlebten noch das Ende des Kalten Kriegs, bevor sie ebenfalls aus der Garnison verschwanden.

Neben klassischen amphibischen Pioniereinheiten war in der *Tompkins Barracks* über viele Jahre das Zentrum des amerikanischen Militärkartenwesens in Europa angesiedelt. Schon am 10. Juni 1948 wurde hier die *7714th Engineer Intelligence and Topographic Company* in Dienst gestellt. Weitere Einheiten mit topografischem Hintergrund folgten, darunter das *656th Engineer Battalion (Topo)* im August 1951. Die Aufgaben der diversen Einheiten bestanden in der Erfassung, Sammlung und Bereitstellung von topografischen Informationen für *USAREUR*, was die mobile Erstellung eigener Landkarten mit einschloss. Das am 15. Januar 1953 in Dienst gestellte *USAREUR Engineer Intelligence Center* wurde in den folgenden Jahren mehr und mehr von den Kompanien, Abteilungen und Zügen (*Platoons*) des *656th Engineer Battalion (Topo)* betrieben. Am 1. Januar 1965 wurde die Einrichtung schließlich zum *USAREUR Engineer Topographic Center* (*USAREUR ETC*) umbenannt. Das *USAREUR ETC* spielte wie seine Vorgängereinrichtung bei allen größeren Heeresmanövern von *USAREUR*-Truppen eine entscheidende Rolle und baute

↑ Soldaten des *649th Engineer Battalion (Topo)* kehren im Mai 1991 von ihrem Einsatz am Persischen Golf in die Schwetzinger *Tompkins Barracks* zurück (*USAG Baden-Württemberg*).

über die Jahre eine umfangreiche Datensammlung über Geländestrukturen in Zentraleuropa auf.[36]

1972 wurde das *656th Engineer Battalion (Topo)* durch das *649th Engineer Battalion (Topo)* bei unverändertem Auftrag abgelöst. Moderne elektronische Datenverarbeitungssysteme veränderten ab den 1970er Jahren zwar kontinuierlich den Arbeitsplatz der Schwetzinger *Topos*, der Schwerpunkt der Tätigkeiten blieb aber im Bereich klassischer Landkarten, von denen das *649th Engineer Battalion (Topo)* im Jahr 1987 immerhin rund 20.000 verschiedene auf Vorrat hielt (insgesamt 45 Millionen Landkarten) und im Monatsdurchschnitt rund 50.000 an übende Truppenteile in ganz Europa ausgab.[37] Das *649th Engineer Battalion (Topo)* verschwand Mitte der 1990er Jahre aus der Garnison. In den letzten Jahren der Garnison fielen die Aufgaben der traditionsreichen Schwetzinger *Topos* der *60th Geospatial Planning Cell* in der Heidelberger *Campbell Barracks* zu, einer kleinen Spezialeinheit aus rund 40 Soldaten und zivilen Mitarbeitern unter dem Kommando von *HHBN, USAREUR*.

Ebenfalls in den letzten Jahren der Heidelberger Garnison verrichteten erneut zwei Hauptquartiere der Pioniertruppen in Schwetzingen

↑ Der Kommandeur des *7th ARCOM* Paul D. Patrick wird am 13. Nov. 1998 zum *Brigadier General* befördert und erhält parallel dazu eine Auszeichnung. Wie die meisten der 900 Soldaten des *7th ARCOM* war BG Patrick Teilzeitsoldat – im Hauptberuf wirkte er als Manager eines amerikanischen Unternehmens in der Ukraine, wo er mit seiner Frau auch lebte (*USAG Baden-Württemberg*).

ihren Dienst, brachten aber kaum schweres Gerät mit. Am 21. Januar 2003 wurde das Hauptquartier der *18th Engineer Brigade* in der *Campbell Barracks* in Dienst gestellt, kurz darauf aber in die *Tompkins Barracks* verlegt. Das ab 2007 einzige höhere Hauptquartier amerikanischer Pioniertruppen in Europa mit nur etwas mehr als 100 Soldaten wurde mehrmals nach Afghanistan (2005/2006 bzw. 2012) und in den Irak (2008/2009) verlegt und fungierte dabei i.d.R. als Hauptquartier für mehrere Pionierbataillone mit Tausenden von Soldaten. Unmittelbar nach ihrer Rückkehr aus Afghanistan im Spätjahr 2012 wurde die Einheit nach Schweinfurt verlegt.[38] Kurioserweise erlebte die *Tompkins Barracks* kurz vor ihrer Übergabe im März 2013 noch die Indienststellung eines neuen Pionierbataillons. Das im Dezember 2010 kurzfristig aktivierte *565th Engineer Battalion* diente jedoch nur als vorläufiges Hauptquartier einiger kleiner Pioniereinheiten in der Heidelberger Garnison sowie einzelner Kompanien in anderen Garnisonen, deren Bataillonshauptquartiere auf Auslandseinsatz waren.[39]

Das Verschwinden der meisten Pioniereinheiten aus den Schwetzinger Liegenschaften ermöglichte nach 1993 den Zuzug einiger kleinerer Hauptquartiere, darunter das Artilleriehauptquartier des *V Corps* (*V Corps Artillery*), das zwischen 2000 und 2007 hier angesiedelt war. Das seit Januar 1986 in einem Leimener Gewerbegebiet bestehende Hauptquartier des *7th Army Reserve Command* (*7th ARCOM*) zog 1993 mit 47 Vollzeitkräften (Soldaten und zivile Mitarbeiter) und 222 Reservisten[40] der *US Army* in die *Tompkins Barracks*.[41] Das *7th ARCOM* fungierte seit 1986 als Dachorganisation für 23 Reservisteneinheiten in ganz Europa, deren insgesamt fast 1.000 Soldaten im Hauptberuf zumeist als zivile Mitarbeiter der amerikanischen Streitkräfte in Europa arbeiteten (Motto: *All ready, already here;* etwa: „Alle bereit und schon vor Ort"). Bei Auslandseinsätzen regulärer Verbände der *US Army* wurde häufig auf diese Reservisten zurückgegriffen, um Truppenverlegungen zu unterstützen oder frei gewordene Positionen in den europäischen Garnisonen zu besetzen. Das später in *7th Civil Support Command* umbenannte Hauptquartier zog 2008 nach Kaiserslautern.[42] Zu den Reservistenverbänden unter dem Kommando des *7th ARCOM* gehörten in Heidelberg im Lauf der Jahre u.a. die *4th Medical Brigade*, die *8th Medical Brigade (Forward)* und die *US Army Reserve Military Intelligence Group, Europe*.[43]

Ebenfalls in der *Tompkins Barracks* war zwischen 2007 und 2012 das Hauptquartier der *US Army NATO Brigade* beheimatet, die als Verwaltungsstelle für alle in *NATO*-Stäben dienenden amerikanischen Soldaten und zivilen Mitarbeiter fungierte. Die Einheit, die von Schwetzingen aus drei Bataillonshauptquartiere in Mons/Belgien (*NATO*-Hauptquartier), Brunssum/Niederlande (*Allied Forces North = AFNORTH*) und Neapel/Italien (*Allied Forces South = AFSOUTH*) befehligte, wurde im Sommer 2012 nach Sembach bei Kaiserslautern verlegt.[44]

Obwohl die Heidelberger Garnison der amerikanischen Streitkräfte nach 1952 primär als Garnison des amerikanischen Heeres (*US Army*) wahrgenommen wurde, gab es über die Jahre auch einige Einheiten der *US Air Force* in der Stadt. Schon Mitte der 1950er Jahre diente mit dem *Detachment 9* des *31st Weather Squadron* eine meteorologische Einheit der *US Air Force* auf dem *Heidelberg Army Airfield*.[45] Am 1. Juni 1959 wurde auf dem *Heidelberg Army Airfield* das *7th Weather Squadron* der *US Air Force* in Dienst gestellt, das fortan für die Wettervorhersagen auf allen Flugplätzen der *US Army* in Europa zuständig war. Die 14 Abteilungen des *7th Weather Squadron*, darunter die *Detachments 3* und *14* in Heidelberg, waren dabei nicht nur für Wettervorhersagen zuständig, sondern lieferten bei Bedarf auch geologische Detailinformationen etwa zur Tragfähigkeit von Böden bei Panzerübungen. Mitte der 1960er Jahre erstellte das *7th Weather Squadron* rund 20.000 Wetterberichte pro Monat.[46]

Nach dem Ende des Kalten Kriegs kam es zu mehreren Umbenennungen und Unterstellungswechseln der Einheit, die ab dem 1. August 1996 aber wieder unter ihrem alten Namen firmierte. Das *7th Weather Squadron* unterstand nun der am gleichen Tag in Heidelberg in Dienst gestellten *4th Air Support Operations Group* (*4th ASOG*). Diese Einheit diente der Koordination von Luftunterstützung für Heereseinheiten und unterhielt zu diesem Zweck mehrere *Air Support Operations Squadrons* an verschiedenen Standorten.[47] Zusammen mit dem *7th Weather Squadron* wurde die *4th ASOG* im Frühjahr 2013 nach Wiesbaden verlegt. Zu diesem Zeitpunkt befehligte das *7th Weather Squadron* noch fünf Abteilungen auf Heeresflugplätzen in Ansbach, Grafenwöhr, Illesheim, Vicenza (Italien) und Wiesbaden.

↓ Angehöriger des zur *US Air Force* gehörenden Heidelberger *7th Weather Squadron* erstellt am 7. April 1966 eine Wetterkarte (*US Army*).

5 Die amerikanische Standortverwaltung in Heidelberg

Am 8. Mai 1945 standen etwa drei Millionen amerikanische Soldaten in Europa, gut 1,6 Millionen davon in Deutschland.[1] Obwohl die Rückführung der Truppen in die USA schon am 12. Mai 1945 (dem *Redeployment Day*) eingeleitet wurde, richtete man sich nun auf eine mehrjährige Besatzungszeit in Deutschland und Österreich ein, auch wenn über die letztendliche Dauer dieser Besatzungszeit zu Beginn noch unterschiedliche Auffassungen herrschten.[2] Schon früh zeigte sich dabei, dass eine längerfristige Stationierung amerikanischer Truppen erhebliche organisatorische Probleme aufwerfen würde, die nicht in den Zuständigkeitsbereich der Militärregierung fielen. Spätestens mit der Ankunft der ersten Familienangehörigen in Deutschland im April 1946 mussten neue Organisationsstrukturen in den amerikanischen Garnisonen in Deutschland geschaffen werden, die die Versorgung und die Lebensqualität amerikanischen Standards angleichen würden.

In Heidelberg wurde zu diesem Zweck am 4. Mai 1946 die *Heidelberg Military Community* in Dienst gestellt. Interessanterweise nennt der Befehl zur Gründung der *Heidelberg Military Community* auch die Pflege der deutsch-amerikanischen Beziehungen als Aufgabe der Standortverwaltung, womit sich die neue Organisation teilweise in Konkurrenz zur lokalen Militärregierung und ihren Nachfolgebehörden befand.[3] Zumindest in der Anfangszeit ergaben sich hieraus jedoch keine größeren Probleme, da es zunächst die Lebensbedingungen in der Garnison zu gestalten galt.

Die anfangs noch recht uneinheitlichen lokalen Organisationsstrukturen der amerikanischen Garnisonen in Deutschland wurden schon ein Jahr später mit der Gründung so genannter *Military Posts* vereinheitlicht. Speziell in Heidelberg wurde am 15. März 1947 der *Heidelberg Military Post* (*HMP*) mit angeschlossenen *Subposts* in Karlsruhe und Mannheim in Dienst gestellt. Die Heidelberger Standortverwaltung übte damit de facto die Kontrolle über alle amerikanischen Liegenschaften in Nordbaden aus, hatte jedoch keine direkte Weisungsbefugnis gegenüber den hier stationierten Einheiten (streng genommen eine Regionalverwaltung). Das Hauptquartier der Standortverwaltung residierte zu Beginn an zentraler Stelle beim Heidelberger Hauptbahnhof, ab März 1949 in der *Hammonds Barracks* in Mannheim-Seckenheim.[4] Obwohl die Heidelberger Standortverwaltung nun in Mannheim angesiedelt war, gehörte sie im verwaltungstechnischen Sinn der Amerikaner – wie alle Einheiten in der Mannheimer *Hammonds Barracks* – während der weitaus meisten Jahre weiterhin zur Heidelberger Garnison und war zusammen mit den *Military Posts* in Hessen und Nordwürttemberg zunächst dem Hauptquartier der *US Constabulary* unterstellt, später dem *EUCOM*-Hauptquartier[5] (seit dem 15. Juni 1948 bestand im Heidelberger *EUCOM*-Hauptquartier eigens ein *Director of Posts*).[6]

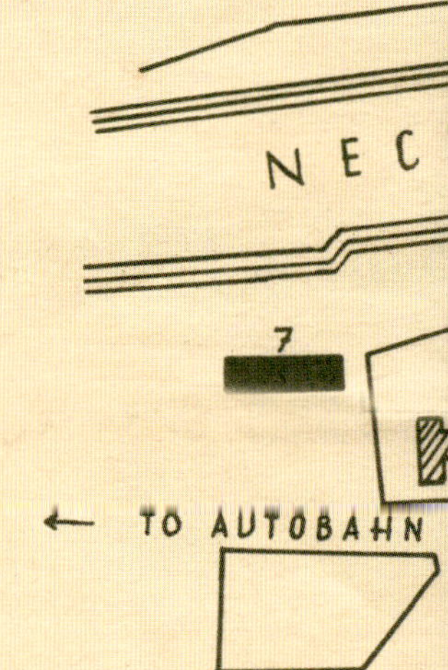

Das personelle Gerüst der Heidelberger Standortverwaltung bildete bei alldem die am 1. September 1947 in Dienst gestellte *7809th Station Complement Unit* mit ihren 559 Soldaten, die sich überwiegend aus Einheiten rekrutierten, die im Zuge des Truppenabbaus in Europa außer Dienst gestellt worden waren.[7] Von den während der späten 1940er Jahre überall in der amerikanischen Besatzungszone stattfindenden Reorganisationen der Standortverwaltungen blieb der *HMP* weitgehend verschont, wozu gewiss auch Heidelbergs Rolle als Standort wichtiger Hauptquartiere beitrug. Ende 1948 gehörten zu den vom *HMP* verwalteten Garnisonen rund 10.000 Soldaten, dazu kamen etwas über 1.200 zivile amerikanische Mitarbeiter und rund 2.800 Familienangehörige.[8] Nach Frankfurt am Main, München und Nürnberg war der *HMP* damit der viertgrößte *Military Post* in Deutschland. Auf Heidelberg selbst entfielen dabei rund 3.000 bis 3.500 Soldaten, aber zugleich ein recht großer Teil der zivilen amerikanischen Mitarbeiter, speziell mit Blick auf die hier angesiedelten Hauptquartiere.[9]

Prominentester *HMP*-Kommandeur (*Post Commander*) während der ersten Jahre dürfte BG Philip E. Gallagher gewesen sein, der dieses Amt als einziger *HMP*-Kommandeur im Rang eines *Brigadier General* ausübte (daher

DOWNTOWN HEIDELBERG

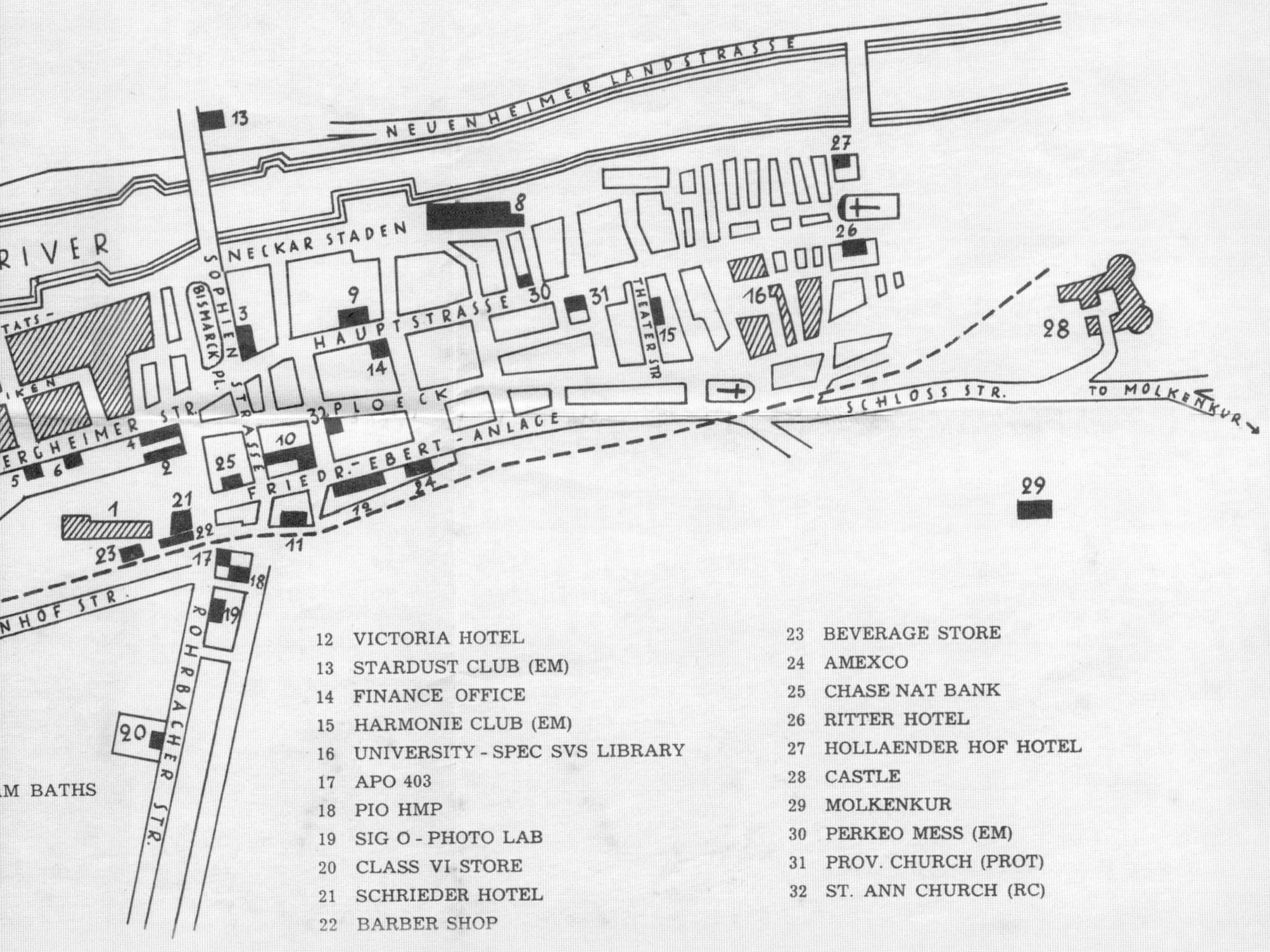

Amerikanische Karte von 1951 mit den wichtigsten Einrichtungen des *HMP* in der Heidelberger Altstadt. Bis zum Bau der beiden Wohnsiedlungen *MTV* und *PHV* konzentrierte sich das Leben der Garnison im Innenstadtbereich (*Walter F. Elkins*).

↑ Am Hauptbahnhof zeigt ein Schild des *HMP* die Höhe der 1951 in der Garnison bisher gesammelten Spendengelder der *March of Dimes Campaign*. Die in den USA seit 1938 übliche Kampagne sollte vor allem Gelder für den Kampf gegen Kinderlähmung aufbringen (*STAHD*).

sogar als *Commanding General, HMP* bezeichnet). Bevor BG Gallagher das Amt an der Spitze der Heidelberger Standortverwaltung zu Jahresbeginn 1948 übernahm, hatte er als *Deputy Commanding General* der *US Constabulary* bereits in Heidelberg gedient. Nach seiner Ablösung zum 15. Juni 1948 durch COL Henry S. Perrine übernahm er das Amt des *Director of Posts* im *EUCOM*-Hauptquartier und damit den Oberbefehl über alle *Military Posts* in Deutschland.[10]

Der im August 1949 auf COL Henry S. Perrine folgende COL Peter J. Lloyd sollte das Amt des *HMP*-Kommandeurs gut zweieinhalb Jahre ausüben und die Garnison während dieser Jahre durch tiefgreifende Veränderungen führen. Die lokale Militärregierung und ihre Nachfolgeorganisationen *Liaison and Security Office* (*LSO;* ab 1. Juli 1946), *Military Government Office* (*MGO;* 1948 eingeführt) und *Kreis Resident Office* (*KRO;* ab Ende 1949) hatten immer weniger Befugnisse und nahmen gegenüber den zunehmend selbstständig agierenden deutschen Behörden eine mehr und mehr rein beratende Funktion ein. Durch diesen Bedeutungsverlust spielte der *HMP* nun eine immer wichtigere Rolle für das deutsch-amerikanische Verhältnis, wurde der *HMP*-Kommandeur allmählich zum zentralen Ansprechpartner der Heidelberger Kommunalpolitik und Stadtverwaltung.[11]

Um 1950 umfasste die Organisation des *HMP* neben einem *Post Commander,* einem *Deputy Post Commander,* einem *Executive Officer* und zwei Stäben für Rechnungswesen (*Comptroller*) und Beschwerde- und Untersuchungswesen (*Inspector General*) insgesamt fünf reguläre Stäbe (S1 bis S5). Dem S1-Stab fiel dabei die Aufsicht über Klubs und Kantinen, religiöse Aktivitäten, Schulen und die allgemeine Truppenbetreuung (*Special Services*) zu, dem S2-Stab die allgemeine Sicherheit. Der S3-Stab verwaltete alle Aktivitäten der Garnison im Rahmen der *German Youth Activities* (*GYA*). Alle technischen Aufgaben waren dem S4-Stab zugeordnet (Quartiermeister-, Nachschub-, Transport-, Fernmelde- und Bauwesen), die Öffentlichkeitsarbeit im S5-Stab angesiedelt. Daneben gab es noch eine Reihe von Spezialstäben für das Unterkunftswesen (*Accommodation Section*), die Militärpolizei (*Provost Marshal*), die Militärgerichtsbarkeit (*Judge Advocate*) sowie das Sanitätswesen (*Surgeon*), dem auch das *130th Station Hospital* in der *Nachrichtenkaserne* unterstand.[12]

Als die amerikanischen Truppen in Europa zu Beginn der 1950er Jahre massiv verstärkt wurden, stieg auch die Zahl der Soldaten, zivilen Mitarbeiter und Familienangehörigen der Heidelberger Garnison an, allerdings bei weitem nicht so dramatisch wie in anderen Garnisonen. Dennoch musste nun dringend neuer Wohnraum in der Garnison geschaffen werden, zumal sich von deutscher Seite die Rufe nach einer Freigabe requirierter Gebäude in der Stadt mehrten. Bis 1952 entstand deshalb um die *Campbell Barracks* herum eine amerikanische Wohnstadt (ab 1958 als *Mark Twain Village = MTV* be-

↑ Handbuch des *HMP* für neu nach Heidelberg, Karlsruhe oder Mannheim ziehende Amerikaner von 1950. Neben Hinweisen zu Dienstleistungen und Einrichtungen der zum *HMP* gehörenden Garnisonen enthielt das Handbuch praktische Tipps zum Leben in Deutschland (*Walter F. Elkins*).

↑ Erster Bürgermeister Dr. Dr. Hermann Hagen überreicht dem scheidenden Kommandeur des *Heidelberg Post* COL James O. Ross und dessen Ehefrau im Sommer 1960 ein Abschiedsgeschenk der Stadt Heidelberg (*USAG Baden-Württemberg*).

kannt), Mitte der 1950er Jahre folgte ein noch größeres Wohngebiet beim Hegenichhof (*Patrick Henry Village* = *PHV*).[13]

Um den neuen Anforderungen an die nun längerfristig ausgelegten Garnisonen gerecht zu werden, wurden die *Military Posts* in Deutschland zum 1. Dezember 1952 durch einige große *Area Commands* (Regionalverwaltungen) ersetzt; lediglich im abgelegenen Bremerhaven blieben die Strukturen unberührt. Heidelberg bildete zusammen mit seiner Mannheimer Nachbargarnison fortan das *Headquarters Area Command* (*HACOM;* teilweise auch *HAC*), die Karlsruher Garnison wurde dem *Southern Area Command* (*SACOM*) mit Sitz in München zugeordnet. Erster *HACOM*-Kommandeur wurde der letzte *HMP*-Kommandeur COL John S. Cassidy. Die neuen Strukturen sollten vor allem Befehlswege straffen und Kosten einsparen. Alle *Area Commands* unterstanden direkt dem *USAREUR*-Hauptquartier in der Heidelberger *Campbell Barracks*.[14]

Um weitere Kosteneinsparungen zu realisieren, wurde *HACOM* zum 1. April 1958 mit dem ungleich größeren *Northern Area Command* (*NACOM*) in Frankfurt am Main verschmolzen. Heidelberg war fortan einer von zwölf *Posts* (englischsprachiger Begriff für Garnison) unter dem Befehl des *NACOM*-Kommandeurs in Frankfurt am Main, einem *Major General.* Für das Leben in der Garnison selbst war aber der Kommandeur des *Heidelberg Post* von größerer Bedeutung, der weiterhin ein *Colonel* war und auch die Verantwortung für die benachbarte Mannheimer Garnison trug. Nur wenige *HACOM*- bzw. *Heidelberg Post*-Kommandeure der 1950er und frühen 1960er Jahre verblieben länger in ihrem Amt, allein 1954 hatte das *HACOM* nacheinander drei Kommandeure (COL James J. Pirtle, COL Ernest C. Norman, COL Charles McNair), im Jahr 1956 gar vier.[15] Dennoch entwickelten viele dieser Kommandeure ein durchaus inniges Verhältnis zu Heidelberg und waren auch in der lokalen Presse gelegentlich präsent – vor allem freilich bei Kommandowechseln.[16]

Während der 1950er Jahre erreichte die Heidelberger Garnison allmählich die Gestalt, die sie bis zu ihrer Schließung im Wesentlichen behalten sollte. Bis Ende der 1950er Jahre waren alle requirierten Gebäude und Grundstücke an ihre Eigentümer zurückgegeben, insbesondere aus dem Innenstadtbereich waren die Amerikaner nun weitgehend verschwunden. Stattdessen konzentrierte sich die Garnison im Süden der Stadt in drei großen Kasernen (*Campbell Barracks, Patton Barracks, Nachrichtenkaserne*) und zwei Wohngebieten (*MTV, PHV*) sowie einem Versorgungszentrum (*Shopping Center*) beim neuen Hauptbahnhof. Große Teile der Garnison lagen weiterhin in Mannheim (*Hammonds Barracks, Autobahnkaserne, Rheinau Kaserne,* Depots in Mannheim-Friedrichsfeld) und Schwetzingen (*Tompkins Barracks* und *Neue Kaserne,* später *Kilbourne Kaserne*).

Zum 1. Juli 1964 wurde mit dem *US Army Area Command* (*USAACOM*) in Frankfurt am Main (später München) ein großes Hauptquartier für alle *Posts* in Deutschland geschaffen, in dem alle noch bestehenden *Area Commands* zusammengefasst wurden. Am 1. Juli 1965 wurde zehn besonders großen *Posts* je ein *District* zugeteilt, dem *Heidelberg Post* fiel dabei der *District North Baden* zu.[17] Im Wesentlichen hatte die Heidelberger Standortverwaltung damit wieder den Verantwortungsbereich, den schon der *HMP* bis 1952 zu verwalten hatte.

Der Abzug der Amerikaner aus Frankreich 1966/1967 brachte weitere organisatorische Veränderungen für die amerikanischen Standortverwaltungen in Deutschland, die auch Heidelberg betrafen. Aus dem ehemaligen *USACOMZEUR*-Hauptquartier der *US Army* in Frankreich und *USAACOM* wurde 1967 ein neues *USAREUR*-Nachschubhauptquartier unter dem Namen *USACOMZEUR* in Worms geschaffen, das als Hauptquartier aller *Posts* bzw. *Districts* fungierte und ab dem 25. April 1969 unter der Bezeichnung *US Theater Army Support Command, Europe* (*USTASCOMEUR*) geführt wurde.[18] Schon am 1. Juli 1968 waren die zehn *Districts* zu fünf großen *Support Districts* zusammengeführt worden, die dem Wormser Hauptquartier (und damit indirekt dem *USAREUR*-Hauptquartier) unterstellt wurden. Der *Support District Baden-Württemberg* mit Hauptquartier in Stuttgart umfasste dabei fünf *Support Activities* in Göppingen, Heilbronn, Karlsruhe, Schwäbisch-Hall und Mannheim-Seckenheim, letztere mit Zuständigkeit für Heidelberg und Mannheim.[19]

Die Heidelberger Standortverwaltung hatte damit massiv an Selbstständigkeit verloren und war auch personell gegenüber vergangenen Zeiten ausgedünnt. Beispielsweise verfügte der gesamte *Support District Baden-Württemberg* mit seinen fünf *Support Activities* nur über 346 Soldaten, 90 zivile amerikanische Mitarbeiter und 2.814 nichtamerikanische (zumeist deutsche) Mitarbeiter, die sich nun auf eine Vielzahl an Garnisonen in Nordbaden und Nordwürttemberg verteilten.[20] Eine Ursache dieser finanziellen und personellen Einsparungen dürfte in dem seit 1965 eskalierenden Vietnam-Krieg zu suchen sein, der immer mehr finanzielle Mittel band, die nun in Europa fehlten.

Die neue Organisationsform brachte den deutschen Garnisonen der *US Army* aber noch eine weitere Neuerung, die in späteren Jahren sinnvoll weiterentwickelt werden sollte. Während der Kommandeur der *Support Activity Seckenheim* die eigentliche Tagesarbeit in beiden Garnisonen zu leisten hatte, hatten Heidelberg und Mannheim nun je einen eigenständigen *Community Leader,* der im weiteren Sinn repräsentative Aufgaben wahrnahm und in den Augen der deutschen Öffentlichkeit das Amt eines amerikanischen Bürgermeisters ausübte.[21] In den meisten amerikanischen Garnisonen in Deutschland fiel dieses Amt dem ranghöchsten Offizier vor Ort zu, in Heidelberg jedoch dem Kommandeur der *USAREUR/7A Troops* (zum 10. Mai 1971 in *USAREUR/7A Combat Support Command* umbenannt). Streng genommen trug dieser Offizier damit sogar drei Hüte, da er zusätzlich noch als *Commandant* des *USAREUR*-Hauptquartiers fungierte. Namhafte Heidelberger *Community Leader* der späten 1960er Jahre, über die auch Lokalmedien berichteten, waren BG Jack J. Wagstaff und BG Howard W. Penney.

↑ Zentrales *Army Post Office* (*APO*) der Heidelberger Garnison Ende Aug. 1977. Über Jahrzehnte trug die Garnison die amerikanische Militärpostleitzahl *APO 403* (*Dr. John Provan*).

Die Arbeitsteilung zwischen dem *Community Leader* und dem Kommandeur der zuständigen *Support Activity* litt vor allem darunter, dass beide Offiziere keine weitergehenden Befehlsgewalten gegenüber den in ihrer Garnison stationierten Einheiten besaßen. Speziell der *Community Leader* sah sich nicht selten hin- und hergerissen zwischen seinen eigentlichen Aufgaben als Kommandeur einer Einheit und seinen Repräsentationspflichten innerhalb der Garnison und gegenüber ihrer deutschen Umwelt. Da zusätzlich finanzielle Mittel zur Verbesserung der mittlerweile maroden Infrastruktur in vielen Garnisonen fehlten, konnte sich das neue System während der angespannten Vietnam-Jahre weder in Heidelberg noch anderswo nachhaltig bewähren.

↑ *Deputy CINCUSAREUR* LTG John M. Shalikashvili empfängt in seiner zusätzlichen Eigenschaft als *Community Commander* am 5. Febr. 1991 eine Delegation Heidelberger *Boy Scouts* (*USAG Baden-Württemberg*).

CINCUSAREUR GEN Michael S. Davison gab deshalb im Spätjahr 1972 eine Studie zur Zukunft der amerikanischen Standortverwaltungen in Europa in Auftrag, die schließlich in das Projekt *Red Wheel* mündete (*Rediscover the Wheel*; etwa: „Neuerfindung des Rades").[22]

Auf Basis von *Red Wheel* und eines Folgeprojekts wurden zum 1. Juli 1974 sieben Standortverwaltungen in Südwestdeutschland als *US Military Community Activities* (*USMCA*) der *1st Support Brigade* in Mannheim unterstellt, darunter die *USMCA Heidelberg*. Das Hauptquartier der *1st Support Brigade* zog noch 1974 nach Kaiserslautern, wo es mit dem *USTASCOMEUR*-Hauptquartier verschmolzen wurde. Das im Ergebnis entstehende Hauptquartier des *21st Support Command* (*21st SUPCOM;* ab 1976 unter diesem Namen bekannt) befehligte nun einen Großteil des amerikanischen Heeresnachschubs in Europa, fungierte aber auch als Führungsebene für sieben Standortverwaltungen.[23] Schon zum 1. Juli 1979 wurde die *USMCA Heidelberg* aus dem *21st SUPCOM* herausgelöst und direkt dem *USAREUR*-Hauptquartier unterstellt. Vereinzelt kam seinerzeit das Gerücht auf, dass die Heidelberger Generalität hierdurch „ihrer" Garnison eine bessere finanzielle Ausstattung sichern wollte.[24]

Durch die Einführung der *USMCA*-Strukturen ab 1974 wurde aus dem *Community Leader* der *Community Commander,* der nun erstmals auch gewisse Weisungsbefugnisse gegenüber Einheitskommandeuren in seiner Garnison hatte. In Heidelberg fiel das Amt des *Community Commander* dem *Deputy CINCUSAREUR*, einem *Lieutenant General,* zu (anfangs noch einem *Major General*, dem *USAREUR Chief of Staff*). Ihm wurde ein *Deputy Community Commander* im Rang eines *Colonel* zur Seite gestellt, der zusätzlich das Amt eines *Commander, Community Activity* ausübte und damit ebenfalls eigene Befehlsgewalt ausüben konnte.[25] Die Arbeitsteilung der beiden Offiziere erwies sich als derart erfolgreich, dass die genannten Strukturen bis in die frühen 1990er Jahre bestehen sollten.

Mit zum Erfolg des neuen Konzepts trug freilich bei, dass ab den späten 1970er Jahren wieder vermehrt finanzielle Mittel zur Verbesserung der Infrastruktur zur Verfügung standen und man aus den Krisenjahren um 1970 Lehren gezogen hatte. *Community Commander* und *Deputy Community Commander* pflegten einen offenen und partizipativen Führungsstil, wie man ihn bis dahin in militärischen Organisationen nicht gesehen hatte. Nicht zuletzt wurden nun auch die Probleme alleinstehender Soldaten, junger Familien und Jugendlicher ernster genommen und entsprechende Beratungs- und Betreuungsangebote durch die Garnison bereitgestellt.

Neben regelmäßigen Symposien zur Lage der Garnison wurde nun ebenso die Rolle der schon zuvor existierenden *Installation Coordinators* (Liegenschaftskoordinatoren) und *Area Coordinators* (Wohngebietskoordinatoren) nachhaltig gestärkt. Daneben praktizierte die Heidelberger Garnison während der 1970er und 1980er Jahre mehrere sehr erfolgreiche Modelle zur Bürgerbeteiligung, von denen die monatlich tagenden *City Councils,*[26] die eher informellen *Community Symposiums* bzw. *Community Forums*[27] und die auf Jugendliche zugeschnittenen *Teen Councils*[28] wohl die innovativsten darstellten. Die meisten dieser Modelle wurden freilich nicht von der Heidelberger Garnison selbst entwickelt, sondern gingen auf Anordnungen des *USAREUR*-Hauptquartiers oder anderer höherer Kommandoebenen der amerikanischen Streitkräfte zurück.

↑ Soldatenfrauen bei einer Verschönerungsaktion in der *Mark Twain Village* in den 1980er Jahren. Die von ihren Bewohnern am besten herausgeputzten Gebäude wurden von der Garnison regelmäßig in Wettbewerben ausgezeichnet (*USAG Baden-Württemberg*).

Die Unterstellung der *USMCA Heidelberg* unter das *USAREUR*-Hauptquartier ab Juli 1979 brachte einige organisatorische Veränderungen mit sich. So war schon am 21. Oktober 1978 die *26th Support Group* in Heidelberg in Dienst gestellt worden, um die Befehlsgewalt über einige dem *USAREUR*-Hauptquartier zugeordnete Einheiten zu übernehmen. Daneben fielen dieser Einheit auf Brigadeebene nun die eigentlichen Aufgaben der *USMCA Heidelberg* zu, weshalb ihr Kommandeur zusätzlich als *Deputy Community Commander* diente und somit die Tagesarbeit der Garnisonsführung verantwortete.[29]

Erst mit dem Ende des Kalten Kriegs leitete *USAREUR* eine neuerliche Reform seiner Standortverwaltungen ein (*Community Command Plan* von 1991). Am 1. Oktober 1991 wurde die *26th Support Group* in die *26th Area Support Group* (*26th ASG*) umgeflaggt. Sie sollte künftig ausschließlich als Regionalverwaltung (*Hub Community*) einiger Standortverwaltungen in Südwestdeutschland fungieren (zunächst Heidelberg, Karlsruhe und Mannheim; 1993 kam Kaiserslautern, 1998 Darmstadt hinzu). Parallel dazu wurde ein *Base Support Battalion Heidelberg* aufgestellt und mit den Aufgaben der Heidelberger Standortverwaltung betraut (am 1. Oktober 1992 in *411th Base Support Battalion* = *411th BSB* umbenannt). Die traditionell enge Verzahnung von Strukturen des *USAREUR*-Hauptquartiers und lokaler Standortverwaltung war damit aufgehoben.[30] Auch die mit zahlreichen Befugnissen ausgestattete Position des *Community Commander* entfiel fortan und wurde durch das deutlich stärker auf Repräsentationsaufgaben beschränkte Amt des *Senior Tactical Commander* ersetzt (in späteren Jahren *Senior Mission Commander;* das Amt übte weiterhin der *Deputy CINCUSAREUR* aus).

Die damit geschaffene zweistufige Struktur aus *26th ASG* und *411th BSB* erwies sich erneut als recht stabil, obwohl sich der Einzugsbe-

↑ COL William J. Major, der *Deputy Community Commander* und Kommandeur der *26th Support Group* zwischen 1987 und 1989 (*USAG Baden-Württemberg*).

↑ Soldat der *US Army Reserve* aus West Virginia 1996 bei einer Geschwindigkeitskontrolle am Haupttor der *Patton Barracks*. Weil die normalerweise für die Verkehrssicherheit in der Garnison zuständigen Soldaten der *529th MP Company* zu diesem Zeitpunkt auf dem Balkan im Einsatz waren, übernahmen Reservisten aus den USA viele Polizeiaufgaben in der Garnison (*USAG Baden-Württemberg*).

reich der *26th ASG* während der folgenden Jahre mehrmals änderte – eine Folge der nun allmählich fortschreitenden Schließung amerikanischer Garnisonen in Deutschland. Als vorteilhaft erwies sich die Trennung von Standortverwaltung und *USAREUR*-Hauptquartier vor allem vor dem Hintergrund der nach 1994 einsetzenden Auslandseinsätze auf dem Balkan und im Nahen und Mittleren Osten, die dem *USAREUR*-Hauptquartier die Entwicklung mobilerer Strukturen abverlangten.

Nach 2000 strebte die *US Army* weltweit eine stärkere Vereinheitlichung ihrer Standortverwaltungen an, aus der sich zum 1. Oktober 2002 die Indienststellung des *Installation Management Agency, Europe Region* (*IMA-Europe*) in Heidelberg ergab, einer von mehreren gleichartigen Behörden weltweit. Zum 24. Oktober 2006 wurde die Einheit in *Installation Management Command, Europe Region* (*IMCOM-Europe*) umbenannt, verblieb aber bis zum Sommer 2013 an ihrem Standort im hinteren Teil der *MTV*.

Um auch die lokalen Strukturen der Standortverwaltungen weiter zu vereinheitlichen, wurde das *411th BSB* am 9. Juni 2005 in einer Zeremonie in der *PHV* außer Dienst gestellt, die Aufgaben der Standortverwaltung im gleichen Atemzug der *26th ASG* übertragen. Mit LTC Diane M. Vanderpot hatte zu diesem Zeitpunkt erstmals eine Frau an der Spitze der Heidelberger Standortverwaltung gestanden. In einer noch größeren Zeremonie am 13. Oktober 2005 wurden in der *Campbell Barracks* alle verbliebenen europäischen *ASG* und *BSB* außer Dienst gestellt, an ihre Stelle traten nun *US Army Garrisons* (*USAG*). Das Kommando über die *USAG Heidelberg* übernahm der letzte Kommandeur der *26th ASG,* COL Willie E. Gaddis. Obwohl der Name der *USAG Heidelberg* nur die Zuständigkeit für eine Garnison andeutete, fungierte sie zusätzlich als übergeordnete Regionalverwaltung der *USAG Darmstadt, USAG Kaiserslautern* und *USAG Mannheim.*[31] Aus diesem Grund blieb der Kommandeur der *USAG Heidelberg* stets ein *Colonel,* während die anderen genannten Standortverwaltungen lediglich von einem *Lieutenant Colonel* befehligt wurden. Um diese Doppelrolle der Heidelberger Standortverwaltung stärker hervorzuheben, wurde sie im August 2007 in *USAG Baden-Württemberg* umbenannt, obwohl zwei der ihr unterstellten Garnisonen in Hessen bzw. Rheinland-Pfalz lagen, während ihr die *USAG Stuttgart* zu keinem Zeitpunkt unterstand.

Für die Zukunft der Heidelberger Garnison viel wichtiger war eine im Jahr 2001 vom amerikanischen Präsidenten George W. Bush in Auftrag gegebene *Quadrennial Defense Review.* Unabhängig von den Ereignissen des 11. September 2001 kamen die Studie und weitere Analysen von *USEUCOM* zu dem Ergebnis, dass die amerikanischen Streitkräfte in Europa deutlich verkleinert werden könnten. Speziell für die Heeresstreitkräfte sah man eine Reduzierung von 62.000 auf

↑ Gedenkfeier im Mai 1997 für die drei Todesopfer des RAF-Terroranschlags vom 24. Mai 1972 in der *Campbell Barracks*. Die Heidelberger Garnison hielt die Erinnerung an die drei Soldaten stets wach (*USAG Baden-Württemberg*).

etwa 20.000 bis 24.000 Soldaten vor.[32] 2002 öffentlich werdende Pläne der Amerikaner für eine großflächige Erweiterung der *PHV* im Heidelberger Süden mit dem Ziel einer Konsolidierung aller amerikanischen Einrichtungen der Stadt in einem dann über 4 km² großen Areal deuteten darauf hin, dass man zumindest anfangs noch davon ausging, die Garnison Heidelberg weiterhin bestehen zu lassen.[33] Die Erweiterungspläne wurden jedoch schon bald aufgegeben und als ab 2005 die ersten Listen mit langfristig bestehenden Garnisonen in Europa (*Enduring Communities*) veröffentlicht wurden,[34] stand Heidelberg nicht auf diesen Listen, womit das Schicksal der Garnison besiegelt war, auch wenn die endgültige Schließung erst am 23. Juni 2010 durch COL William C. Butcher (Kommandeur der *USAG Baden-Württemberg*) verkündet wurde.

Im Zuge des weiteren Truppenabbaus in Europa übernahm die *USAG Baden-Württemberg* zunächst am 31. Mai 2011 die direkte Kontrolle über die bis dahin von der *USAG Mannheim* verwalteten Liegenschaften, was eine schnellere Schließung der Mannheimer Garnison ermöglichte.[35] Die offizielle Schließung der Heidelberger Garnison wurde dann am 26. September 2013 vollzogen, als die neu gebildete *USAG Rheinland-Pfalz* das Kommando über die verbliebenen Liegenschaften der *USAG Baden-Württemberg* übernahm, die im gleichen Atemzug aufgelöst wurde. Der letzte Kommandeur der *USAG Baden-Württemberg* und damit letzte „Bürgermeister" des amerikanischen Teils von Heidelberg, COL Bryan D. DeCoster, war schon Ende Juni 2013 zum Kommandeur der *USAG Kaiserslautern* ernannt worden (später *USAG Rheinland-Pfalz*) und im Juli 2013 auch dorthin gezogen. Er hatte es trotz des rapiden Personalschwunds während der vorangegangenen beiden Jahre geschafft, fast die gesamte Infrastruktur der Heidelberger Garnison bis in den Sommer 2013 hinein aufrechtzuerhalten.

Dass Wiesbaden als Standort des *USAREUR*-Hauptquartiers und anderer Einheiten den Vorzug vor Heidelberg erhielt, was das Ende der Heidelberger Garnison besiegelte, führte unter Amerikanern und Heidelbergern zu wilden Spekulationen. Der für die Entscheidung letztlich verantwortliche GEN Burwell B. Bell (*Commanding General, USAREUR/7A* zwischen Dezember 2002 und Dezember 2005) hatte wohl zwei Gründe für seine Entscheidung. Anders als die über den Südteil der Stadt verteilten Kasernen in Heidelberg verfügt die *Lucius D. Clay Kaserne* in Wiesbaden-Erbenheim über genügend Platz, um neben einer Wohnsiedlung und einem Flugplatz das gesamte *USAREUR*-Hauptquartier und einige wichtige unterstützende Einheiten (vor allem das *5th Signal Command* und die *66th Military Intelligence Brigade*) aufzunehmen.[36]

Der Hauptgrund für den Umzug des *USAREUR*-Hauptquartiers und damit für die Schließung der Heidelberger Garnison war aber ein politischer: Während des Kalten Kriegs waren die amerikanischen Truppen in Deutschland von wenigen Ausnahmen abgesehen in den vier Flächenländern Baden-Württemberg, Bayern, Hessen und Rheinland-Pfalz in etwa gleich verteilt, woran auch die ersten Truppenreduzierungen in den 1990er Jahren nichts Wesentliches änderten. Mit der Schließung der Garnison Wiesbaden wären die Amerikaner jedoch vollends aus Hessen verschwunden, was man mit Rücksicht auf lokale Befindlichkeiten unbedingt vermeiden wollte. Da eine weitere amerikanische Militärpräsenz in Baden-Württemberg mit dem großen *USEUCOM*-Hauptquartier und weiteren wichtigen Hauptquartieren in Stuttgart ohnehin sichergestellt war, fiel schließlich die Entscheidung gegen Heidelberg.[37]

↑ COL Bryan D. DeCoster (rechts) und CSM Kenneth J. Kraus am 31. Juli 2013 nach der Außerdienststellung der *HHC, USAG Baden-Württemberg* in der *Patton Barracks* (*USAG Baden-Württemberg*).

6 Amerikanisches Zivilleben am Neckarstrand

Obwohl die Heidelberger Garnison der Amerikaner naturgemäß vom Primat militärischer Notwendigkeiten bestimmt war, entwickelte sich schon früh eine sehr ausgeprägte zivile Komponente amerikanischen Lebens in Heidelberg. Spätestens als mit dem Beginn des Kalten Kriegs ab 1950 klar war, dass die Garnison längerfristig bestehen würde, nahm diese zivile Komponente dauerhafte Züge an und beinhaltete mehr und mehr Elemente des normalen amerikanischen Zivillebens in den USA. Hierzu gehörten amerikanische Geschäfte, Kirchen, Kindergärten, Schulen und Hochschulen ebenso wie zahllose typisch amerikanische Sozialeinrichtungen oder die amerikanische Präferenz für bestimmte Sportarten und Musikstile. Verstärkt wurde diese Entwicklung durch den Bau zweier großer Wohnsiedlungen im Heidelberger Süden, in denen sich trotz der deutschen Umwelt ein weitgehend rein amerikanischer Mikrokosmos herausbilden konnte. Letztlich hat Heidelberg durch diesen historischen Prozess nicht nur den *American Way of Life* hautnah erleben können, sondern über die Jahrzehnte auch ein Stück weit an der gesellschaftlichen Entwicklung der USA teilgenommen.

Heidelbergs amerikanische Stadtteile

Den Zweiten Weltkrieg hatte Heidelberg als Stadt mit wenig kriegswichtiger Industrie und vielen Lazaretten relativ unbeschadet überstanden. Auch der Einmarsch der Amerikaner Ende März 1945 führte zu keinen größeren Schäden in der Neckarstadt. Heidelbergs Rolle als großer Hauptquartiersstandort der amerikanischen Streitkräfte in Europa brachte nun aber eine große Zahl an Soldaten und zivilen Mitarbeitern in die Stadt, die in den militärischen Liegenschaften allein nicht untergebracht werden konnten. Schon unmittelbar nach dem Einmarsch wurden daher im gesamten Stadtgebiet Ein- und Mehrfamilienhäuser, Wirtschaftsgebäude und Grundstücke von der Besatzungsmacht konfisziert bzw. requiriert. Gebäude im Staatseigentum oder im Eigentum der NSDAP und ihrer Untergliederungen und Parteimitglieder wurden meist konfisziert und damit ohne finanziellen Ausgleich von der Besatzungsmacht übernommen. Im Fall der Requirierung privaten Eigentums konnte eine Entschädigung gewährt werden, die das Besatzungskostenamt zu entrichten hatte.[1]

Naturgemäß befanden sich viele soziale Einrichtungen der Amerikaner zunächst im Heidelberger Innenstadtbereich, was einerseits den Aufgaben einer Militärregierung, andererseits aber auch der Heidelberger Geografie geschuldet war. Einer Auflistung der *Stars and Stripes* vom Frühjahr 1948 zufolge residierte die Militärregierung im Roten Ochsen, das *HMP*-Hauptquartier war am alten Hauptbahnhof angesiedelt. In mehreren Gebäuden im Innenstadtbereich befanden sich beliebte Klubs wie der *Stardust EM Club* in der Stadthalle. Dazu kamen allein entlang der Hauptstraße ein *EES Photo Shop* (Fotoladen der Truppenbetreuungsorganisation *European Exchange Service*), ein *Beauty Shop* (Schönheitssalon), ein großer *PX* (Warenhaus) und weitere Geschäfte und Freizeiteinrichtungen.[2] Zur Unterbringung der großen Zahl an Soldaten wurde von Beginn an massiv auf Heidelberger Hotels zurückgegriffen. Allein 1949 waren noch 27 Hotels und 13 Gasthäuser von den Amerikanern besetzt.[3] Eine andere Statistik aus dem gleichen Jahr spricht von 21 kleineren Läden, acht großen Ladenlokalen, vier großen Geschäfts- bzw. Kaufhäusern, drei Gastwirtschaften und je einer Bank und Bäckerei unter amerikanischer Besatzung.[4] An Wohnraum waren 1949 insgesamt 453 Ein- und Mehrfamilienhäuser mit zusammen 1.133 Wohnungen von den Amerikanern besetzt.[5]

Als wichtiges Bildungszentrum diente der frühen Heidelberger Garnison die Neue Universität, in der am 20. Oktober 1946 die erste amerikanische Schule in Heidelberg eröffnet wurde. Zusätzlich befanden sich hier einige Zeit lang ein *Education Center*, in dem fehlende Schulabschlüsse nachgeholt und ab 1949 auch Universitätskurse der *University of Maryland* belegt werden konnten, sowie eine große *Special Services Library* mit über 16.000 Büchern und rund 100 Zeitschriften.[6] Die in dieser Bibliothek untergebrachte *EUCOM Technical Reference Library*

Bachelor Officers' Quarters am *Saratoga Drive* in der *PHV* Mitte der 1950er Jahre (*STAHD, Curt W. Fennel*).

↑ Eingang des *Education Center* in der Neuen Universität um 1950 (*Christina M. Kruger*).

(ab Oktober 1952 *USAREUR Reference Library,* ab Mitte der 1970er Jahre *USAREUR Library & Resource Center*) bildete den Kern des Fernleihewesens aller *USAREUR*-Bibliotheken. Die oberste Verwaltungsstelle dieser Bibliotheken sollte sich denn auch bis 2012 in Heidelberg befinden.

Truppenunterkünfte befanden sich seit 1945 in den großen Kasernen im Heidelberger Süden, hier konzentrierte sich das militärische Leben der Garnison. Obwohl seit dem Sommer 1946 auch Familienangehörige von Soldaten und zivilen Mitarbeitern in der Stadt lebten, gab es bedingt durch die hohen Hauptquartiere auch eine große Zahl junger, alleinstehender Offiziere (*Bachelor Officers*) in Heidelberg, die zumeist in den beschlagnahmten Hotels untergebracht wurden. Die Hotels wurden im Sprachgebrauch der Amerikaner damit zu *Bachelor Officers' Quarters* (*BOQ*). Die Nutzung der Hotels beschränkte sich aber nicht auf ihre eigentliche Rolle als Unterkunftsgebäude. 1951 wurde der Europäische Hof beispielsweise für Wohnzwecke genutzt, während im Hotel Schrieder ein Militärgericht residierte, das Hotel Bayrischer Hof als *Thrift Shop* diente (ein Second Hand-Laden) und im Victoria Hotel neben einer Kleiderausgabe für Offiziere ein Fotolabor untergebracht war.[7] Eine besondere Rolle im Leben der Garnison nahm das Schlosshotel ein, das in der Anfangszeit als Gästehaus für besonders hochrangige Gäste diente. Hier übernachteten bis Ende 1950 u.a. der amerikanische Verteidigungsminister Dean G. Acheson, der Marineminister James A. Forrestal, die Generäle Omar N. Bradley und Lucius D. Clay, der amerikanische Hohe Kommissar für Deutschland John J. McCloy sowie einige Größen des Kulturlebens wie der Dramaturg und Lyriker T. S. Eliot und die Filmschauspielerin Lana Turner.[8]

Mit dem sich allmählich verschlechternden Ost-West-Verhältnis stellten sich die Amerikaner ab etwa 1948 mehr und mehr auf ein längerfristiges Verbleiben in ihrem deutschen Besatzungsgebiet ein. Hierfür spricht auch die nun vermehrt vorgenommene Umbenennung ehemaliger Wehrmachtskasernen. In Erinnerung an den am 28. März 1945 bei Mannheim gefallenen SSG Charles L. Campbell wurde die Großdeutschlandkaserne am 23. August 1948 in *Campbell Barracks* umbenannt, im gleichen Atemzug erhielt auch die zur Heidelberger Garnison gehörende *Tompkins Barracks* in Schwetzingen zusammen mit weiteren Kasernen in Karlsruhe und Mannheim ihren Namen.[9] Die ehemalige Grenadierkaserne war schon im Herbst 1946 in *Patton Barracks* umbenannt worden, um den Ende 1945 in Heidelberg verstorbenen GEN George S. Patton zu ehren.[10]

Das längerfristige Verbleiben auf Basis der 1948 bestehenden Wohnverhältnisse warf freilich große Probleme auf: Noch immer herrschte in Heidelberg große Wohnungsnot, nicht zuletzt musste die Stadt weiterhin zahlreiche Flüchtlinge unterbringen. Der gleichzeitig stattfindende allmähliche Rückzug der amerikanischen Militärregierung,

↑ Blick in den *PX* in der Heidelberger Hauptstraße gegen Ende der 1940er Jahre. Der *PX* bot ein für die Zeit geradezu üppiges Warenangebot (*Dr. John Provan*).

ein schon 1947 ausgesprochener Beschlagnahmestopp und das zunehmende Selbstbewusstsein deutscher Behörden und Privatleute im Umgang mit den Amerikanern führten zu vermehrten Forderungen nach einer Rückgabe besetzter Gebäude. Ab 1949 leiteten die Amerikaner in Heidelberg daher eine Reihe großer Bauprojekte ein, die der Garnison letztlich das Gesicht gaben, das sie auf Jahrzehnte hinaus behalten sollte.[11]

Zwischen 1949 und 1952 entstand nach langem Hin und Her zwischen amerikanischer Standortverwaltung, Stadtverwaltung und Landeigentümern rund um die *Campbell Barracks* das Wohngebiet *Mark Twain Village* (*MTV*; der Name wurde erst 1958 eingeführt).[12] Durchgeführt wurden die Arbeiten von deutschen Baufirmen aus der Region unter der Leitung des *US Army Corps of Engineers* und Verwendung von Weltkriegstrümmern aus dem nahen Mannheim.[13] Das Niveau der mehrstöckigen Bauten orientierte sich am amerikanischen Standard der Zeit, auch wenn gerade Offiziere und ranghohe Unteroffiziere aus Militärsiedlungen in den USA in aller Regel freistehende Einfamilienhäuser gewohnt waren. Bis Ende 1952 wurden in Rohrbach insgesamt 51 Wohnblöcke mit 724 Wohnungen sowie vier große *BOQ*, eine *Chapel* (Militärkirche) und eine Schule auf dem Gelände an der Römerstraße errichtet, das die *Campbell Barracks* schließlich fast vollständig umrahmte.[14]

Schon 1950 entstand auf einem beschlagnahmten Grundstück am alten Güterbahnhof ein großes Versorgungszentrum mit *PX*, *Garage* (Autowerkstatt), *Beauty Shop*, *Snack Bar* und weiteren Einrichtungen. Ein schon zuvor in unmittelbarer Nachbarschaft bestehender *Commissary* (Lebensmittelgeschäft) ergänzte das Angebot der fortan als *Shopping Center* bekannten Liegenschaft (später auch als *Community Support Center* bekannt). Bei der offiziellen Eröffnung des *PX* Anfang Oktober 1950 überreichten amerikanische Offiziere ein Wappen mit sieben großen Schlüsseln, die sieben zeitgleich durch die Amerikaner geräumte deutsche Geschäfte in Heidelberg symbolisierten.[15] Der neue *PX* mit seinem breiten Angebot an importierten amerikanischen Waren entwickelte sich in der Garnison schnell zu einem Magneten für amerikanische Verbraucher; 1954 war er der umsatzstärkste derartige *PX* in ganz Deutschland.[16]

Der Ausbau der amerikanischen Truppenpräsenz in Deutschland nach 1950 ging an Heidelberg nicht spurlos vorbei, auch wenn nur wenige neue Einheiten hinzuzogen. Beispielsweise waren Mitte der 1950er Jahre noch fast 1.150 Wohneinheiten in rund 450 Wohnhäusern und nicht weniger als 17 Hotels mit rund 1.000 Betten von den Amerikanern belegt.[17] Deshalb wurde zwischen 1954 und 1957 beim Hegenichhof ein weiteres amerikanisches Wohngebiet errichtet, in dem bis 1957 insgesamt 1.200 Familien untergebracht werden konnten. Dazu kamen 720 *BOQ*-Wohneinheiten.[18] Im Gegensatz zur *MTV* zeigte die *PHV* dabei deutlicher die Rangunterschiede zwischen den Bewohnern der einzelnen Gebäude. In 83 großzügigen Villen im Nor-

↑ Blick in eine Modellwohnung der amerikanischen Wohnsiedlung an der Römerstraße Anfang der 1950er Jahre. Die Einrichtung entsprach amerikanischen Vorstellungen der Zeit, stellte für deutsche Wohnverhältnisse aber einen „Quantensprung“ dar (*Bilfinger SE*).

den des fast 100 ha großen Areals residierten ausschließlich Offiziere im Rang eines *Colonel* oder im Generalsrang sowie einige ranghohe zivile Mitarbeiter, weshalb das Nordtor nach Eppelheim schon bald als *Colonels' Gate* bekannt war. Gleich südlich davon befanden sich eine Reihe mehrerer Gebäude mit *BOQ*, das *Patrick Henry Hotel*, zwei große Klubs für Offiziere bzw. Unteroffiziere, eine *Chapel*, eine Grundschule und einige Geschäfte und soziale Einrichtungen. Im südlichen Teil der *PHV* befanden sich zahlreiche Mehrfamilienhäuser mit zwei oder drei Treppenhäusern und ganz im Süden schließlich fünf Zweifamilienhäuser. Im Gegensatz zum nahen Mannheim mussten selbst Offiziere im Rang eines *Lieutenant Colonel* oder *Major* in Heidelberg damit rechnen, mit ihren Familien in einem Mehrfamilienhaus zu wohnen, zu groß war einfach die Zahl ranghoher Offiziere.

Zusammen mit einigen Bautätigkeiten in den Kasernen selbst – etwa in der *Nachrichtenkaserne*, wo es bis 1957 zu mehreren Neu- und Umbauten kam – und der Errichtung einer Tankstelle (*Quartermaster Gas Station*) direkt an der Zufahrt zur Autobahn A 656 hatte die amerikanische Garnison damit 1957 ihre Endausbaustufe erreicht. Zu den Korrekturen, die in den folgenden Jahrzehnten noch vorgenommen werden sollten, gehörten der mehrfache Ausbau der Grundschule in der *PHV*, die Errichtung einer weiteren Schule ganz im Süden der *PHV* im Jahr 1976 und die Verlegung des *Commissary* in die *PHV* 1999. Der so entstandene amerikanische Mikrokosmos (In der deutschen Presse der 1950er und 1960er Jahre ist oft von „Klein-Amerika“ die Rede, speziell für die *MTV*) war weitgehend autark. Lediglich im Rahmen der Energie- und Wasserversorgung sowie der Abwasser- und Müllentsorgung bestanden Schnittstellen zur deutschen Umwelt, die der Bewohner der Garnison aber kaum wahrnahm.

↑ Luftaufnahme der Mehrfamilienhäuser im südlichen Teil der *PHV* während der Bauphase Mitte der 1950er Jahre. Im Gegensatz zu anderen Garnisonen mussten sich viele Offiziere der Dienstränge *Lieutenant Colonel* und *Major* in Heidelberg mit einer Wohnung in einem Mehrfamilienhaus begnügen, Einfamilienhäuser blieben *Colonels* und Offizieren im Generalsrang vorbehalten (*Dr. John Provan*).

↑ Gästehaus (*Patrick Henry Hotel*) in der *PHV*. Neben Gästen von Amerikanern in Heidelberg wurden hier neu hinzuziehende oder fortziehende Familien für einige Tage untergebracht (*Richard C. Bennett*).

Im unmittelbaren Umfeld der *Nachrichtenkaserne* wurden Anfang der 1970er Jahre einige Wohnblocks mit 177 Wohneinheiten für Amerikaner durch deutsche Investoren errichtet, die in der Garnison als *Harry S. Truman Village* bekannt wurden (von den Amerikanern als *Rental Guarantee Program* bezeichnet, da die *US Army* als kollektiver Mieter der Wohnungen auftrat). Schon 1981 liefen die Nutzungsverträge jedoch aus und wurden von den Amerikanern nicht erneuert. Fortan wurden die Wohnungen auch an nichtamerikanische Nutzer vermietet; die verbliebenen amerikanischen Bewohner fanden sich in einem privatwirtschaftlichen Mietverhältnis wieder.[19]

Auch nach der Rückgabe der letzten beschlagnahmten Gebäude Ende der 1950er Jahre wohnten weiterhin zahlreiche der gut 20.000 zur Heidelberger Garnison gehörenden Amerikaner *on the economy,* also im „deutschen Teil" Heidelbergs und seiner Umlandgemeinden. Dies galt vor allem für viele zivile Mitarbeiter, die nicht selten mehrere Jahrzehnte in Heidelberg bleiben konnten und es von daher leichter hatten, einen Mietvertrag mit einem deutschen Hausbesitzer zu schließen. In den Wohngebieten *MTV* und *PHV* herrschte hingegen ein ständiges Kommen und Gehen: Die meisten alleinstehenden Soldaten blieben nur zwei Jahre in Heidelberg, verheiratete Soldaten i.d.R. drei Jahre. Dennoch gab es immer wieder Soldatenfamilien, die fünf und mehr Jahre in der *MTV* oder *PHV* lebten, womit diese an sich künstlichen Wohnwelten vor allem für manches Soldatenkind zur zweiten Heimat wurden. Besonders die abseits gelegene und recht große *PHV* mit ihren amerikanischen Straßennamen (*Alamo Circle, Bull Run Court, Lexington Drive, Saratoga Drive* etc. – allesamt in Anlehnung an große Schlachten der amerikanischen Militärgeschichte gewählt) bildete einen starken Kontrast zum übrigen Heidelberg.

↑ Dienstfahrzeuge ranghoher Offiziere vor Villen in der *PHV* 1958 (*STAHD*).

Obwohl die Häuser in den Siedlungen der Amerikaner zum Zeitpunkt ihrer Errichtung durchaus modern waren, traten schon 1961 eklatante Baumängel in der *PHV* zutage. Wegen der Verwendung schadhafter Ziegelsteine mussten gut 300 Familien ihre Häuser räumen und sich kurzfristig Wohnungen auf dem freien Wohnungsmarkt in und um Heidelberg suchen.[20] Insgesamt 16 Wohnblocks in der *PHV* mussten im Zuge der Sanierungsarbeiten für Monate geräumt werden, das juristische Nachspiel zog sich bis ins Jahr 1963 hin.[21] Derartige Perioden der Wohnungsnot für die Amerikaner wechselten sich im Lauf der Jahre immer wieder mit Zeiten des Wohnungsüberflusses ab. Beispielsweise wurde in der Garnison 1964 der Versuch unternommen, leerstehende Dachgeschosswohnungen in der *MTV* und *PHV* an Heidelberger Studentinnen zu vergeben, die sich im Gegenzug dazu bereit erklären sollten, die Kinderbetreuung für amerikanische Familien im Haus zu übernehmen.[22]

Gegen Ende der 1960er Jahre zeigte sich an den Gebäuden in den amerikanischen Wohnsiedlungen und Kasernen deutlicher Renovierungsbedarf. Der nun tobende Krieg in Vietnam führte jedoch zu drastischen Mittelkürzungen für die Amerikaner in Europa, sodass große Teile der Infrastruktur allmählich einen schlechten äußeren Eindruck machten. 1968 verfügten die vier amerikanischen und 467 deutschen Mitarbeiter des *Heidelberg Post Engineer* (amerikanische Baubehörde für Heidelberg) über ein Budget von 4,5 Mio. Dollar, das jedoch im Wesentlichen zur Deckung der Personal-, Energie- und Versorgungskosten der Garnison benötigt wurde, weshalb die Außenanstriche von Gebäuden und andere Renovierungsarbeiten – besonders an Wohngebäuden – immer wieder aufgeschoben werden mussten.[23] Die Situation besserte sich zu Beginn der 1970er Jahre nur allmählich, auch wenn mit dem Ende des Vietnam-Kriegs wieder mehr finanzieller Spielraum zur Verbesserung der Infrastruktur in Europa zur Verfügung stand. So wurden 1972 in Heidelberg mehrere Gebäude in der *Patton Barracks* grundsaniert, was vor allem den dort lebenden alleinstehenden Soldaten der unteren Dienstränge zugutekam. Insgesamt 7,2 Mio. Mark wurden seinerzeit in sieben Kasernengebäude und drei Kantinen in der Liegenschaft investiert, nach Abschluss der Arbeiten sollten die meisten Soldaten maximal zu viert in einer Stube wohnen.[24] Die *Patton Barracks* blieb dennoch der wichtigste Unterkunftsbereich alleinstehender Soldaten der niederen Dienstränge. 1987 waren hier beispielsweise 648 Soldaten untergebracht.[25] Die größere *Campbell Barracks* verfügte über weitaus weniger dort kasernierte Soldaten, hier dominierten stets Büros und andere Arbeitsbereiche.

Ab etwa 1970 wurde das amerikanische Wohnen in Heidelberg zunehmend von der Angst vor terroristischen Anschlägen geprägt. Hauptauslöser waren neben mehreren gewalttätigen Ausschreitungen durch linksextremistische Studenten während der Vietnam-Jahre vor allem der RAF-Terroranschlag auf die *Campbell Barracks* am 24. Mai 1972, bei dem drei amerikanische Soldaten ums Leben kamen, sowie der RAF-Terroranschlag auf *CINCUSAREUR* GEN Frederick J. Kroesen am 15. September 1981. Fortan häuften sich in der Garnison die später als *Force Protection Exercises* bekannten Übungen, bei denen Kasernen und Wohngebiete hermetisch abgeriegelt wurden und die Zusammenarbeit mit deutschen Sicherheitsbehörden geprobt wurde. In *Mass Casualty Exercises* der Garnison ging es ebenfalls häufiger um das Thema Terrorismus, vor allem um den Umgang mit einer großen Zahl an Toten und Verletzten. Bei einer solchen Übung im Jahr 1988 wurde im *130th Station Hospital* z.B. die simultane Versorgung von 31 Verletzten infolge einer Explosion in einem *Officers Club* geprobt.[26] Während der 1970er und 1980er Jahre kam es in den Schulen der Garnison – speziell in der *Heidelberg American High School* – immer wieder zu Bombenalarmen, auch wenn die weitaus meisten derartigen Zwischenfälle auf schlechte Scherze einzelner Schüler zurückzuführen waren. Die Sicherheitslage für die Amerikaner hatte sich in jedem Fall fühlbar verschlechtert, was nicht ohne Auswirkungen auf das Wohnen in der Garnison bleiben konnte.

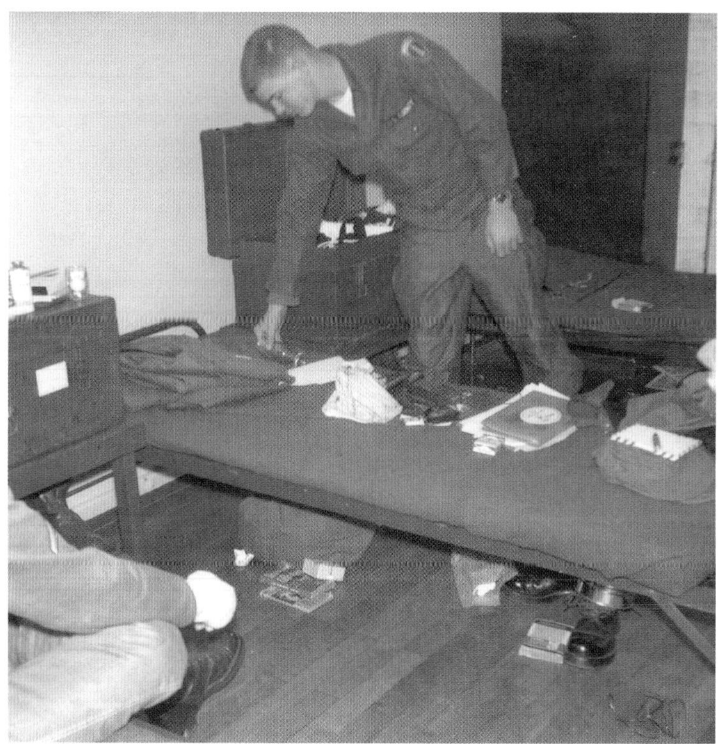

↑ Beengte Wohnverhältnisse alleinstehender Soldaten – meist Wehrpflichtiger – in der *Patton Barracks* um 1960 (*Terry Gilbreath*).

Schon seit den 1950er Jahren mussten sich zivile Mitarbeiter und Familienangehörige in den beiden großen Wohnsiedlungen in Heidelberg regelmäßig an *NEO*-Übungen beteiligen, in denen die schnelle Evakuierung dieser Personengruppen im Fall kriegerischer Auseinandersetzungen geübt wurde. Eine solche *NEO*-Übung fand beispielsweise zwischen dem 22. und 24. August 1988 in Heidelberg statt. Alle alarmierten Personen hatten sich zu diesem Zweck mit vorbereiteten *NEO*-Paketen, die Nahrungsmittelrationen für einige Tage enthielten, und allen wichtigen persönlichen Papieren in einem *NEO Processing Center* in der *Heidelberg Middle School* in der *PHV* einzufinden, wo sie neun Stationen zur Vorbereitung auf eine mögliche Evakuierung durchlaufen mussten.[27] Im realen Verteidigungsfall wäre es von hieraus auf festen Routen in Bussen etwa zur *Ramstein Air Base* oder nach Frankreich und von dort weiter nach Spanien gegangen. Heidelberger *NEO*-Übungen sind von den amerikanischen

↑ Kinder beim winterlichen Spiel in der *MTV* 1980 (*USAG Baden-Württemberg*).

Streitkräften mit dem Ziel einer Verbesserung der Prozessabläufe sogar wissenschaftlich analysiert worden.[28]

Gegen Ende der 1980er Jahre lebten etwa 21.000 Amerikaner in und um Heidelberg, davon die Hälfte in der Stadt Heidelberg selbst. Um der mittlerweile wieder herrschenden Wohnungsnot Herr zu werden, startete das *Housing Referral Office* der *USMCA Heidelberg,* die für Kontakte zu deutschen Hausbesitzern zuständige amerikanische Behörde, 1989 eine Kampagne namens *FIND* (*Find Individual Dwellings,* etwa: „Finde einzelne Wohneinheiten"). Während einer 60-tägigen Phase im August und September (der Hauptsaison für zuziehende Familien) wurden Amerikaner mit allen Mitteln dazu angehalten, freistehende Wohneinheiten in Heidelberger Privatgebäuden umgehend dem *Housing Referral Office* zu melden.[29]

Mit dem Ende des Kalten Kriegs kam es wieder zu einer Entspannung der Wohnraumsituation für die Amerikaner. 1990 fanden sich unter den rund 21.000 Amerikanern in der Garnison 4.957 Soldaten mit zusammen 9.016 Familienangehörigen sowie 2.857 zivile Mitarbeiter mit zusammen 4.285 Familienangehörigen. 77% der Soldaten und ihrer Familienangehörigen lebten dabei in der Stadt Heidelberg selbst (überwiegend in der *MTV* und der *PHV*), von den zivilen Mitarbeitern und deren Familienangehörigen jedoch nur 8%.[30] Zivile Mitarbeiter hatten zu dieser Zeit kaum eine Aussicht auf ein Wohnrecht in einem der beiden amerikanischen Wohngebiete, was mit ihrer meist deutlich längeren Aufenthaltsdauer in Heidelberg zusammenhing, die ihre Chancen auf dem freien Wohnungsmarkt deutlich erhöhte. Beispielsweise blieben einige der rund 200 Lehrer an den amerikanischen Schulen 30 und mehr Jahre in der Neckarstadt. Auch trieb die Furcht vor Terroranschlägen schon seit den 1970er Jahren mehr und mehr Soldatenfamilien in die amerikanischen Wohngebiete, in denen Uniformen nicht sonderlich auffielen.

Zwischen 1990 und 1995 fiel die Zahl der amerikanischen Soldaten in der Garnison von rund 5.000 auf 3.600, die Zahl der Amerikaner insgesamt von gut 21.000 auf 16.000. Viele außerhalb der amerikanischen Wohngebiete angemietete Objekte konnten nun aufgegeben werden, das amerikanische Leben konzentrierte sich fortan noch stärker auf die *MTV* und die *PHV,* wo weiterhin zusammen etwa 2.000 Wohneinheiten für Familien und mehrere hundert *BOQ* und *BEQ* (*Bachelor Enlisted Quarters;* Unterkünfte für alleinstehende Unteroffiziere und Mannschaftsdienstgrade) existierten.[31]

Die größten Veränderungen für das amerikanische Leben in den Folgejahren ergaben sich als Konsequenz der Ereignisse vom 11. September 2001. Das Betreten der bereits umzäunten *PHV* war ab diesem Zeitpunkt nur noch mit einer gültigen Zugangsberechtigung möglich, die teilweise direkt an deutsche Wohnhäuser grenzende *MTV* wurde im Lauf der Jahre ebenfalls vollständig abgeriegelt. Speziell in der *MTV* nahm das amerikanische Wohnen in Heidelberg damit einen

↑ Gebäudekomplex an der Quinckestraße, der zwischen 1947 und 1952 von der *Heidelberg Dependents' School* bzw. *George W. Orford School* genutzt wurde (*Richard C. Bennett*).

ausgesprochenen Inselcharakter an, die Isolation von der deutschen Umwelt war hier besonders sichtbar.

Ab 2010 leerten sich die Wohnblocks in der *MTV* vor dem Hintergrund des bevorstehenden Abzugs aus Heidelberg spürbar. Bis zum Sommer 2012 entstand rund um die *Campbell Barracks* allmählich eine Geisterstadt, in der allein die bis zum Juni 2013 geöffnete *Heidelberg American High School* und das Hauptquartier von *IMCOM-Europe* noch für einigen Betrieb sorgten. Das öffentliche Leben der Garnison konzentrierte sich derweil fast vollständig in der *PHV,* wo sich die bevorstehende Schließung der Garnison erst im Frühjahr 2013 bemerkbar machte, als sich auch dort die Parkplätze mehr und mehr leerten.

Amerikanisches Schulwesen in Heidelberg

Als die Amerikaner 1944/1945 in Deutschland einmarschierten und die Besatzungszeit begann, gab es zunächst keinerlei Planungen, Familienangehörige aus den USA nach Europa zu holen. Erst als im Frühjahr 1946 dann doch die ersten Familienangehörigen von Soldaten und zivilen Mitarbeitern eintrafen, begannen daher fieberhafte Aktivitäten zum Aufbau eines eigenständigen amerikanischen Schulwesens in Europa. Im Oktober des gleichen Jahrs eröffneten insgesamt 43 Schulen in der amerikanischen Besatzungszone ihre Pforten,[32] darunter am 20. Oktober 1946 die *Heidelberg Dependents' School* in der Neuen Universität.[33]

Die neue Schule hatte zum Zeitpunkt ihrer Eröffnung 110 Schüler der Klassen 1 bis 12, womit Heidelberg neben Berlin, Frankfurt am Main, München und Nürnberg zur einzigen amerikanischen Garnison in Deutschland mit einer *High School* wurde (üblicherweise Klassenstufen 7 bis 12 oder 9 bis 12; insgesamt war die neue Schule eine Kombination aus *High School* und *Elementary School,* einer Grundschule).[34] Da speziell der *High School*-Zweig der neuen Schule auch von Schülern aus Karlsruhe, Mannheim und Stuttgart besucht wurde, musste ein Internat zur Verfügung gestellt werden. Die Zahl der Schüler an der neuen Schule wuchs denn auch recht schnell auf 225 an, weshalb schon im Sommer 1947 ein Umzug in neue Räumlichkeiten in der Bunsenschule in der Neuenheimer Quinckestraße erfolgte (zu dieser Zeit ein Lehrerseminar).[35] Die ersten acht Absolventen der *Heidelberg Dependents' School* erhielten im Juni 1947 in einer Feierstunde im Königssaal des Heidelberger Schlosses ihre Zeugnisse – eine Tradition, an der die Schule viele Jahre festhalten sollte. Im gleichen Jahr erhielt die Schule ihre Akkreditierung durch die *North Central Association of Colleges and Secondary Schools,* womit der *High School*-Zweig der Schule die Anerkennung als vollwertige amerikanische *High School* vorweisen konnte. Interessanterweise hatte die Schule in den Jahren nach ihrer Gründung stets eine Rektorin, ein für die Zeit durchaus bemerkenswertes Detail. Auf Gründungsrektorin Pearle O. Baxter folgte schon 1947 Mildred A. Linck, die die Schule bis 1952 leitete.[36]

↑ Titelbild des *LIFE Magazine* vom 21. Juli 1947 mit zwei Schülern der *Heidelberg Dependents' School*. Die Ausgabe beschäftigte sich intensiv mit dem Leben amerikanischer Schüler in Heidelberg (*LIFE Magazine*).

Auch die Räumlichkeiten in der Quinckestraße erwiesen sich rasch als zu klein, speziell die Internatsräumlichkeiten für die zahlreichen älteren Schüler aus weiter entfernten Garnisonen. 1950 wurden deshalb weitere Räumlichkeiten in einem Nebengebäude von der Schule in Beschlag genommen, wodurch erstmals eine räumliche Trennung der *Elementary School* von der *High School* möglich wurde. Während der späten 1940er Jahre trug die jedoch immer noch als Einheit geführte Schule zeitweise den Namen *George W. Orford School* in Erinnerung an einen verstorbenen leitenden Mitarbeiter der für die Schulen zuständigen *Dependents' Schools Division* (einer Art Oberschulbehörde der Amerikaner).[37]

Als langfristiger Ersatz für die Gebäude in der Quinckestraße wurde im Rahmen der Errichtung der *MTV* zu Beginn der 1950er Jahre eine kombinierte *Elementary School/High School* gebaut, die im April 1952 offiziell eingeweiht und zum Schuljahr 1952/1953 erstmals vollständig genutzt werden konnte. Zu diesem Zeitpunkt wurde innerhalb der Schule eine weitere Unterteilung vorgenommen, die sich auch in der Nutzung des neuen Gebäudekomplexes niederschlug. Die Klassen der *High School* (9 bis 12) wurden im dritten Stock untergebracht, die *Junior High School* (Klassenstufen 7 und 8) und die *Elementary School* (Klassenstufen 1 bis 6) in den Stockwerken darunter. *High School* und *Junior High School* bildeten dabei die eigentliche *High School.* Für die *Elementary School* gab es nun erstmals auch einen eigenen Rektor und eine separate Verwaltung. In späteren Jahren wurden die beiden Schulen auf unterschiedliche Flügel des Gebäudekomplexes verteilt.[38]

Die Zahl der Schüler in Heidelberg nahm derweil weiter zu. Zum Schuljahrsbeginn 1951/1952 waren noch 230 Jugendliche im *High School*-Zweig und 577 Kinder im *Elementary School*-Zweig und dem mittlerweile bestehenden Kindergarten angemeldet;[39] bis 1954 stiegen diese Zahlen auf 504 bzw. 871.[40] Da sich mittlerweile auch die *PHV* im Bau befand, wurde dort eine weitere *Elementary School* für die Klassen 1 bis 3 errichtet, alle älteren hier lebenden Kinder mussten jeden Tag mit dem Bus in die *MTV* fahren. Die neue Schule war zunächst als *Heidelberg American Elementary School* bekannt, später bürgerte sich der bis zur Schließung übliche Name *Patrick Henry Elementary School* ein.[41]

Die neue *Patrick Henry Elementary School* wurde in den Folgejahren systematisch ausgebaut. Durch ein 1960 neu errichtetes Gebäude konnte die Schule alle Klassenstufen einer typischen *Elementary School* anbieten (1 bis 6), 1968 und 1974 kamen jeweils sechs Klassenräume hinzu, womit ein Kindergarten in die Schule eingegliedert und ausgebaut werden konnte.[42] Als sich mit der Abschaffung der Wehrpflicht 1973 und dem Ende des Vietnam-Kriegs die Zahl der Soldaten in der Garnison – insbesondere die Zahl der älteren Soldaten mit Familien – wieder etwas erhöhte, wurde mit der *Heidelberg Middle School* eine Schulform zwischen *Elementary School* und *High School* installiert, die fortan die Klassenstufen 6 bis 8 auf sich vereinigte und die anderen Schulformen so entlastete.[43]

Mit der Eröffnung der *Heidelberg Middle School* im Südbereich der *PHV* am 13. Oktober 1976[44] wurden die beiden *Elementary Schools* der Garnison zu *K-5 Schools* (Klassenstufen 1 bis 5 einschließlich Kindergarten), die *High School* in der *MTV* aber nun endgültig zu einer „richtigen" *High School* der Klassenstufen 9 bis 12 (*Freshmen, Sophomores, Juniors* und *Seniors*). Der Name *Heidelberg American High School* hatte sich zu diesem Zeitpunkt längst eingebürgert, häufig wurde auf das *American* im Namen aber auch verzichtet, was zu der in der Garnison und darüber hinaus gängigen Abkürzung *HHS* führte. Die Mitte der 1970er Jahre von Dr. Franz D. Alt geleitete Schule brachte es mittlerweile auf bis zu 170 Absolventen pro Jahr, 1974 besuchten allein 1.332 Schüler der Klassenstufen 7 bis 12 die Schule. Nach Gründung der *Heidelberg Middle School* fiel diese Zahl bis 1977 auf 809.[45] Die *Heidelberg American High School* gehörte damit in Europa zu den großen amerikanischen *High Schools,* was vor allem auf die hohe Zahl ranghoher Offiziere und Unteroffiziere sowie die zahlreichen zivilen Mitarbeiter in der Garnison zurückzuführen war.

↑ Eingangsbereich der *Heidelberg American High School* bzw. *Mark Twain Elementary School* 1972 (*Dr. John Provan*).

Ebenso erlebte das Lehrerkollegium über die Jahrzehnte ein stürmisches Wachstum. Waren 1950 noch 20 Lehrer im *High School*-Zweig mit sechs Klassenstufen tätig, arbeiteten hier zu Beginn der 1970er Jahre zwischen 62 und 66 Lehrer. Zu allen Zeiten fanden sich unter diesen Lehrern einige Deutsche, die neben Deutsch als Fremdsprache zumeist musische Fächer unterrichteten. Als Deutsch unter den Schülern zugunsten von Spanisch mehr und mehr an Bedeutung ver-

↑ Englischunterricht in einer Klasse der *Heidelberg Middle School* 1986 (*USAG Baden-Württemberg*).

lor, verringerte sich der Anteil deutscher Lehrer an der Schule entsprechend.[46]

In den frühen 1980er Jahren wurden vor allem die beiden *Elementary Schools* der Garnison konsequent ausgebaut und das Lehrangebot für behinderte Kinder und Kinder mit Lernschwächen erweitert. Die einstmals bei 30 liegenden durchschnittlichen Klassenstärken schrumpften auf unter 20, auch die Betreuung über den Unterricht hinaus verbesserte sich. Ab 1984 gab es an der *Patrick Henry Elementary School* erstmals ein warmes Mittagessen, das allerdings noch vom nahen *Heidelberg Officers' and Civilians' Club* angeliefert und von den Kindern in der Turnhalle im Schichtbetrieb verzehrt werden musste.[47] Erst 1987 bekam die Schule eine eigene Cafeteria, 1988 wurden weitere 3,6 Mio. Dollar in die Schule investiert.[48]

Gegen Ende der 1980er Jahre erreichten die Schülerzahlen in der Heidelberger Garnison ihr Maximum. 1987/1988 meldeten die beiden *Elementary Schools* in der *PHV* bzw. *MTV* 1.250 bzw. 440 Schüler, die *Heidelberg Middle School* 740 und die *Heidelberg American High School* rund 950 Schüler.[49] Dazu kamen einige hundert Kleinkinder, die in unterschiedlichen Einrichtungen betreut wurden (über die Jahrzehnte u.a. als *Kinder Care* oder *Child Development Center* bekannt).

Mittlerweile gab es in der *PHV* mit der *Lester B. Pearson School* in direkter Nachbarschaft zur *Heidelberg Middle School* sogar eine kanadische Schule (benannt nach einem ehemaligen kanadischen Premierminister), die 1987 mit ihren fünf Lehrkräften insgesamt 33 Schüler der Klassenstufen 1 bis 8 aus kanadischen Familien betreute. Obwohl die 1980 gegründete Schule selbst in Spitzenzeiten nur 55 Schüler aufwies, hatte sie mit der *Pearson Post* eine eigene Schülerzeitung, die zweimal jährlich erschien, und eine Bibliothek mit im-

↑ Mittagessen in der Kantine der *Mark Twain Elementary School* 1986 (*USAG Baden-Württemberg*).

↑ Blick in eine *Kinder Care*-Einrichtung in der *PHV* vom Febr. 1961 (*HCSC*).

merhin 3.000 Büchern.[50] Ältere kanadische Kinder in der Garnison besuchten meist die amerikanische *High School.* Mit dem Ende des *CENTAG*-Hauptquartiers 1993 verschwand die Schule wieder; der Name des Gebäudes blieb jedoch erhalten. Zeitweise gab es in der *PHV* direkt neben der *Patrick Henry Elementary School* auch eine britische *Primary School* (Grundschule).

Das Ende des Kalten Kriegs führte an den vier amerikanischen Schulen in Heidelberg zu keinen größeren Veränderungen, da die Heidelberger Garnison zunächst im Wesentlichen erhalten blieb. Die *Heidelberg American High School* hatte beispielsweise in den Jahren 2005 bis 2008 164, 141, 171 bzw. 150 Absolventen,[51] was keinen größeren Einbruch gegenüber früheren Jahrzehnten darstellte. Ab dem Schuljahr 2011/2012 besuchten auch wieder Schüler aus dem nahen Mannheim die *Heidelberg American High School,* nachdem die dortige *High School* im Juni 2011 geschlossen worden war. Das änderte jedoch nichts daran, dass sich der Truppenabzug ab 2011 auch in Heidelberg bemerkbar machte, was nicht ohne Folgen für die amerikanischen Schulen der Stadt bleiben konnte.

Da die *MTV* von den abziehenden Amerikanern als erstes Wohngebiet schon ab 2010 allmählich geräumt wurde, wurde die dortige *Mark Twain Elementary School* Anfang Juni 2011 in einer kleinen Feierstunde geschlossen. Bei ihrer Schließung waren neben den verbliebenen 78 Schülern einige ehemalige Lehrer der Schule anwesend, darunter Rachel Gribble, die schon 1955 an der Schule unterrichtet hatte und zu diesem Zeitpunkt noch immer in Heidelberg lebte.[52] Die übrigen drei Schulen der Garnison schlossen kurz hintereinander im Rahmen dreier sehr emotionaler Zeremonien zwischen dem 31. Mai und 6. Juni 2013 und läuteten damit den Abzug der letzten verbliebenen Familien aus der Stadt ein.

↑ Gruppenbild der Lehrer der *Heidelberg Middle School* aus dem Schuljahr 1980/1981. In der Mitte mit Schnauzbart Donald Johnson, der die Schule während der ersten 20 Jahre leitete (*Margaret McGinley*).

↑ Football-Mannschaft der *Heidelberg American High School* während der späten 1960er Jahre (*Richard C. Bennett*).

Von den vier amerikanischen Schulen in Heidelberg kam speziell der *Heidelberg American High School* eine Identität stiftende Funktion zu, die weit über das eigentliche Schulleben hinausreichte und einen wichtigen Orientierungspunkt im amerikanischen Teil Heidelbergs darstellte. Das Sozialleben an der Schule unterschied sich praktisch nicht vom Sozialleben an amerikanischen *High Schools* in den USA, was die Schule zu einem besonders unverfälschten Stück Amerika in Heidelberg machte. Schon in den 1940er Jahren hatte die Schule ihr eigenes Maskottchen (einen Löwen), das in Jahrbüchern, auf T-Shirts und Jacken, im Namen diverser Sportmannschaften und als Bildnis an der Wand des Gebäudes allgegenwärtig war. Der sportliche Erfolg der *Heidelberg Lions* (meist bezogen auf Football, aber auch für andere Sportarten verwendet) wurde in der Schule und darüber hinaus in der Garnison mit Interesse verfolgt, speziell die Lokalderbys gegen Mannschaften aus dem nahen Mannheim.[53]

Die *Heidelberg American High School* verfügte schon früh über umfangreiche extracurriculare Aktivitäten, zu denen 1953 neben den obligatorischen sportlichen Aktivitäten auch eigene Schülerzeitungen, diverse Theatergruppen, Chöre und Orchester, Interessengruppen für Fotografie, Schach, Briefmarken, Bücher, Nähen, Bowling und viele andere Freizeitaktivitäten sowie ein *German-American Club* gehörten. Über eine Schülermitverwaltung (*Student Council*) verfügte die Schule zu dieser Zeit ebenfalls, Eltern wurden über die *Parent-Teacher Association* (*PTA;* in späteren Jahren *Parent-Teacher-Student Organization* = *PTSO*) und das *School Advisory Council* (*SAC;* ein Beratungsgremium) aktiv in das Schulleben einbezogen.[54] Da die *Heidelberg American High School* im Wesentlichen den Charakter einer deutschen Gesamtschule aufwies, legte sie nicht nur großen Wert auf klassische Schulfächer, sondern bot ihren Schülern auch ein breites Spektrum berufspraktischer Kurse und Lehrgänge. In der *Patton Barracks* betrieb man beispielsweise lange Jahre ein *Automotive Technology Center,* in dem interessierte Schüler die Grundlagen moderner Kraftfahrzeugtechnik erlernen konnten.

Das allgemeine Schulleben war über die Jahrzehnte reich an typisch amerikanischen Ritualen wie einer *Homecoming Parade* am Tag des ersten Heimspiels der eigenen Football-Mannschaft (ein Umzug durch die Wohngebiete der Garnison, bei dem ein *Homecoming King* und eine *Homecoming Queen* gewählt wurden), einem obligatorischen *Prom* der Abschlussklasse (eine Tanzveranstaltung), einem *Baccalaureate Service* (Gottesdienst der Abschlussklasse) und einer besonders feierlichen *Graduation Ceremony* mit Zeugnisübergabe für die Abschlussklasse. Speziell bei dieser Veranstaltung gehörte es in Heidelberg wie überall zur Tradition, dass die beiden besten Absolventen (*Valedictorian* und *Salutatorian*) je eine Rede vor den versammelten Absolventen und ihren Gästen hielten, ebenso ein eigens hierfür eingeladener *Keynote Speaker* (Gastredner). Bei der *Graduation Ceremony* der *Class of '97* in der Heidelberger Stadthalle am

↑ *Homecoming Parade* in der *PHV* im Herbst 1968 (*Richard C. Bennett*).

10. Juni 1997 trat beispielsweise der *Chairman of the Joint Chiefs of Staff* (ranghöchster General der amerikanischen Streitkräfte) GEN John M. Shalikashvili als *Keynote Speaker* auf und entließ die 133 Absolventen mit inspirierenden Worten in die Zukunft.[55] Sieben Jahre zuvor hatte der damalige *Community Commander* an gleicher Stelle der Verabschiedung seines Sohnes beigewohnt.

Viele ehemalige Schüler der *Heidelberg American High School* brachten es über die Jahre zu einiger Prominenz. Zu den wohl bekanntesten Absolventen gehören der spätere LTG Robert B. Flowers (1965), der deutsche Formel-V-Meister Tom Morstein-Marx (1971), die bekannte amerikanische Fernsehjournalistin Elizabeth Vargas (1980), der amerikanische Football-Profi Ronald L. George (1988; sogar in Heidelberg geboren) und die Weltklassegymnastin Ruscha Kouril (1994). Auch ehemalige Schüler, die ihren *High School*-Abschluss an einer anderen Schule erwarben, brachten der *Heidelberg American High School* über die Jahre einen gewissen Ruhm ein, darunter der legendäre GEN H. Norman Schwarzkopf (1949/1950; Oberkommandierender im Zweiten Golfkrieg 1991), Robert M. Kimmitt (1960 – 1962; zwischen 1991 und 1993 amerikanischer Botschafter in Deutschland) oder Football-Profi Eric Zeir (1986/1987). Sie alle haben letztlich zum Ruf der *High School* in der Heidelberger *MTV* beigetragen und das Zusammengehörigkeitsgefühl in Schule und Garnison gestärkt.

↑ Abschlussfeier der *Heidelberg American High School* in der Stadthalle am 11. Juni 1987 (*USAG Baden-Württemberg*).

Die Schule bewies dabei über die Jahre immer wieder einen ausgesprochen weltoffenen Charakter. In den 1980er Jahren – mittlerweile wurde an der Schule auch Russisch als Fremdsprache angeboten – besuchten beispielsweise mehrmals kleinere Delegationen von Schülern die Sowjetunion, um die erworbenen Sprachkenntnisse vor Ort zu vertiefen. Über die dabei gemachten Erfahrungen mit Gleichaltrigen berichtete auch die *Heidelberg Herald-Post:* „Students find Russian people warm, Volga River cold“ (etwa: „Schüler empfinden die Russen als warmherzig, die Wolga als kalt“).[56] Der Austausch mit deutschen Schulen in Heidelberg und Umgebung war in allen amerikanischen Schulen der Stadt fester Bestandteil des Schullebens, nach

↑ *High School*-Abschlussklasse 1969 auf den Stufen der *MTV Chapel* (*Richard C. Bennett*).

dem 11. September 2001 aber freilich nicht mehr so leicht zu organisieren.

Nicht wenige Absolventen der *Heidelberg American High School* blieben nach dem Schulabschluss noch für einige Jahre in Europa, um an einer der hier präsenten amerikanischen Universitäten einen ersten Hochschulabschluss zu erwerben. Neben einigen kleineren Universitäten wie der *University of Boston* ist vor allem die *University of Maryland* seit 1949 an zahlreichen Militärstandorten außerhalb der USA vertreten, um Soldaten, zivilen Mitarbeitern und Familienangehörigen einen Weg zum Studienabschluss in Abend- und Wochenendkursen zu ermöglichen. Die für Europa und Teile Afrikas und Asiens zuständige Verwaltungsstelle der Hochschule war seit den 1950er Jahren in Heidelberg angesiedelt. Für das eigentliche Studium waren vor allem die so genannten *Education Center* in den amerikanischen Garnisonen von Bedeutung, die der *University of Maryland* und anderen Hochschulen als Stützpunkte dienten und über Unterrichtsräume verfügten.

Die in der Lokalpresse teilweise als „Heidelbergs zweite Universität"[57] bezeichnete *University of Maryland* hielt ihre alljährliche *Commencement Ceremony* (Abschlussfeier) für die mehreren hundert Absolventen eines Jahrgangs in Heidelberg ab, wobei hochkarätige Führungspersönlichkeiten aus Politik, Wirtschaft und Wissenschaft als *Keynote Speaker* auftraten. Am 30. Mai 1993 trat etwa GEN John M. Shalikashvili als *Keynote Speaker* bei der Abschlussfeier in der *PHV* vor den über 300 anwesenden Absolventen und ihren Gästen auf, vier Jahre später wandte sich an gleicher Stelle der damalige Präsident der Deutschen Bundesbank Prof. Dr. Dr. h.c. Hans Tietmeyer an die Absolventen.[58] Mit der letzten *Commencement Ceremony* der *University of Maryland* in der *PHV* am 4. Mai 2013 endete auch diese Tradition.

↑ Bei einer Abschlussfeier der *University of Boston* am 4. Juni 1989 im *HOCC* wird Bundeskanzler Helmut Kohl die Ehrendoktorwürde verliehen (*USAG Baden-Württemberg*).

↑ Soldaten der *US Constabulary* in Damenbegleitung bei einem Bowling-Turnier in Heidelberg am 20. Nov. 1947 (*Dr. John Provan*).

Sport und Freizeit in *Little America*

Das amerikanische Militär legte von Anfang an großen Wert darauf, seinen in Heidelberg stationierten Soldaten, zivilen Mitarbeitern und Familienangehörigen ein hohes Maß an Lebensqualität zu bieten, speziell nach den entbehrungsreichen Kriegsjahren. Da im Frühjahr 1945 zunächst viele junge, unverheiratete Männer ihren Dienst als Besatzungssoldaten in Heidelberg verrichteten, entwickelte sich in der Stadt rasch eine lebhafte Klubszene, die Ablenkung vom ungewohnten Dienst fern der Heimat bot und den üblichen Musikgeschmack der Zeit bediente.

Die amerikanischen Klubs in Heidelberg waren während der ersten Jahrzehnte streng nach Dienstgraden getrennt und wurden meist vom *American Red Cross* oder der Truppenbetreuungsorganisation *Special Services* betrieben. Bekannte Heidelberger Klubs der Anfangsjahre waren der *Town House Service Club,* der *Idleberg Special Services Club,* der auch unter Mannheimer Soldaten beliebte *Harmonie Club* in der Heidelberger Altstadt und vor allem der *Stardust EM Club* für Mannschaftsdienstgrade (*Enlisted Men = EM*) in der Stadthalle. Der *Harmonie Club* in der Theaterstraße lud seine Gäste 1948 jeweils mittwochs und samstags zu den allseits beliebten *Floor Shows* mit Livemusik ein (je nach Publikumsgeschmack Blues, Jazz, Swing oder Country Music), an Donnerstagen wurde ab 20:00 Uhr Bingo gespielt. Für Offiziere und zivile Mitarbeiter gab es zur gleichen Zeit das *Stadtgarten Casino,* diverse Klubs in einigen beschlagnahmten Hotels der Stadt (Europa Hotel, Schlosshotel, Victoria Hotel, Hotel Bayrischer Hof) sowie den *Molkenkur Club,*[59] der später zu einem rein zivilen Klub wurde (*American Civilian Club*).[60] Ranghohe Offiziere trafen sich bis Mitte der 1950er Jahre im *Macogen Club* an der Ziegelhäuser Landstraße, der Name des Klubs stand dabei für *Majors, Colonels & Generals.*[61]

Mit dem Bau der großen Wohnsiedlungen *MTV* und *PHV* wurden die genannten Klubs bis 1957 aufgegeben, stattdessen entstanden nun vermehrt Klubs in den Wohnsiedlungen und Kasernen. Für Offiziere und zivile Mitarbeiter gab es ab 1957 den prächtigen *Heidelberg Officers' and Civilians' Club* (*HOCC*) im Zentralbereich der *PHV.* Das Gebäude verfügte über einen großen Ballsaal, der bei Theaterbestuhlung einschließlich einer Empore bis zu 1.500 Personen, bei normaler Tisch/Stuhl-Ausstattung 800 bis 900 Gästen Platz bot.[62] Die Theaterbühne im Ballsaal konnte bei Bedarf versenkt werden und gestattete somit ein breites Spektrum an Aktivitäten auf der Bühne. Zum Zeitpunkt seiner Eröffnung arbeiteten allein 120 deutsche Angestellte im *HOCC,* die überwiegend aus parallel zur Kluberöffnung geschlossenen Klubs (vor allem *Macogen Club* und *American Civilian Club*) übernommen worden waren.[63] Der *HOCC* – bei Amerikanern in Anspielung auf den *CINCUSAREUR* auch als *CINC's own* bekannt – gehörte zweifelsohne zu den prächtigsten Klubs des amerikanischen Militärs in Europa. Als in späteren Jahren das klassische Klubleben

↑ Auftritt einer Band im *Molkenkur Club* Anfang der 1950er Jahre (*Tom und Maureen Gunther*).

langsam abebbte, wurde der Klub zwischen 1992 und 1994 zu einem für alle Garnisonsmitglieder offenen Klub und Restaurant namens *Village Pavilion* umgebaut, worunter sein feudales Innenleben aber kaum litt.

Für Unteroffiziere (*Noncommissioned Officers = NCO*) wurde unweit des *HOCC* der *Old Dominion NCO Club* errichtet. Wie der *HOCC* verfügte auch dieser Klub über Nebenräume für private Feierlichkeiten, bot aber auch die üblichen Vergnügungen wie Livemusik und Tanzabende. Als sich das amerikanische Militär mit dem Ende des Kalten Kriegs langsam aus der Finanzierung der Klubs zurückzog, erlebte der *Old Dominion NCO Club* mehrere Umfirmierungen (*TGIF Club = Thank God it's Friday Club, Lexington's, Winger's*), bevor der Klub, der längst zu einem Restaurant ohne klassische Klubatmosphäre geworden war, im Sommer 2013 als *Village Grille* geschlossen wurde.

Für Mannschaftsdienstgrade spielte sich das Klubleben nach dem Verschwinden der Klubs im Heidelberger Innenstadtbereich vor allem in der *Patton Barracks* ab – hier waren neben der *PHV* die weitaus meisten alleinstehenden Soldaten untergebracht. Die wohl bekanntesten dieser Klubs dürften der *Cavalier Club* und der *Flaming Sword Club* gewesen sein, dessen Name an das *USAREUR*-Wappen mit seinem flammenden Schwert erinnert. Recht beliebt bei Amerikanern und Soldaten anderer *NATO*-Staaten war auch der *International Other Ranks Club* (*IOR Club*), der lange Jahre in der *Patton Barracks* bestand. Die meisten dieser Klubs nahmen mit den Jahren mehr und mehr den Charakter von (Schnell-)Restaurants an, die große Zeit der *Floor Shows* war ab etwa 1970 vorbei.

Ebenso wichtig für das soziale Leben der amerikanischen Garnison waren zumindest während der Anfangsjahre die amerikanischen Kinos in Heidelberg. Im Frühjahr 1948 nutzten die Amerikaner insgesamt vier Kinos in der Stadt: Das *Patton Theater* in der *Patton Barracks*, das *Wilson Theater* in der *Nachrichtenkaserne*, ein Kino in der

↑ Der *Old Dominion NCO Club* in der *PHV* 1969 (*STAHD*).

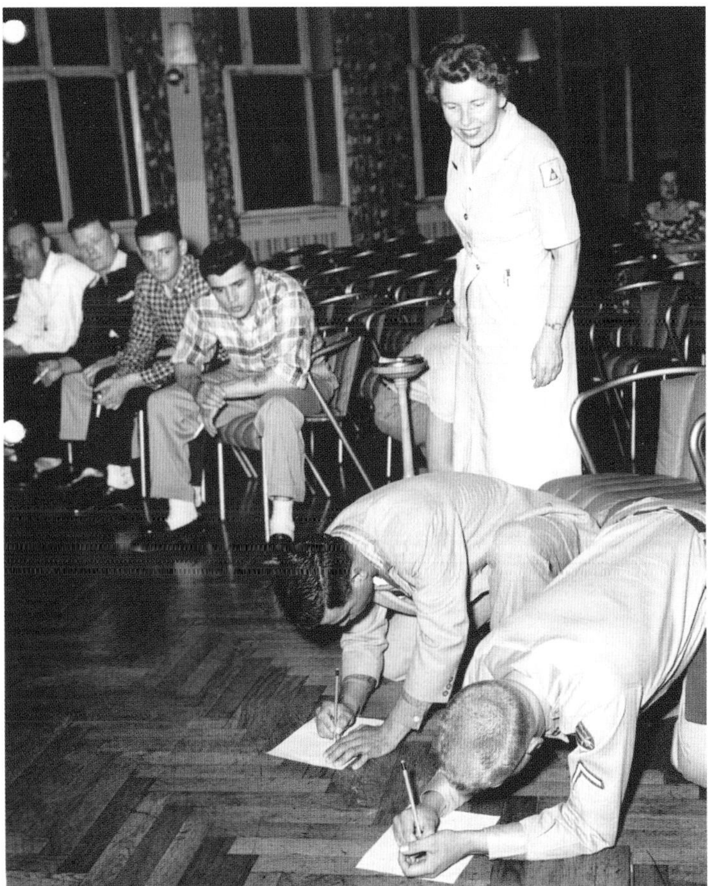

↑ Soldaten bei Gesellschaftsspielen im *Flaming Sword Club* der *Patton Barracks* im Jahr 1959 (*USAG Baden-Württemberg*).

Neuen Universität und das Capitol in der Bergheimer Straße. Lediglich in das Capitol durften Amerikaner dabei deutsche Gäste mitbringen, alle anderen Kinos waren Amerikanern und Angehörigen alliierter Streitkräfte vorbehalten.[64] Für *WAC*-Angehörige gab es bis 1960 in der *Autobahnkaserne* an der A 656 zwischen Mannheim und Heidelberg ein eigenes Kino. In einer Zeit, da der Besitz eines Fernsehers in amerikanischen Soldatenfamilien noch keine Selbstverständlichkeit und in den Quartieren für alleinstehende Soldaten ebenso selten war, spielten diese Kinos eine wichtige Rolle nicht nur für die Freizeitgestaltung, sondern auch als Informationskanäle zum Weltgeschehen.

Mit dem Bau eines neuen Kinos in der *PHV* Mitte der 1950er Jahre verloren die beschlagnahmten Kinos für die Amerikaner in Heidelberg ihre Bedeutung und wurden aufgegeben. Als das große Capitol mit seinen 1.300 Sitzplätzen 1953 von den Amerikanern geräumt wurde,[65] verfügte die Garnison in ihren eigenen Kinos allein über 2.000 Sitzplätze.[66] Alle amerikanischen Kinos in der Stadt boten ihren Besuchern dabei stets das gerade aktuelle Programm, das es in den USA zu sehen gab, was militärkritische Filme durchaus einschloss.

In späteren Jahrzehnten begnügte sich die Garnison schließlich mit dem *Wilson Theater* in der *Nachrichtenkaserne* und dem Kino in der *PHV*, das 1988 von 350 auf 430 Sitzplätze ausgebaut wurde.[67] Beide verbliebenen Kinos verfügten über kleine Bühnen und wurden deshalb auch für Vorträge, Ehrungen, Verabschiedungen oder Kommandowechsel genutzt. Während der letzten Jahre der Garnison wurde das *Wilson Theater* ausschließlich für solche Veranstaltungen genutzt, das klassische Kinoleben beschränkte sich dagegen auf das Kino in der *PHV*. Am 30. Juni 2013 schloss auch dieses Kino mit einer Aufführung des Films „Iron Man III" seine Pforten.

Als das *WAC*-Kino in der *Autobahnkaserne* um 1960 seinen Betrieb einstellte, wurde hier das *Roadside Theater* eröffnet. Auch wenn es zuvor schon Laienspielgruppen in der Garnison gegeben hatte (speziell an der *Heidelberg American High School*), stellte das *Roadside Theater* die erste reine Theaterbühne der Garnison dar, die trotz ihrer Lage in Mannheim-Suebenheim für die Amerikaner die meiste Zeit über verwaltungstechnisch zu Heidelberg gehörte. Das Repertoire der Theaterbühne schloss leichtes Varieté und Komödien ebenso mit ein wie „Das Tagebuch der Anne Frank" (Mai 1962), „Drei Shakespeare Szenen" (Juni 1964) oder „Antigone" (Februar 1968). Auch „Student Prince" (amerikanische Version von „Alt Heidelberg") kam im *Roadside Theater* zur Aufführung.[68] 1993 wurde das *Roadside Theater*, das ausschließlich mit ehrenamtlichen Laiendarstellern arbeitete und nur über einen kleinen Stab angestellter Mitarbeiter verfügte, in die Heidelberger *Patton Barracks* verlegt, wo es u.a. das Gebäude des ehemaligen *IOR Club* übernahm und bis zu seiner letzten Aufführung im März 2013 bleiben sollte.

Stellenweise wurden in den Kinos der Garnison auch Filme gezeigt, die die Beiträge ethnischer Minderheiten für das gesellschaftliche Leben in den USA zum Gegenstand hatten. Seit 1976 wurde in den USA wie auch in der Heidelberger Garnison alljährlich im Februar beispielsweise der *Black History Month* begangen, den die Kinos gern mit Filmen zur Rassenproblematik oder einzelnen schwarzen Persönlichkeiten begleiteten. Daneben führte der *Black History Month* dazu, dass sich die Schüler an den amerikanischen Schulen in Heidelberg

↑ Tanzvorführung im Kino der *PHV* im Dez. 1986 anlässlich des *Native American History Month*, der die Geschichte der Amerikaner indianischer Herkunft zu vermitteln sucht (*USAG Baden-Württemberg*).

↑ Auch die *Heidelberg American High School* verfügte lange Jahre über eigene Theatergruppen: Szene aus einer Aufführung 1996 (*USAG Baden-Württemberg*).

mit den Leistungen schwarzer Amerikaner auseinandersetzten, Ausstellungen zur Geschichte des schwarzen Amerika in Bibliotheken und Klubs stattfanden und meist schwarze Gastredner bei *National Prayer Breakfasts* (Morgenandachten mit Frühstück; in den USA seit 1953 verbreitet, seit 1970 auch unter dieser Bezeichnung) über ihre Erfahrungen aus der Zeit der Bürgerrechtsbewegung berichteten. Später traten ähnliche Feierlichkeiten für Amerikaner mit lateinamerikanischen, asiatisch-pazifischen und indianischen Wurzeln hinzu. In allen Fällen sollte vor allem das Wissen um die Besonderheiten einzelner ethnischer Gruppen gestärkt werden.

In den 1980er Jahren kam es unabhängig von der Garnison in Heidelberg zur Gründung eines *Chapters* (Ortsvereins) der *National Association for the Advancement of Colored People* (*NAACP*), einer schwarzen Bürgerrechtsbewegung, deren Ursprünge in den USA auf das Jahr 1909 zurückgehen. Der *NAACP*-Ortsverein in Heidelberg erhielt logistische Unterstützung durch die Garnison und konnte Räumlichkeiten in Kasernen und Wohngebieten nutzen. Im September 1997 veranstaltete man beispielsweise einen Tag der Offenen Tür im *Village Pavilion* in der *PHV*, bei dem neben Filmen über das Leben von Martin Luther King und anderen schwarzen Persönlichkeiten auch Informationsmaterial über traditionell schwarze Hochschulen in den USA angeboten wurde.[69]

Die sportlichen Aktivitäten in der Heidelberger Garnison drehten sich hauptsächlich um die Schulen (und hier speziell um die *Heidelberg American High School*) oder die in Heidelberg stationierten Einheiten, in denen Sport und körperliche Fitness naturgemäß zum Alltag gehörten. Um den Teamgeist in den Einheiten zu fördern, wurden regelmäßig Sportligen in Heidelberg organisiert, in denen Mannschaften einzelner Einheiten oder der *USAREUR*-Hauptquartiersstäbe gegeneinander antraten. Im Frühjahr 1991 gab es in der Garnison z.B. eine Volleyballliga mit 13 Mannschaften, die zum *CENTAG*-Hauptquartier, zur *FOURATAF*, zum *Heidelberg Army Airfield*, zum *43rd Signal Battalion*, zur *529th MP Company* und anderen Einheiten gehörten. Manche der Mannschaften gaben sich auch Namen wie *Desert Rats* oder *Leftovers*.[70]

Daneben gab es eine Reihe von Vereinen außerhalb der militärischen Einheiten und Schulen, wie etwa den Schwimmverein *Sea Lions* (der Name stellt eine Anspielung auf das in der Garnison allgegenwärtige Löwenmaskottchen der örtlichen *High School* dar). Freunde des Angel- oder Schießsports fanden Gleichgesinnte im *Heidelberg Rod and*

↑ Der *Heidelberg Rod and Gun Club* nahe Leimen im Dez. 1969. Nur zwei Jahre später konnte der Verein ein neues Domizil bei Oftersheim beziehen (*Dr. John Provan*).

↑ Golfspieler auf dem Gelände des *Heidelberg Golf Club* um 1980 (*USAG Baden-Württemberg*).

↑ Vom *HOWC* betriebener *Thrift Shop* in Heidelberg 1972 (*HCSC*).

Gun Club, der zunächst nahe Boxberg, ab Sommer 1971 dann bis zum 28. April 2013 im Wald bei Oftersheim einen großzügigen Schießstand betrieb. Unweit des Schießstands bei Oftersheim bestand seit 1958 auf 52 ha Fläche ein Golfplatz der amerikanischen Garnison. Der Golfplatz war am 4. Juli 1958 im Beisein von *NACOM*-Kommandeur MG Paul D. Adams im Rahmen eines ersten Golfturniers feierlich eröffnet worden und ersetzte einen deutlich kleineren Golfplatz im nahen Mannheim.[71] Der zugehörige Golfverein firmierte als *Heidelberg Golf Club* in der Garnison und veranstaltete häufig größere Golfturniere, die Hunderte von Golfbegeisterten aus amerikanischen Garnisonen in ganz Deutschland nach Oftersheim führten. Ab 1971 wurde der Golfplatz parallel vom deutschen Golf Club Rheintal e.V. genutzt, verlor aber nie sein amerikanisches Flair.

Die wohl erfolgreichste amerikanische Vereinsgründung in Heidelberg dürfte der *Heidelberg Community Spouses' Club* (*HCSC*) gewesen sein, ein Zusammenschluss der Ehepartner (engl. „spouses"; i.d.R. Ehefrauen) von Soldaten und zivilen Mitarbeitern in der Garnison. Die Ursprünge dieses Vereins gehen auf das Jahr 1948 zurück, als Heidelberger Soldatenfrauen – überwiegend Offiziersfrauen – den *Heidelberg American Wives' Club* (*Heidelberg AWC*; teilweise auch *AWC of Heidelberg*) gründeten. Der Verein sollte einerseits amerikanischen Soldatenfrauen eine Heimat in der Fremde bieten (seinerzeit lebten die meisten Amerikaner noch verstreut über die ganze Stadt), andererseits hatte der Verein aber auch einen ausgesprochen karitativen Charakter.[72]

Um seine karitativen Aufgaben wahrzunehmen, eröffnete der *Heidelberg AWC* bereits 1949 im beschlagnahmten Hotel Bayrischer Hof einen *Thrift Shop,*[73] in dem gespendete und zumeist gebrauchte Waren (überwiegend Kleidungsstücke) verbilligt angeboten wurden. Schon während der Anfangsjahre konnten so rund 200 Dollar monatlich karitativen Zwecken zugeführt werden, zumeist außerhalb der Garnison. Ab den 1960er Jahren – mittlerweile war die soziale Not im Nachkriegsdeutschland weitgehend überwunden – flossen die finanziellen Zuwendungen des Vereins mehr und mehr in Einrichtungen der Garnison. Im Vereinsjahr 1960/1961 wurden beispielsweise rund 6.000 Dollar durch den Verein ausgeschüttet, Empfänger waren neben deutschen Wohltätigkeitsorganisationen u.a. die Pfadfinderorganisationen und Schulen der Garnison (auch in Form von Stipendien für *High School*-Absolventen), das *130th Station Hospital,* diverse *Chapels,* die *Special Services*-Bibliothek in der *PHV* und viele andere Einrichtungen.[74] Über die Jahre nahm die Höhe der bereitgestellten finanziellen Mittel stetig zu; im Vereinsjahr 1992/1993 wurden z.B. 193.000 Dollar karitativen Zwecken zugeführt. Um zusätzliche Mittel aufzubringen, veranstaltete der Verein 1964 seine erste *Christmas Fair* (Weihnachtsmarkt) mit rund 30 Ausstellern, in späteren Jahren wurde hieraus der legendäre Heidelberger *Holiday Bazaar* mit über 100 Ausstellern.

Im Jahr 1965 änderte der Verein seinen Namen in *Heidelberg Officers' Wives' Club* (*HOWC*), womit der Tatsache Rechnung getragen wurde, dass sich die Vereinsmitglieder ohnehin fast ausschließlich aus den Reihen der Heidelberger Offiziersfrauen rekrutierten. Seit Januar 1953 existierte parallel zum *Heidelberg AWC* in der Garnison ein *NCO Wives' Club* für die Ehefrauen von Unteroffizieren, ebenso gab es zumindest stellenweise auch einen *EM Wives' Club* der Ehefrauen von Soldaten der Mannschaftsdienstgrade. Selbst für Ehefrauen der Bediensteten des *130th Station Hospital* und Frauen aus Familien, die

↑ *Welcome Tea* des *HOWC* am 7. Sept. 1966 im großen Ballsaal des *HOCC* (*HCSC*).

außerhalb der amerikanischen Wohngebiete in Heidelberg lebten, gab es zeitweise eigene Vereine (*Economy Wives' Club*). Der wichtigste und mit Abstand sichtbarste Frauenverein in der Garnison blieb jedoch stets der *Heidelberg AWC* bzw. *HOWC*, dessen Mitgliederzahlen sich ab den späten 1950er Jahren zwischen 500 und 700 einpendelten.

Wichtigstes alljährliches Ritual im Leben des *Heidelberg AWC* bzw. *HOWC* war neben den karitativen Aktivitäten der *Welcome Tea* im Frühherbst, mit dem neu hinzugezogene Frauen auf den Verein aufmerksam gemacht wurden. Dieses Ereignis bildete nach der großen Umzugsperiode während des Sommers den Auftakt des Vereinsjahrs. Neben zahlreichen Ausflügen und Reisen (bis ins weiter entfernte Ausland) bot der Verein seinen Mitgliedern Mitte der 1970er Jahre beispielsweise Gruppen für Aerobic, Ballett, Jazztanz, Bauchtanz, Gitarrespielen, Quilting und viele andere Aktivitäten. In der Garnison recht bekannt und beliebt waren die über Jahrzehnte vom Verein veranstalteten *Fashion Shows* (Modeschauen), die meist im Ballsaal des *HOCC* in der *PHV* stattfanden. Eine besondere Stärke des Vereins war stets die Integration neu hinzugezogener Frauen, die von Mitgliedern aktiv angesprochen und zu Vereinsveranstaltungen eingeladen wurden.[75] Überhaupt profitierte das Leben des Vereins ungemein von der engen Nachbarschaft der meisten Mitglieder in den beiden amerikanischen Wohngebieten in Heidelberg, die ein starkes Zusammengehörigkeitsgefühl inmitten einer fremden deutschen Umwelt schuf.

In den späten 1980er Jahren erfolgte die Umbenennung des Vereins in *Heidelberg Officers' and Civilians' Wives' Club* (*HOCWC*). Um gleichfalls Ehemänner weiblicher Offiziere oder ziviler Mitarbeiterinnen für den Verein gewinnen zu können, wurde Ende der 1990er Jahre aus den *Wives* ein geschlechtsneutrales *Spouses* (Ehepartner); männliche Mitglieder blieben jedoch die große Ausnahme. Viel wichtiger war denn auch eine letzte Umbenennung des Vereins 2004, der fortan *HCSC* hieß und damit die Dienstrangschranken zwischen den Ehepartnern von Offizieren, Unteroffizieren und Mannschaftsdienstgraden endgültig aufhob. Zum Zeitpunkt seiner Auflösung im Sommer 2013 stellte der *HCSC* zusammen mit seinen Vorläufern in jedem Fall den ältesten derartigen amerikanischen Verein in Europa dar.

Interessanterweise existierten in der Heidelberger Garnison einige Vereine (nicht immer als „Vereine" im Sinn des deutschen Vereinsrechts zu verstehen), die ursprünglich von Amerikanern gegründet worden waren, sich im Lauf der Jahre aber mehr und mehr zu deutsch-amerikanischen Aktivitäten wandelten und daher teilweise bis heute aktiv sind. Hierzu gehören beispielsweise die 1955 von einer Gruppe amerikanischer Offiziere gegründeten *Heidelberg Hoedowners,* der älteste amerikanische Squaredance-Verein in Europa. Der Verein trat schon bald nach seiner Gründung der *European Association of American Square Dance Clubs* (*EAASDC*) bei und traf Mitglie-

↑ Teilnehmer der letzten *HIWC*-Wandertour am 9. Sept. 2012 (*Lorraine Buttner*).

der anderer derartiger Vereine bei gemeinsamen Tanzturnieren, den so genannten *Jamborees*. Bis heute veranstaltet der Verein alljährlich einen *Valentine's Castle Dance* im Frühjahr, der bis 1997 im Heidelberger Schloss, bis 2001 dann im *HOCC* stattfand. Nachdem die *PHV* deutschen Mitgliedern infolge der Ereignisse des 11. September 2001 nicht mehr offen stand, musste die Veranstaltung auf deutsche Tanzsäle im Raum Heidelberg ausweichen.

1956 wurde der ebenfalls zunächst fast rein amerikanische *Heidelberg International Ski Club* (*HISC*) ins Leben gerufen. Im Mittelpunkt standen alljährlich während der Wintermonate gemeinsame Skitouren, die die Teilnehmer meist in die Alpen führten. Während der Wintersportsaison 1968/1969 organisierte der Verein beispielsweise nicht weniger als 19 solcher Skitouren in deutsche, österreichische und schweizerische Wintersportgebiete.[76] Ähnlich wie bei den *Heidelberg Hoedowners* wuchs der Anteil der deutschen Mitglieder im *HISC* im Lauf der Zeit an, besonders mit dem beginnenden amerikanischen Truppenabzug aus Heidelberg.

Die bei vielen Amerikanern erst in Europa geweckte Leidenschaft für das Wandern (von den Amerikanern gern als *Volksmarching* bezeichnet) führte in den 1960er und 1970er Jahren zur Gründung verschiedener amerikanischer oder deutsch-amerikanischer Wandervereine in Deutschland, darunter der 1974 gegründete *Heidelberg American Wandering Club* (*HAWC;* ab 1977 als *Heidelberg International Wandering Club* = *HIWC* bekannt). Der Verein brachte wie kaum eine andere Gruppe Amerikaner aller Altersgruppen zusammen und bot seinen Mitgliedern gegen geringe Startgebühren die Teilnahme an zahlreichen organisierten Wandertouren. Nach erfolgreichem Abschluss einer Wanderung gab es die begehrten Urkunden oder Anstecknadeln für Hüte und Jacken. In Spitzenzeiten brachte es der Verein auf immerhin 1.200 Mitglieder, darunter zahlreiche Familien. Während der Jahre 1976 bis 1983 nahmen stellenweise bis zu 18.000 deutsche und amerikanische Wanderer an einzelnen Veranstaltungen des *HAWC* bzw. *HIWC* teil.[77] Speziell für Familien wurden regelmäßige *Kiddie Volksmarches* veranstaltet, deren letzter am 27. April 2013 in der *PHV* stattfand.

Obwohl die meisten der genannten amerikanischen Aktivitäten mit Blick auf die hohe Zahl an Familien in der Heidelberger Garnison stets auch Kinder und Jugendliche mit in ihre Arbeit einbezogen, dürfte speziell für diese Personengruppen keine soziale Organisation so wichtig gewesen sein wie die Pfadfinder. Die Anfänge der nach Geschlechtern getrennten amerikanischen Pfadfinderorganisationen in Heidelberg (*Boy Scouts of America* und *Girl Scouts of America,* jeweils unterteilt in Altersgruppen) gehen auf das Jahr 1949 zurück, als am 13. Januar der *Heidelberg Boy Scout Troop 1* ins Leben gerufen wurde, die älteste amerikanische Pfadfindergruppe in Europa überhaupt.[78] Die Zahl der Mitglieder (zu Beginn 39 Jungen zwischen elf und 18 Jahren) wuchs rasch an, weshalb weitere *Boy Scout*-Gruppen in der Stadt gegründet wurden, ähnlich verhielt es sich bei den Mädchen. Einige dieser Gruppen, darunter der *Heidelberg Boy Scout Troop 1,* sollten bis 2013 ununterbrochen in der Garnison bestehen.

Die Aktivitäten der Pfadfinder erstreckten sich auf die ganze Garnison und schlossen landschaftliche Verschönerungsaktionen (etwa Baumpflanzungen) ebenso mit ein wie ausgedehnte Exkursionen in die nähere Umgebung, etwa in Form von Zeltlagern. Mit der wachsenden Gefahr von Terroranschlägen ab den 1970er Jahren waren die amerikanischen Pfadfinder für die deutsche Öffentlichkeit weniger sichtbar. Nun ging es bei Ausflügen und Zeltlagern häufig in amerikanische Kasernenanlagen in anderen Garnisonen in Europa. Finanziert wurden die Pfadfinderaktivitäten aus elterlichen Beiträgen oder durch öffentliche Spendenaktionen, etwa im Rahmen des alljährlichen

↑ Angehörige des *Heidelberg Girl Scout Troop 117* im Jahr 1952. Die Anwesenheit von Familienangehörigen machte aus dem Truppenstandort Heidelberg ab 1946 eine amerikanische Kleinstadt mit ausgeprägter ziviler Komponente (*US Army*)

Verkaufs von Keksen durch *Girl Scouts* beim *Commissary* und *PX* (die bei Amerikanern recht beliebten *Girl Scout Cookies*). Treffpunkte für die meist wöchentlich stattfindenden Aktivitäten der Pfadfinder in Heidelberg waren so genannte *Scout Huts* (Pfadfinderhütten), von denen eine unter dem Namen *Gordon King Burnet Activity Center* lange Jahre in der *MTV* existierte.[79]

Besondere Höhepunkte im Leben der Heidelberger Pfadfinderorganisationen waren Treffen mit Gleichgesinnten aus anderen amerikanischen Garnisonen, zu denen nicht selten Hunderte von Pfadfindern im *Dautphe Boy Scout Camp* bzw. *Hommertshausen Girl Scout Camp* in Mittelhessen zusammenkamen. Obwohl zunächst auf lokaler Ebene durch die Initiative engagierter Eltern entstanden, bildeten sich später Dachorganisationen der amerikanischen Pfadfinder in Europa (*Transatlantic Council, Boy Scouts of America* und *USA Girl Scouts Overseas*), die ihren Hauptsitz viele Jahre in der zur Heidelberger Garnison gehörenden *Autobahnkaserne* in Mannheim-Suebenheim hatten (ab 1. Oktober 1988 *Stem Kaserne*).

Neben den fast ausschließlich auf ehrenamtlichem Engagement basierenden Pfadfindern gab es in der Heidelberger Garnison bereits früh einen Ableger der *American Youth Activities* (*AYA*), die mit einem festen Stamm an bezahlten Mitarbeitern umfangreiche Freizeitangebote für Kinder und Jugendliche bereitstellten und Treffpunkte für Jugendliche und Kinder in der Garnison unterhielten. Speziell während der fast drei Monate langen Sommerferien organisierte *AYA* (später auch als *Dependents' Youth Activities* = *DYA, Heidelberg Youth Activities* = *HYA* und *Heidelberg Youth Services* = *HYS* bezeichnet) zahllose Programme, wozu im Sommer 1988 beispielsweise neben Tanz- und Theatergruppen, einem *Summer Day Camp* für Sechs- bis Dreizehnjährige und einer *Sports School* für Sechs- bis Neunzehnjährige spezielle Gruppen für Ballett, Basteln und Werken, Bowling, Cheerleading, Golf, Jazz, Judo und Tennis gehörten.[80] Markantes Aushängeschild des *Youth Center* in der *PHV* war lange Jahre eine ehemalige Straßenbahn der Heidelberger Stadt- und Bergbahn, die *AYA* nach ihrer Ausmusterung 1973 übernommen und als Jugendtreff hergerichtet hatte.[81] Erst 1988 musste die 1913 gebaute Straßenbahn aus Sicherheitsgründen verschrottet werden.[82]

Religiöses Leben der Amerikaner in Heidelberg

Das religiöse Leben der Amerikaner in Heidelberg begann unmittelbar nach dem Einmarsch der *US Army* in der Neckarstadt am 30. März 1945, dem Karfreitag 1945. Am folgenden Ostersonntag fanden in und um Heidelberg in deutschen Kirchen, Fabrikhallen oder unter freiem Himmel Ostergottesdienste unter der Leitung von *Chaplains* statt (Feldgeistliche in der *US Army*), teilweise auch Trauerfeiern für die Gefallenen der *US Army* im Raum Heidelberg. Alle Einheiten ab der Bataillonsebene verfügten schon zu dieser Zeit über

↑ *Nachrichten Chapel* Mitte der 1950er Jahre (*US Army*).

einen eigenen *Chaplain,* der als uniformierter, aber unbewaffneter Offizier den jeweiligen Stäben zugeteilt war und für die religiöse Betreuung aller Soldaten seiner Einheit verantwortlich zeichnete.

Mit dem Ende des Zweiten Weltkriegs und dem Beginn der Besatzungszeit fiel den in Heidelberg stationierten *Chaplains* die Organisation des religiösen Lebens einer Garnison im Frieden zu, die ab 1946 neben Soldaten und zivilen Mitarbeitern mehr und mehr Familienangehörige aufwies. Während dieser Anfangsjahre teilten sich die Amerikaner in Heidelberg mehrere zentral gelegene Kirchengebäude mit deutschen Kirchengemeinden. *Chapels* (Soldatenkirchen) existierten zunächst nur in der Grenadierkaserne (ab 1946 *Patton Barracks;* hier nutzte man anfangs das Kino als Soldatenkirche, erst später gab es die *Patton Chapel*) und der *Nachrichtenkaserne* (*Hospital Chapel;* in späteren Jahren als *Nachrichten Chapel* bezeichnet). Dazu gab es noch eine *WAC Chapel* speziell für Soldatinnen bei der Christuskirche.[83]

In den 1940er Jahren veröffentlichte die Soldatenzeitung *Stars and Stripes* regelmäßig Informationen zum religiösen Leben in den einzelnen Garnisonen der Amerikaner in Deutschland und Österreich. Für Heidelberg nennt eine solche Liste vom März 1948 mehrere protestantische Gottesdienste in der Providenzkirche und der *Nachrichten Chapel,* direkt vor dem Gottesdienst in der Providenzkirche um 11:00 Uhr fand dort auch eine *Sunday School* statt. Für katholische Amerikaner fanden zu dieser Zeit Sonntagsmessen in der St. Anna-Kirche, der Jesuitenkirche und den drei amerikanischen *Chapels* der Amerikaner in Heidelberg statt (fünf Messen um 8:00, 9:45, 10:00, 11:00 und 13:30 Uhr; während der Fastenzeit gab es in der St. Anna-Kirche sogar tägliche Messen). Auch für die relativ kleine *Christian Science*-Glaubensgemeinschaft gab es zu dieser Zeit eigene Gottesdienste, die jeweils um 11:15 Uhr in der Neuen Universität stattfanden.[84]

Da bereits 1945 eine nicht unerhebliche Zahl der in Heidelberg lebenden Amerikaner jüdischen Glaubens war, gab es gelegentlich auch Rabbiner unter den örtlichen *Chaplains.* Diese Rabbiner spielten eine entscheidende Rolle für den Wiederbeginn jüdischen Lebens in Heidelberg. Bereits unmittelbar nach Kriegsende hatten die Amerikaner in der Klingenteichstraße 4 eine Synagoge eingerichtet, die Leitung der noch kleinen Gemeinde oblag jüdischen *Chaplains.*[85] An hohen jüdischen Feiertagen trafen sich amerikanische und deutsche Juden zu gemeinsamen Gottesdiensten im Gebäude des Capitol-Kinos in Bergheim.[86] Auch an der Gründung des jüdischen Gemeindezentrums in der Häusserstraße 10 (Villa Julius) waren die Amerikaner beteiligt, am 1. September 1946 wurde die Synagoge von einem *Chaplain* geweiht.[87] In späteren Jahren fanden dort an Freitagabenden regelmäßig deutsch-amerikanische Gottesdienste unter der Leitung eines *Chaplain* statt. Auch der erste eigene Rabbiner der jüdischen Gemeinde in Heidelberg 1962 hatte Wurzeln im amerikanischen Mi-

↑ Die *HMP Chapel* im Febr. 1952; der später übliche Name *MTV Chapel* bürgerte sich erst nach 1958 ein (*US Army*).

litär: Dr. Nathan P. Levinson hatte zuvor als *Chaplain* der *US Air Force* in Deutschland, Japan und Korea gedient.[88]

Als eine der größeren amerikanischen Garnisonen in Deutschland verfügte der *HMP* während der 1940er Jahre über einen eigenen *Post Chaplain* (später auch *Community Chaplain* oder *Garrison Chaplain* genannt). Die meisten Gottesdienste wurden jedoch von theologisch „passenden" *Chaplains* der in und um Heidelberg stationierten Einheiten abgehalten und vom *Post Chaplain* lediglich koordiniert. An den diversen Weihnachtsgottesdiensten der christlichen Gemeinden der Amerikaner waren 1949 beispielsweise je drei katholische und protestantische *Chaplains* beteiligt.[89]

Mit der Errichtung der beiden großen Wohnsiedlungen *MTV* und *PHV* erhielt die amerikanische Garnison in Heidelberg zwei neue Kirchen, die speziell auf die Bedürfnisse von Familien zugeschnitten waren und die Teilnutzung deutscher Kirchengebäude durch die Amerikaner hinfällig machten. Die protestantische Gemeinde der Amerikaner in der Providenzkirche bedankte sich in ihrem Gottesdienst am 28. Oktober 1951 bei ihren deutschen Gastgebern für „fünf Jahre Gastfreundschaft und Miteinander". Am darauf folgenden Sonntag wurde die *Heidelberg Military Post Chapel* (*HMP Chapel*) offiziell eingeweiht.[90] Der Name der neuen *Chapel* sollte sich in den 61 Jahren ihrer Nutzung mehrmals ändern. Schon ein Jahr später wurde sie als *Headquarters Area Command Chapel* bezeichnet,[91] in den letzten Jahrzehnten ihrer Nutzung meist einfach als *MTV Chapel*.

1955 trat eine weitere Kirche in der *PHV* hinzu, die schon früh als *PHV Chapel* bezeichnet wurde. Beide großen Kirchen der Amerikaner waren von Beginn an darauf ausgerichtet, katholischen, protestantischen und jüdischen Glaubensgemeinschaften eine Heimat zu bieten, entsprechend flexibel waren die Innenräume ausgelegt. Die für Katholiken wichtigen Stationen des Leidenswegs Christi waren in der *PHV Chapel* beispielsweise in Holzkästen untergebracht, die bei Bedarf geschlossen werden konnten. Das hölzerne Kreuz in der Apsis beider *Chapels* zeigte auf der einen Seite den gekreuzigten Jesus (für Katholiken); für protestantische Gottesdienste konnte das Kreuz einfach herumgedreht werden, für jüdische Gottesdienste gar hinter einem Vorhang verschwinden. Architektonisch geht die *PHV Chapel* auf einen Entwurf des Mannheimer Architekten Emil Serini zurück, der in zahlreichen amerikanischen Garnisonen in Deutschland verwirklicht wurde und erkennbar amerikanische Stilelemente aufweist.[92] Im benachbarten Karlsruhe und Mannheim entstanden zur

↑ *PHV Chapel* am Tag ihrer Einweihung: 30. Sept. 1955 (*STAHD*).

gleichen Zeit allein zusammen drei weitere Chapels nach dem Serini-Entwurf.

Ab Mitte der 1950er Jahre konzentrierte sich das religiöse Leben der Amerikaner in Heidelberg in weiten Teilen auf die *HMP Chapel* und die *PHV Chapel*. Die kleineren *Chapels* in der *Patton Barracks* und der *Nachrichtenkaserne* sowie die seit Anfang der 1950er Jahre bestehende *Tompkins Chapel* in Schwetzingen wurden nun hauptsächlich von kleineren religiösen Gruppen genutzt (vor allem jüdischen und kleinen protestantischen Gemeinden). Im Frühjahr 1952 gab es in der *HMP Chapel* sonntags nach der um 9:45 Uhr beginnenden *Sunday School* einen regulären protestantischen Gottesdienst. Ein Gottesdienst für Lutheraner folgte um 17:00 Uhr. Um 18:30 Uhr standen dann ein *Teenage Fellowship* für Jugendliche und schließlich um 19:30 Uhr ein *United Protestant Fellowship* für ältere Gemeindemitglieder auf dem Plan. Mittwochs und freitags probten die protestantischen Kirchenchöre. Schon sehr früh gab es auch eigene protestantische Frauengruppen in Heidelberg, zunächst meist in Form von Bibelstunden.[93] Ab 1956 existierten mit den *Catholic Women of the Chapel* (*CWOC*) und den *Protestant Women of the Chapel* (*PWOC*) in Heidelberg wie in anderen amerikanischen Garnisonen in Europa Organisationen speziell für die katholische bzw. protestantische Frauenarbeit. Der entscheidende Impuls für diese Frauenaktivitäten ging von *USAREUR Chaplain* COL Edwin L. Kirtley aus (dem ranghöchsten *US Army Chaplain* in Europa), dessen Stab in der Heidelberger *Campbell Barracks* untergebracht war.[94]

Neben den protestantischen Aktivitäten in der *HMP Chapel* fanden dort 1952 an Sonntagen nicht weniger als drei Messen um 7:00, 9:00 und 12:15 Uhr statt, womit dieses Kirchengebäude das geschäftigste seiner Zeit in Heidelberg gewesen sein dürfte. Zusätzlich wurden fünf weitere Sonntagsmessen in der St. Anna-Kirche, der *Patton Chapel* und der *Nachrichten Chapel* angeboten, primär für alleinstehende Soldaten.[95]

Auch nach dem Rückzug der Amerikaner aus deutschen Kirchengebäuden blieb das religiöse Leben der Garnison für die Heidelberger Bevölkerung sichtbar und erlebbar, etwa im Rahmen gemeinsamer Ostergottesdienste in der Thingstätte auf dem Heiligenberg[96] (meist als *Sunrise Services* ausgelegt, da sie bei Sonnenaufgang abgehalten wurden). Auch gemeinsame deutsch-amerikanische Weihnachtsgottesdienste, Christbaumweihen bei der *MTV Chapel* und *PHV Chapel* oder etwa die schon in den 1940er Jahren stattfindenden gemeinsamen Weihnachtskonzerte gestatteten Heidelbergern einen natürli-

↑ Innenansicht der *HMP Chapel* (später *MTV Chapel*) Anfang der 1950er Jahre. Das Innere der Soldatenkirche ist so angelegt, dass unterschiedliche Glaubensgemeinschaften das Gebäude nutzen können (*US Army*).

chen Einblick in das religiöse Leben ihrer amerikanischen Nachbarn. Unter den Weihnachtskonzerten stachen besonders die Aufführungen von Händels Oratorium „The Messiah" hervor, die es schon 1948 in der Providenzkirche gab, später auch in anderen Heidelberger Kirchen.[97] 1958 fand die Aufführung von Händels Oratorium durch Angehörige des protestantischen Kirchenchors der *PHV Chapel* etwa in der Heidelberger Peterskirche statt.[98] In den letzten Jahrzehnten der Garnison wurde das Oratorium von Chorleiter Ed Matthiesen mit viel Engagement in der *MTV Chapel* zur Aufführung gebracht, die deutschen Besuchern trotz der allgemein verschärften Sicherheitsbestimmungen auch nach dem 11. September 2001 offen stand.

Wichtige Berührungspunkte zwischen deutschen und amerikanischen Kirchengemeinden in Heidelberg waren über viele Jahre die typisch amerikanischen *Christmas Parades* (Weihnachtsumzüge), die während der 1950er Jahre auf lebhaftes deutsches Interesse stießen. Stellenweise gab es bei diesen bunten Paraden unter Einbeziehung amerikanischer Feuerwehr- und Militärfahrzeuge, der *Boy Scouts of America* und *Girls Scouts of America* und anderer Organisationen der Garnison sogar je einen amerikanischen und deutschen Weihnachtsmann. Eine wirklich religiöse Veranstaltung waren diese Umzüge freilich nicht, stellten aber ein wichtiges Element des amerikanischen Verständnisses von Weihnachten dar, und das nicht nur für Kinder.[99]

Sehr charakteristisch für die Ausgestaltung des Heiligabend waren in den Heidelberger *Chapels* stets die *Candlelight Services,* bei denen jeder Gottesdienstbesucher eine Kerze in Händen hielt und klassische amerikanische Weihnachtslieder gesungen wurden. Auch *Handbell Choirs* (Handglockenchöre) und Aufführungen der Weihnachtsgeschichte durch Kinder waren häufig Bestandteile dieser Gottesdienste, die die amerikanischen *Chapels* nicht selten bis auf den letzten Platz füllten. Zu einzelnen weltlichen Anlässen gab es mitunter religiöse Veranstaltungen in der Garnison, z.B. *National Prayer Breakfasts,* bei denen meist ein prominenter Gastredner auftrat. Anlässe für solche *National Prayer Breakfasts* konnten Feierlichkeiten um ethnische Minderheiten, Jubiläen von Einheiten oder etwa eine bevorstehende Präsidentenwahl in den USA sein.[100]

Das religiöse Leben in der Garnison wurde über die Jahrzehnte immer vielfältiger, auch wenn das Überleben einer Veranstaltung oder Gruppe häufig davon abhängen konnte, ob ein bestimmter *Chaplain* oder Laie nach seiner Versetzung in eine andere Garnison einen geeigneten

↑ Protestantischer Kinderchor der *HMP Chapel* 1952 (*US Army*).

Nachfolger finden würde. Zur erfolgreichsten langfristig existierenden Organisation amerikanischer Christen mauserte sich in Heidelberg wie in vielen anderen Garnisonen die Frauenorganisation *PWOC*, die schon bald nach ihrer Gründung 1956 über ein weltweites Netzwerk verfügte. Ein speziell auf Männer zugeschnittenes Analogon (*Protestant Men of the Chapel = PMOC*) erreichte nie die Mitgliederzahlen und Lebendigkeit der Frauenorganisation und beschränkte sich meist auf kleine Bibelstunden und einzelne soziale Aktivitäten.

Gelegentlich entwickelten sich in der Garnison sogar religiöse Aktivitäten für nichtamerikanische Ehefrauen amerikanischer Soldaten, wie beispielsweise Gottesdienste und Bibelstunden in koreanischer oder spanischer Sprache.[101] Speziell für Koreanerinnen hatten diese Aktivitäten freilich auch eine große soziale Bedeutung, schließlich brachte das Leben in einer amerikanischen Garnison in Deutschland für sie nicht selten einen doppelten Kulturschock mit sich.

Die Jugendaktivitäten der einzelnen Religionsgemeinschaften der Amerikaner in Heidelberg erfuhren über die Jahre eine zunehmende Professionalisierung, auch wenn bis in die 1970er Jahre fast alle Aktivitäten auf dem ehrenamtlichen Engagement einzelner *Chaplains* und Eltern beruhten. Die protestantische Jugendarbeit war seit Mitte der 1950er Jahre unter der Bezeichnung *Protestant Youth of the Chapel* (*PYOC*) bekannt, auch die katholische Jugendarbeit gehörte schon früh zum Leben diverser katholischer Gemeinden in Heidelberg. Seit etwa 1980 existierte in Heidelberg mit *Club Beyond* eine ökumenische Jugendorganisation für heranwachsende Katholiken und Protestanten. *Club Beyond* verfügte über feste Arbeitskräfte, die meist für drei Jahre die Jugendaktivitäten in Heidelberg leiteten – oftmals angehende Jungpfarrer ohne militärischen Hintergrund, die so ihre ersten Pastoralerfahrungen sammeln konnten und eine gewisse finanzielle Unterstützung durch die Standortverwaltung und Kirchengemeinden in den USA erhielten. Die in den Anfangsjahren meist an Sonntagen stattfindenden Aktivitäten wurden später in die Woche verlegt und zunehmend lebendiger gestaltet (Musik, Spiele, offene Diskussionen über Probleme von Jugendlichen). Generell erhalten blieb dabei die Einteilung in eine *Junior High-* (11 bis 14 Jahre) und eine *Senior High*-Gruppe (15 bis 18 Jahre).[102] In späteren Jahren existierten neben *Club Beyond* weitere christliche Jugendgruppen in der Garnison, für katholische Jugendliche gab es etwa *Heidelberg Life Teen*. Auch die protestantische Jugendorganisation *Cadence International* war einige Jahre mit hauptamtlichen Kräften in Heidelberg

↑ *Chaplain* verabschiedet Kirchenbesucher nach einem Gottesdienst in der *MTV Chapel* während der 1980er Jahre (*Donald W. Kammer*).

↑ *Christian Youth in Action*-Gruppe 1975 (*Sandra Christian-Mamie*).

vertreten, erreichte in der Garnison aber nie den Verbreitungsgrad von *Club Beyond.*

Auch das traditionell starke soziale Engagement amerikanischer Kirchengemeinden zeigte sich regelmäßig in der Heidelberger Garnison. 1975 sammelte die protestantische Kirchengemeinde der *MTV Chapel* in einer Woche beispielsweise 2.105,72 Dollar für die Hilfsorganisation „Brot für die Welt", im Herbst 2012 ergab eine Sammlung in der protestantischen Gemeinde der *PHV Chapel* gar über 11.000 Dollar für eine von einem amerikanischen Veteran in Heidelberg gegründete Obdachlosenhilfsorganisation.[103]

Über die Jahre entwickelten sich im Umfeld der Heidelberger Garnison einzelne kleine Freikirchen, die von unabhängigen Pfarrern aus den USA geleitet wurden. Soweit man über Zugang zu den Einrichtungen der Garnison verfügte, konnte man auch auf Überlassung von Räumen für religiöse Aktivitäten hoffen. Die *Assemblies of God,* eine kleine protestantische Glaubensrichtung aus dem Umfeld der Pfingstgemeinden, traf sich 1997 z.B. sonntags um 10:00 Uhr in der *Heidelberg Middle School,* auch eine *Sunday School* wurde dort angeboten.[104] Im Jahr 2004 warben in der *Herald-Post* regelmäßig gut zehn verschiedene Kleinkirchen für ihre Gottesdienste, darunter die *Iglesia Hispaña Betel* (in spanischer Sprache) in Heidelberg, die *Grace International Baptist Church* in Leimen, die *Lighthouse Baptist Church* in Heidelberg und das *New Beginnings International Christian Center* in Wiesloch.[105] Nicht wenige dieser Freikirchen hatten bzw. haben zugleich deutsche Gemeindemitglieder und werden den Abzug der Amerikaner letztlich auch nur auf dieser Basis überleben können. In den letzten Jahren der Heidelberger Garnison traten neben den Juden auch Gläubige anderer nichtchristlicher Glaubensrichtungen in der Garnison auf, vor allem Moslems, die die *PHV Chapel* für religiöse Veranstaltungen nutzten.

↑ *Chaplain* (LTC) Philip Silverstein, der nach 1984 mehrere Jahre als Rabbiner in Heidelberg tätig war. Da nicht alle Garnisonen über einen eigenen Rabbiner verfügten, musste er zeitweise auch kleine Gemeinden in benachbarten Garnisonen betreuen (*USAG Baden-Württemberg*).

THE HEIDELBERG POST

VOL. 1 NO. 13 — PUBLISHED BY HEADQUARTERS HEIDELBERG MILITARY POST — DECEMBER 16, 1948

Recruiting Drive Over Top; Still Going Strong

Pertinent GYA Information Released By Local Official

WAC Lt B. W. Hunter of the Heidelberg G.Y.A. Headquarters released information pertinent to the activites of the organization for those who are not familiar with the manifold duties of the G.Y.A. Personnel.

The German Youth Association does not operate with Government appropriated funds. The mounting successes of this program can be attributed to the contributions that are made by the American People. The G.Y.A. Headquarters coordinates the plans and the allocation of gifts and food-stuffs that are contributed, or paid for, by the American People. The efforts of the various units and clubs are greatly appreciated and their continued cooperation is desirable.

However, when an organization, or club, assumes the responsibility of giving parties for different schools, or German Youth Groups, the procurement of food, toys. etc; is in the hands of the unit sponsoring the activity. The number of children is then deducted from the field rolls of the G.Y.A. Agency in Heidelberg.

In the area that has been assigned to the Agency, there are approximately 245,000 German Youth that are to be provided for the Christmas. The quota that is being taken care of by the units and clubs of the Post will not exceed 35,000.

The disparity in these figures indicates the tremendous responsibility of the G.Y.A. Agency in the over-all aspect of planning, and a method of distribution that will insure a successful completion of the program.

Excess funds collected by any unit sponsoring a Christmas party, and turned in to the Agency, will be diverted to the broader area activities. The proceeds of the Ford and the Leica camera lotteries, will be used by the Agency to supplement the area committments.

In regard to the lottery and contributions, TIME is FLEETING, and a keener response to this

RECEIVES YULETIDE CHECKS — Lt Col E. M. Burns, Post Quartermaster, presenting checks to WAC First Lieutenant B. W. Hunter of GYA; and Mrs. Gallagher, wife of Brigade General P. E. Gallagher, Director of Posts, EUCOM. Mrs. Gallagher is a member of the "Kinder Kare" welfare organization. The total amount of the checks was $464.50; contrbuted by the Quartermaster Section. The funds are the proceeds of the "County Fair" recently held here. Signal Corps Photo by Probasco

Individual Quotas Filled By Outfits In Most Instances

Over the top and still soaring onward is the three-month HMP recruiting drive which is scheduled to end on December 31. The ceiling was pierced two weeks ago during the week that ended December 4, and figures complete through December 11 show that 291 HMP soldiers have reenlisted or extended their enlistments since October 1. The quota set for the Post was 272, or one half of the total of the men due for discharge during the three-month period.

Each unit on the Post was assigned a quota, and in most cases these individual quotas have also been topped. In a few of the larger units with high quotas, the quotas have not yet been reached but indications are that they will be during the remaining three weeks of the drive.

The 7809 SCU with a total of 53 enlistments and extensions, leads

↑ Ausgabe der *Heidelberg Post* vom 16. Dez. 1948 (*USAG Baden-Württemberg*).

Zu Beginn des Abzugs der Amerikaner aus Heidelberg beschränkte sich das religiöse Leben in der Garnison auf die *MTV Chapel* und *PHV Chapel* sowie die kleinere *Nachrichten Chapel.* Nach der Schließung der *MTV Chapel* zum 10. Juni 2012 konzentrierten sich die Aktivitäten im Wesentlichen auf die *PHV Chapel,* wo im Sommer 2012 noch immer rund 250 Personen regelmäßig den recht modernen *Contemporary Protestant Service* von *Chaplain* (LTC) Robert H. Hart und rund 100 Personen den katholischen Gottesdienst von *Chaplain* (LTC) James F. Betz besuchten. Dazu kamen im gleichen Gebäude ein überwiegend von Schwarzen besuchter *Gospel Service* und kleinere Gottesdienste für Randgruppen, die teilweise in den Kellerräumen abgehalten wurden. In der *Nachrichten Chapel* gab es noch bis zum 28. April 2013 einen traditionellen protestantischen Gottesdienst mit durchschnittlich 60 Besuchern. Am 9. Juni 2013 fanden in der *PHV Chapel* nacheinander die letzten offiziellen Gottesdienste der dort beheimateten Glaubensgemeinschaften statt. Bis zur endgültigen Schließung der Kirche am 18. August 2013 gab es hier sonntags noch je einen protestantischen und einen katholischen Gottesdienst mit nun rasch fallenden Besucherzahlen.

Amerikanische Medien in Heidelberg

Der Versorgung mit Medien, speziell mit Printmedien, kam im Leben der amerikanischen Garnisonen in Europa nach dem Zweiten Weltkrieg stets eine große Bedeutung zu, da nur so der innere Zusammenhalt der Garnisonen und ein Mindestmaß an Vertrautheit in einer an sich fremden Umwelt gewährleistet werden konnten. Der Fokus dieser Medien lag dabei weniger auf weltpolitischen Ereignissen oder der Lage im fernen Heimatland als vielmehr auf dem sozialen Leben in den Garnisonen selbst. Im Mittelpunkt standen organisatorische Veränderungen in den Garnisonen, Veranstaltungshinweise zum kulturellen Leben und zu Sportereignissen oder etwa Informationen zu Schulen und Kindergärten. Als Herausgeber dieser Lokalzeitungen fungierten fast immer die örtlichen Standortverwaltungen, die die Medien als zentrale Bekanntmachungsinstrumente nutzten und daher auch kostenfrei anboten.

Ab 1948 existierte mit der *Heidelberg Post* ein zentrales Informationsmedium für den *HMP*, der zu dieser Zeit die amerikanischen Liegenschaften im nahen Karlsruhe und Mannheim mit einschloss.[106] Mit der Umbenennung der Garnison in *HACOM* im Dezember 1952 änderte sich der Name der Zeitung, die nun als *HAC Post* vertrieben wurde. Die Redaktion der Wochenzeitung mit einer Auflage von 7.000 befand sich in der Mannheimer *Hammonds Barracks,* in der auch das *HACOM*-Hauptquartier residierte. Gedruckt wurde die *HAC Post* in Mannheim-Schönau. Als Chefredakteur fungierte meist ein ranghoher Unteroffizier, etwa ein *Sergeant First Class* (entspricht einem Hauptfeldwebel).

Als *HACOM* zum 1. April 1958 mit *NACOM* in Frankfurt am Main zusammengelegt wurde, stellte die *HAC Post* ihr Erscheinen ein. Hei-

↑ Herstellung der *Heidelberg Post* 1949 und Zeitungskopf der *HAC Post* vom 5. Nov. 1957 (*NARA* bzw. *HCSC*).

delberger Nachrichten fanden sich nun in *NACOM*-Zeitungen wie der *Chronicle-Post* oder dem *The NACOM Chronicle*. Als schließlich alle *Area Commands* der *US Army* in Deutschland 1964 zum *USAACOM* zusammengelegt wurden, gab es einen *USAACOM Chronicle*, dessen Einzugsgebiet alle amerikanischen Garnisonen in Deutschland umfasste, worunter die lokale Berichterstattung naturgemäß litt.

Bereits seit Mitte der 1950er Jahre hatten sich in Heidelberg derweil einige kleinere Zeitungen etablieren können, die eher den Charakter von Newslettern aufwiesen und nun an Bedeutung gewannen. Für die Bewohner der *MTV* und der *PHV* gab es seit 1955 den *Heidelberg Life – The Little American & Patrick Henry Villager*, für die amerikanische Jugendarbeit in der Garnison seit 1959 die *Heidelberg Community News*. Auch Klubs und Vereine wie die diversen amerikanischen Frauenvereine in der Garnison publizierten zu dieser Zeit bereits einen monatlich erscheinenden Newsletter, der über Vereinsaktivitäten informierte, teilweise aber auch allgemeine Entwicklungen und Ereignisse in der Garnison ansprach. Der *Heidelberg AWC* verfügte schon in den frühen 1950er Jahren über einen Newsletter, der ab Mitte der 1960er Jahre immer professioneller gestaltet wurde und unter Namen wie *Heidelberg Information Bulletin* oder *The Heidelberg Connection* erschien.

Das höchste Maß an Kontinuität unter allen Publikationen der Amerikaner in Heidelberg wies jedoch die *Student Prints* auf („Schüler druckt"; vgl. „Student Prince", den englischsprachigen Namen von „Alt Heidelberg"), die Schülerzeitung der *Heidelberg Dependents' School* bzw. *Heidelberg American High School*. Bereits in den späten 1940er Jahren erstmals verlegt, erreichte die Schülerzeitung 1987 eine Auflage von 1.200 (bei 950 Schülern an der Schule) und gewann über die Jahre mehrere Preise. 1986 wurde ihr der Preis als beste Schülerzeitung aller *High Schools* der amerikanischen Streitkräfte weltweit durch die *School of Journalism* der *University of Iowa* verliehen. Im Folgejahr reichte es immerhin für einen zweiten Platz.[107] 1994 wurde *Student Prints* vom *The Mane Report* abgelöst (der Name ist eine Anspielung auf das Schulmaskottchen, einen Löwen), in der Endphase der Garnison gab es schließlich den *The Lionheart*.

Für die Heidelberger Garnison insgesamt erschien um 1970 der *Community Courier*, der zum 20. Oktober 1972 vom *Heidelberg Herald* abgelöst wurde. Im Gegensatz zum *Community Courier* wurde der *Heidelberg Herald* nicht über Anzeigen teilfinanziert, weshalb nun mehr Platz für Nachrichten und Berichte aus der Garnison zur Verfügung stand. Der Name der alle zwei Wochen erscheinenden Zeitung hielt sich allerdings nicht lang, schon 1974 wurde die Zeitung in *Heidelberg Herald-Post* umgetauft und später auf wöchentliche Erscheinungsweise umgestellt (auf dem Bindestrich im Namen wurde teilweise verzichtet). Da die Heidelberger Standortverwaltung bis 1991 allein für die Garnison in der Neckarstadt zuständig war und in den benachbarten Garnisonen Karlsruhe und Mannheim mit dem *Town Crier* bzw. *Mannheim Messenger* eigene Zeitungen existierten, konnte sich die *Heidelberg Herald-Post* bis in die 1990er Jahre hinein allein auf die Belange der Heidelberger Garnison konzentrieren und unter der Führung ihres langjährigen Chefredakteurs Michael Mowrer ein eigenständiges Heidelberger Profil entwickeln.

Im Jahr 1987 bestand die Zeitung aus acht Seiten mit einem recht regelmäßigen Aufbau:

Seite 1: Ein bis zwei Titelgeschichten, dazu *Flashes* (Kurznachrichten),
Seite 2: *Opinion* (Kommentare und Befragungen von Garnisonsangehörigen zu aktuellen Themen),
Seite 3: *Mainly Military* (Nachrichten aus Heidelberger Einheiten) und *Briefs* (Nachrichten aus der Garnison),
S. 4 & 5: Berichte aus allen Bereichen der Garnison (zu Jubiläen und Auszeichnungen, aber auch zu Übungen oder Ereignissen in Schulen),
Seite 6: *Sports and Fitness* (Sportnachrichten, darunter die Tabellenstände in den Ligen der Garnison),
Seite 7: *Calendar* (Veranstaltungshinweise, darunter auch *Kid Stuff* speziell für Kinder) und *Classifieds* (Privatanzeigen),
Seite 8: Reportagen zu lohnenden Ausflugszielen oder geschichtlichen Ereignissen.

Die Seite 8 der *Heidelberg Herald-Post* stellte während dieser Zeit ein wichtiges Bindeglied zur deutschen Umwelt der Garnison dar. Hier wurde häufig über deutsche Traditionen oder Eigenarten berichtet. In der ersten Jahreshälfte 1987 fanden sich hier beispielsweise Reportagen zum Kurpfälzischen Museum,[108] zum Fasching,[109] zu naturwis-

Heidelberg HERALD

Vol. 1 No. 1

Heidelberg, Germany

Friday, October 20, 1972

1st Fall Spruce-Up Week will begin next Monday

It's time to spruce up the housing areas again and a big program has been planned to make this first Fall Spruce-Up Week, next Monday through Friday, a success.

The program was kicked off 2 October with an ecology-oriented poster contest for all school children in the Heidelberg Schools. $25 Savings Bonds will be presented to the winners in five age categories. The winning posters and other outstanding posters will be displayed in the community next week.

Military personnel who live in the Mark Twain and Patrick Henry Village housing areas and Patton Barracks will have one afternoon off next week so they can do their share in the clean-up and beautification programs.

Residents of the two housing areas will have a chance to get rid of their worn-out and unwanted furniture, washers, dryers and other items too large to fit into the LODAL containers. Special trash pickups have been arranged by the Heidelberg Facilities Engineer for these items. **(See related story on this page)** In addition, the engineer will have his streetsweepers out in force next week.

On Monday, 30 October, both housing areas will be carefully inspected by a group of judges which will include the USAREUR Command Sergeant Major

This is **your** newspaper

THIS IS YOUR NEW COMMUNITY NEWSPAPER. Its purpose is to inform, educate and sometimes amuse **YOU**, the reader. As a community newspaper it will strive to provide a balanced coverage of the many activities which occur in the Heidelberg Military Community.

If you compare the new HEIDELBERG HERALD with the

THAT'S PERFECT — Mrs. Jean Davison, honorary chairwoman of the Heidelberg Red Cross Volunteers adjusts the hat of Sandy Leonard, a new volunteer. Watching the "capping" are the other 35 volunteers who completed a day and a half of intensive instruction at the hospital.
(Photo by Hal Miller)

Red Cross 'caps' 35 new volunteers

↑ Erstausgabe der *Heidelberg Herald* vom 20. Okt. 1972 (*USAG Baden-Württemberg*).

senschaftlichen Museen der Universität Heidelberg,[110] zum Schriesheimer Mathaisemarkt und zur Strahlenburg[111] sowie zur Benutzung von Zügen der Deutschen Bundesbahn[112] (einschließlich des nötigen Vokabulars). In Einzelfällen fanden sich im Inneren der Zeitung bisweilen größere Berichte zu Heidelberg und seiner Umgebung, etwa zur Geschichte der Alten Brücke[113] oder zu Ladenburg und seinen Attraktionen.[114] Alles in allem kann die Bedeutung der *Heidelberg Herald-Post* für das amerikanische Leben und das deutsch-amerikanische Miteinander in Heidelberg daher kaum überschätzt werden.

Als nach dem Ende des Kalten Kriegs Zeitungen in benachbarten Garnisonen ihr Erscheinen einstellen mussten, wuchs das Einzugsgebiet der *Herald-Post* entsprechend an (schon seit 1991 wurde auf das „Heidelberg" im Namen der Zeitung verzichtet), die ab 1994 bei unverändertem Umfang auch Karlsruhe, Mannheim und Worms, später zusätzlich noch Darmstadt und Kaiserslautern mit Informationen und Lokalnachrichten versorgen musste. Hierdurch stieg die Auflage der Zeitung allmählich auf 12.000 (Mitte der 1990er Jahre), 14.000 (2004) und schließlich 17.000 (2006) an. Gleichzeitig machten sich allerdings Personalmangel und finanzielle Probleme immer mehr bemerkbar. Um zumindest der finanziellen Probleme Herr zu werden, ging die *Herald-Post* zum Oktober 1997 eine Partnerschaft mit einem deutschen Verleger ein und öffnete sich fortan kommerziellen Anzeigen. Die Zeitung konnte so ihren Seitenumfang nicht nur deutlich vergrößern, sondern auch erstmals in Farbe erscheinen. Die Lokalnachrichten einzelner Garnisonen wurden meist von ehrenamtlichen Mitarbeitern vor Ort beigesteuert, sodass die *Herald-Post* allmählich zu einer überregionalen Zeitung wurde.

Trotz der ab 2007 stetig schrumpfenden Leserschaft infolge des Abzugs der Amerikaner aus immer mehr Standorten hielt die *Herald-Post* ihre hohen journalistischen Standards bis zum Ende der Heidelberger Garnison aufrecht und erschien selbst 2011 noch mit einer Auflage von 15.000. Erst die bevorstehende Außerdienststellung der *USAG Baden-Württemberg* sollte im Frühjahr 2013 das Ende der *Herald-Post* einleiten, die in ihrem letzten halben Jahr nur noch alle zwei Wochen erschien und bis zu ihrer letzten Ausgabe am 4. April 2013 von einer einzigen Mitarbeiterin (Dijon Rolle) mit großem Engagement am Leben gehalten wurde.

Für die Qualität der in Heidelberg herausgegebenen Lokalzeitschriften der Amerikaner sprechen nicht nur zahllose Preise, die über die Jahre immer wieder in *US Army*-weiten Vergleichen gewonnen wurden, sondern auch die erfolgreichen journalistischen Karrieren, die einzelne Mitarbeiter dieser Zeitungen nach ihrer Heidelberger Zeit durchlaufen sollten. Der 1933 geborene Mel Gussow diente beispielsweise während der 1950er Jahre zwei Jahre lang als Chefredakteur der *HAC Post.* Nach seiner Heidelberger Zeit verschlug es den Absolventen der *Columbia Graduate School of Journalism* ab 1959 zum Wochenmagazin *Newsweek,* zehn Jahre später dann zur *New York Times,* wo er über 4.000 Artikel, Kritiken und Nachrufe verfassen sollte. Daneben profilierte sich Gussow über die Jahre mit zahllosen Artikeln im *Cosmopolitan, New Yorker, Playboy* und anderen Magazinen. Auch als Feuilletonist und Film- und Theaterkritiker machte sich Gussow einen Namen, ebenso durch die Förderung junger Schauspieler.[115]

Neben den Zeitschriften der Heidelberger Standortverwaltung gab es in Heidelberg gelegentlich auch Zeitungen der hier stationierten Ein-

↑ Zeitungsköpfe der *Heidelberg Herald-Post* bzw. *Herald-Post* aus den Jahren 1976, 1979, 1984, 1991, 1997, 2005 und 2013 (*USAG Baden-Württemberg*).

heiten, die ausschließlich Themen der Einheiten selbst behandelten und meist nur kurze Zeit bestanden. In der *Patton Barracks* erschien beispielsweise ab 1958 die *The Patton Post*, die 1966 von der *Post-Herald* des neu gebildeten *USAREUR/7A Troops*-Hauptquartiers abgelöst wurde. Die allein auf die Interessen der Soldaten der Einheit ausgerichtete *Post-Herald* bediente rund 16.000 Leser in mehreren süddeutschen Garnisonen, in denen die einzelnen Einheiten des Heidelberger Hauptquartiers stationiert waren, vor allem in Heidelberg, Mannheim, Schwäbisch Gmünd und München. Wichtige Themen waren daher allgemeine Informationen zu den *USAREUR/7A Troops*, etwa zum Aufbau und zur Mission der Einheit. Mit Blick auf die angespannte Lage in vielen Teilen der *US Army* um 1970 bot die *Post-Herald* ihren Lesern ein für die Zeit und eine militärische Organisation durchaus modernes Instrument zur Artikulation von Beschwerden. In der Rubrik *Tell it like it is* („Sprich es offen aus") gab es eine *Question of the Week* („Frage der Woche"), die auch heiße Eisen ansprach. In einer Ausgabe vom Sommer 1970 ging es etwa um die Frage „Wenn Sie eine Sache in der *US Army* ändern könnten, welche wäre das?" Die recht offenen Antworten der Soldaten beklagten die vielen Überstunden, das schlechte Beförderungssystem, den allgemeinen Bürokratismus und diverse Einschränkungen in den Wohnbereichen alleinstehender Soldaten.[116] Mit der Umbenennung der *USAREUR/7A Troops* in *USAREUR/7A Combat Support Command* 1971 wurde die *Post-Herald* durch den *CSC Standard* ersetzt, der sein Erscheinen mit der Außerdienststellung der Einheit ein Jahr später aber schon wieder einstellten musste.

Während der angespannten Vietnam-Jahre existierten im Raum Heidelberg außerdem einige Untergrundzeitungen schwarzer Soldaten, von denen *A'bout Face* („Kehrt" – gemeint ist der militärische Befehl) die wohl bekannteste war. Als Herausgeber von *A'bout Face* fungierte eine Organisation namens *Unsatisfied Black Soldiers* (*UBS*), als Redaktionsadresse diente eine kommunistische Buchhandlung in der Heidelberger Schiffgasse. In der Publikation wurden Bemühungen der amerikanischen Streitkräfte zur Verbesserung der Rassenbeziehungen regelmäßig verhöhnt, nicht selten wurde schwarzen und weißen Offizieren und Unteroffizieren offen Gewalt angedroht. *A'bout Face* und die ebenfalls im Rhein-Neckar-Raum erscheinende *The Next Step...* waren letztlich Produkte einer engen Kooperation zwischen linksgerichteten deutschen Studenten und einer kleinen radikalisierten Gruppe schwarzer Soldaten, die jedoch nicht lange anhielt. Mit dem Abklingen des Vietnam-Kriegs, der Abschaffung der Wehrpflicht in den USA 1973 und vor allem dem sichtbaren Aufstieg von immer mehr schwarzen Offizieren in prominente Führungspositionen der *US Army* verloren die Protestblätter ihre Klientel und verschwanden.

Neben den genannten Lokalzeitungen gab es für die in Deutschland lebenden Amerikaner immer auch eine Reihe überregionaler Zeitungen, von denen die Tageszeitung *Stars and Stripes* die mit Abstand wichtigste war (die meiste Zeit über eigentlich *The Stars and Stripes*). Schon 1942 in London ins Leben gerufen (der Name der Zeitung geht auf eine ähnliche Publikation während des Amerikanischen Bürgerkriegs zurück), diente die *Stars and Stripes* während des Zweiten Weltkriegs als zentrales Informationsmedium der kämpfenden Truppe, nach dem Krieg dann zunehmend als Verbindung zur fernen Heimat der Besatzungssoldaten.[117] Zwar bot die *Stars and Stripes* auch allerlei Lokalnachrichten (in den 1940er Jahren wurden sogar

↑ *Stars and Stripes Bookstore* in Heidelberg gegen Ende der 1940er Jahre. Die Versorgung mit Büchern und Zeitschriften war von großer Bedeutung während dieser Zeit, da der triste Alltag als Besatzungssoldat nur wenig Abwechslung bot (*Dr. John Provan*).

↑ *AFN* sendet am 27. Juli 1984 live vom Deutsch-Amerikanischen Volksfest aus der *PHV* (*USAG Baden-Württemberg*).

die Namen von in Bremerhaven per Schiff ankommenden Familienangehörigen von Soldaten veröffentlicht), konnte die zahllosen Lokalzeitungen der einzelnen Standortverwaltungen aber nie ersetzen und wollte dies als Tageszeitung wohl auch nicht. Stattdessen bietet die mittlerweile in Kaiserslautern residierende *Stars and Stripes* ihren Lesern bis heute eine Mischung aus Weltpolitik, amerikanischer Politik, Militärnachrichten, Lokalmeldungen und großen Sport- und Unterhaltungsteilen.

Mit der *The Overseas Weekly* (Motto: *A Touch of Home … Away from Home*) und der *The American Weekend* gab es über lange Jahre zwei weitere Wochenzeitungen für die in Europa und Asien stationierten amerikanischen Truppen und ihre Angehörigen, die gelegentlich auch über lokale Ereignisse berichteten. Die zwischen 1950 und 1978 von privater Seite in Frankfurt am Main produzierte *The Overseas Weekly* verstand sich stets als Sprachrohr des einfachen Soldaten, was das Verhältnis zur Führungsebene der *US Army* nicht immer einfach gestaltete. Die teilweise reißerischen Artikel der reich bebilderten Zeitung brachten ihr unter amerikanischen Soldaten den Spottnamen *The Oversexed Weekly* ein.[118]

Neben den Printmedien spielte natürlich auch der bekannte amerikanische Soldatensender *American Forces Network* (*AFN*) immer eine zentrale Rolle für die Amerikaner in Heidelberg. Meist gehörte die Heidelberger Garnison zum Einzugsbereich von *AFN Frankfurt* oder *AFN Stuttgart*, grundsätzlich konnten über Kurzwelle aber auch andere *AFN*-Stationen in Deutschland und darüber hinaus empfangen werden. Die von *AFN* gelieferte Mischung aus verschiedenen Musikstilen, Sportübertragungen aus den USA und Lokalnachrichten traf stets den Puls der Zeit und dürfte für das Zusammengehörigkeitsgefühl der in Deutschland lebenden Amerikaner daher von ähnlich großer Bedeutung wie die überregionale *Stars and Stripes* gewesen sein.[119]

Mit dem Ende des Kalten Kriegs bekam Heidelberg erstmals eine eigene *AFN*-Station, als *AFN Stuttgart* 1993 nach Heidelberg zog und als *AFN Heidelberg* fortan die Hörer in Heidelberg, Mannheim und Stuttgart mit Radioprogrammen versorgte. Über einen eigenen *AFN*-Sendemast verfügte Heidelberg sogar schon seit 1968.[120] Im Jahr 2004 zog *AFN Heidelberg* unter Beibehaltung des Namens in die Mannheimer *Hammonds Barracks*, 2009 schließlich in die Mannheimer *Coleman Barracks*, wo mittlerweile auch Fernsehprogramme für ganz Europa produziert wurden. Mit dem absehbaren Ende der Garnisonen in Heidelberg und Mannheim wurde *AFN Heidelberg* in der zweiten Jahreshälfte 2012 nach Wiesbaden verlegt, wo es seitdem als *AFN Wiesbaden* die dortige Garnison mit Radioprogrammen versorgt.

7 Nachbar Amerika: Deutsch-amerikanische Beziehungen im Spiegel der Zeiten

Mit dem Ende der Kampfhandlungen im Frühjahr 1945 begann für Heidelberg die Besatzungszeit, in der sich Heidelberger und Amerikaner naturgemäß zunächst mit großem Misstrauen begegneten. Auf amerikanischer Seite gab es weiterhin Befürchtungen wegen etwaiger Widerstandsaktivitäten der Untergrundorganisation Werwolf, vermischt mit dem Entsetzen über die immer mehr zutage tretenden Verbrechen des Dritten Reichs. In der Heidelberger Bevölkerung herrschten trotz gewisser Erleichterung über das Ende des Kriegs große Sorgen vor dem Kommenden, zu denen sich bei vielen eine gewisse Scham über die Zeit des Nationalsozialismus und die deutsche Kriegsschuld gesellte.

Die Amerikaner hatten sich auf die Besatzungszeit schon lange vor ihrem Einmarsch in Deutschland gründlich vorbereitet. Bereits 1944 hatten die ersten Offiziere, die für Aufgaben der künftigen Militärregierung in Deutschland vorgesehen waren, ein ausführliches Schulungsprogramm an Standorten in den USA und Europa durchlaufen. Für viele deutsche Kommunen wurden *Pinpoint Detachments* gebildet, deren Angehörige speziell auf die Arbeit in diesen Städten und Gemeinden vorbereitet wurden. Schon wenige Stunden nach dem Ende der Kampfhandlungen in Heidelberg Ende März 1945 konnte deshalb das für die Stadt am Neckar vorgesehene *Regional Military Government Detachment I2E2* unter dem Kommando von CPT Eldon H. Haskell seine Arbeit im Heidelberger Rathaus aufnehmen.[1]

Die Grundlagen der deutsch-amerikanischen Beziehungen während der ersten Monate bildeten aus amerikanischer Sicht das *Handbook for Military Government in Germany Prior to Defeat and Surrender* vom Dezember 1944 und die am 23. März 1945 vom amerikanischen Präsidenten Franklin D. Roosevelt gebilligte Weisung *JCS 1067*. Vor dem Hintergrund des Zweiten Weltkriegs betrachteten beide Dokumente Deutschland als besiegte Feindnation, die es so umzuerziehen und umzugestalten galt, dass sich die Schrecken des Dritten Reichs und des Kriegs niemals wiederholen würden. Für CPT Haskell und seinen Mitarbeiterstab aus zunächst nur drei Offizieren bedeuteten diese Vorgaben neben der Durchsetzung eines Fraternisierungsverbots vor allem die Einleitung durchgreifender Entnazifizierungsmaßnahmen für alle Bereiche des öffentlichen Lebens sowie eine *Reeducation* und *Reorientation* der deutschen Bevölkerung, insbesondere der Heidelberger Jugend.[2]

Die Entnazifizierung wurde hauptsächlich über eine Fragebogenaktion und Spruchkammerverfahren abgewickelt. Daneben wurden zahlreiche politisch Vorbelastete öffentlicher Ämter enthoben. Bereits am 10. April 1945 forderte die Militärregierung vom neu eingesetzten Heidelberger Oberbürgermeister Josef Amberger eine Liste „nicht tragbarer“ Personen, die aus ihren Ämtern in der Stadtverwaltung entfernt werden sollten. Die Ende April 1945 benannten 211 Personen aus allen sozialen Schichten wurden umgehend entlassen, wobei man personelle Engpässe in der Stadtverwaltung in Kauf nahm. Bis zum Sommer 1946 hatte die Stadtverwaltung Heidelberg 65% aller Beamten, 25% aller Angestellten und 18% aller Arbeiter im Rahmen von Entnazifizierungsmaßnahmen entlassen.[3] Mit dem Erlass des Gesetzes Nr. 8 der amerikanischen Militärregierung für Deutschland am 26. September 1945 begann die Entnazifizierung der Wirtschaft. Bis zum November wurden auf dieser gesetzlichen Basis allein 117 Handwerksbetriebe politisch Vorbelasteter in Heidelberg geschlossen. Um die generelle Funktionsfähigkeit der Wirtschaft in der angespannten Versorgungslage der Nachkriegszeit nicht unnötig zu gefährden, sahen Militärregierung und Stadtverwaltung von einer allzu strengen Auslegung der Entnazifizierungsmaßnahmen ab.[4]

Gleichzeitig stellten CPT Haskell und seine Nachfolger die Weichen für einen demokratischen Neubeginn im Heidelberg der Nachkriegszeit. Bereits im Frühjahr 1945 tolerierte die Militärregierung die ohne Zulassung

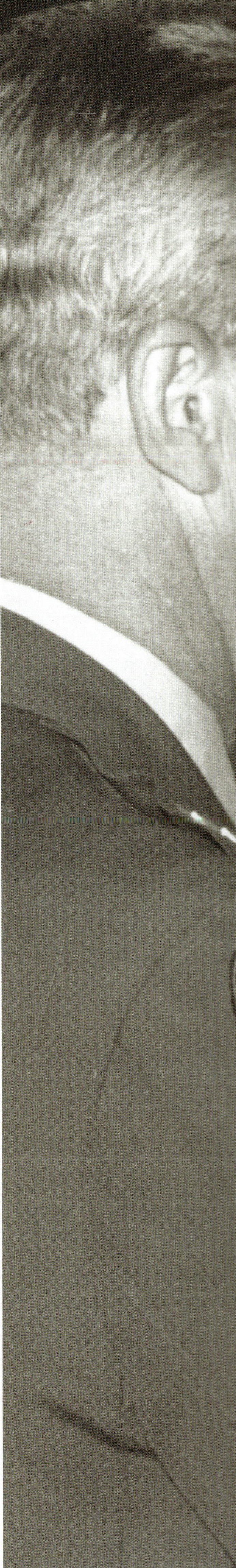

CINCUSAREUR GEN George S. Blanchard und Oberbürgermeister Reinhold Zundel am 20. Aug. 1975 (*STAHD*).

↑ *Heidelberg Civic Center* in der Sophienstraße (*NARA*).

betriebenen Aktivitäten des Allgemeinen Freien Gewerkschaftsbundes Heidelberg (AFGB Heidelberg). Am 2. Juli 1945 wurde schließlich die offizielle Lizenz erteilt. Zwar musste die Zulassung aufgrund eines personellen Wechsels in der Militärregierung im Herbst nochmals beantragt werden (Genehmigung erfolgte am 8. Oktober 1945); das änderte jedoch nichts daran, dass sich schon während des Sommers 1945 insgesamt 15 Fachgruppen innerhalb des AFGB Heidelberg bildeten, womit das nach Branchen organisierte Gewerkschaftsleben endgültig neu beginnen konnte. Zwischen August und Oktober 1945 erhielten die SPD, KPD, CDU (anfangs noch Christlich-Soziale Union) und DVP (Deutsche Volkspartei, die spätere FDP) die Genehmigung zur Aufnahme politischer Arbeit. Ab Dezember 1945 bestand zudem die Möglichkeit zur Gründung von Landesverbänden. Am 26. Mai bzw. 30. Juni 1946 erfolgten schließlich unter der Ägide der amerikanischen Militärregierung die Wahlen zum Heidelberger Stadtrat und zur verfassungsgebenden Landesversammlung des neuen Landes Württemberg-Baden. Da in beiden Wahlen demokratische Parteien breite Mehrheiten erzielten, war damit aus amerikanischer Sicht der Grundstein für ein demokratisches Heidelberg gelegt.[5]

Um speziell die während der zwölf Jahre des nationalsozialistischen Regimes aufgewachsene Jugend für demokratische Ideale und Werte zu gewinnen, arbeiteten die Amerikaner bereits 1945 an Strukturen für eine Jugendarbeit in ihrer Besatzungszone, die im April 1946 unter der Bezeichnung *German Youth Activities* (*GYA*) schließlich offiziell ins Leben gerufen wurde. Kernstück der Jugendarbeit waren *GYA*-Jugendzentren, die Sport- und Spielmöglichkeiten, aber auch Bastel- und Sprachkurse und weitere Angebote für Kinder und Jugendliche bereithielten. Betrieben wurden die *GYA*-Jugendzentren von hauptamtlichen (meist deutschen) Mitarbeitern. Tatkräftige Hilfe kam dabei von Einheiten der amerikanischen Streitkräfte, deren Soldaten *GYA*-Jugendheime „adoptierten" und somit materiell und personell unterstützten.[6]

In Heidelberg bestanden insgesamt vier *GYA*-Einrichtungen, darunter je ein *GYA*-Jugendzentrum für Jungen und Mädchen, Lehrlingswerkstätten und das *Heidelberg Civic Center* in der Sophienstraße (hier waren die Eltern mit eingebunden). 1948 boten die Heidelberger *GYA*-Jugendzentren neben ihrem normalen Programm zusammen 17 größere Veranstaltungen mit mehreren tausend Besuchern.[7] Im Folgejahr meldeten die Heime 1.700 regelmäßige Besucher bei einem Tagesdurchschnitt von 750 Besuchern.[8] Ab 1950 zogen sich die Amerikaner allmählich aus der Finanzierung der *GYA*-Jugendzentren zurück, im Sommer 1955 wurde das *GYA*-Programm endgültig eingestellt. Vor der Übergabe der Verantwortung an die deutsche Seite wurden für zwei der vier Heidelberger *GYA*-Einrichtungen Neubauten errichtet – den Neubau eines der Heime unterstützten Soldaten der Heidelberger Garnison mit Spenden und freiwilligem Arbeitseinsatz.[9] In einem anderen Fall hatte die Spende des Heidelberger *Engineer Women's Club* (Zusammenschluss der Ehefrauen von Soldaten der Pioniertruppe) schon 1953 mehrere hundert Mark eingebracht, um das mittelfristige Überleben eines *GYA*-Jugendzentrums zu sichern, was in der Lokalpresse als „schönes Beispiel für typisch amerikanisches Handeln" gefeiert wurde.[10]

Auch das 1946 am Universitätsplatz ins Leben gerufene *Amerika-Haus* (genaue Bezeichnung: *US Information Center*) diente der ame-

↑ Blick in den Lesesaal des Heidelberger *Amerika-Hauses* Ende der 1940er Jahre. In ihren Anfangsjahren bildete die Einrichtung einen wichtigen Bestandteil der amerikanischen *Reeducation*- und *Reorientation*-Maßnahmen in Heidelberg (*STAHD*).

rikanischen Militärregierung in Heidelberg als wichtiges Instrument zum Wiederaufbau einer demokratischen Gesellschaft. Neben einer umfangreichen Bibliothek mit deutsch- und englischsprachigen Büchern bot die seit 1951 in der Sophienstraße 12 residierende Einrichtung (heute als *Deutsch-Amerikanisches Institut Heidelberg – Haus der Kultur* bekannt; meist einfach *DAI*) ihren Besuchern während der Anfangsjahre ein umfangreiches Programm aus Lesungen, Diskussionsrunden, Filmabenden und Ausstellungen zu unterschiedlichen gesellschaftlichen Fragestellungen. Um auch die Umlandgemeinden mit Literatur zu versorgen, wurden *Bookmobiles* angeschafft – Bücherbusse, die zu festen Zeiten einzelne Gemeinden anfuhren und dort als mobile Bibliotheken fungierten. Bis zum Juni 1954 hatte das Heidelberger *Amerika-Haus* über zwei Millionen Besucher zu verzeichnen.[11] Die Einrichtung hatte dabei nicht nur deutsche, sondern auch zahlreiche amerikanische Besucher und bildete damit so etwas wie eine deutsch-amerikanische Begegnungsstätte im Heidelberg der Nachkriegszeit.[12] Ab Mitte der 1950er Jahre zogen sich die Amerikaner allmählich aus der Finanzierung auch dieser Einrichtung zurück, die nun zuerst vom Land Baden-Württemberg, später von der Schurmann-Gesellschaft e.V. getragen wurde.

Um die demokratische Diskussionskultur in Heidelberg nach dem Ende des Dritten Reichs neu zu beleben, lud die Besatzungsmacht die Heidelberger schon früh zu *Town Hall Meetings* (Bürgerversammlungen) und *Open Forums* (Bürgerforen) ein. Während bei *Town Hall Meetings* vor allem kommunalpolitische Fragen unter Einbeziehung der Stadtverwaltung diskutiert werden konnten, wurden bei den *Open Forums* Themen aus Sicht eines eingeladenen Experten dargestellt und anschließend diskutiert. Beide Veranstaltungsformen waren letztlich rein Heidelberger Angelegenheiten, wurden von der Besatzungsmacht jedoch massiv unterstützt, da sie der Entwicklung eines demokratischen Selbstverständnisses dienten.[13]

Bei alldem bildete die Linderung der sozialen Not während der Nachkriegsjahre naturgemäß eine wichtige Aufgabe der Militärregierung. Obwohl Heidelberg den Krieg weitgehend unbeschadet überstanden hatte, brach die Lebensmittelversorgung in der Stadt nach Kriegsende

↑ Weihnachtsfeier in einem *GYA*-Jugendzentrum in der Zwingerstraße um 1950. Eine *Sunday School* der Garnison hatte Weihnachtsgeschenke für Kinder vertriebener Russlanddeutscher gesammelt (*US Army*).

↑ Gruppe im *Heidelberger GYA Girls' Center* um 1950. Heidelberger Kindern und Jugendlichen boten die *GYA*-Einrichtungen einen Hoffnungsschimmer im tristen und entbehrungsreichen Nachkriegsalltag (*Dr. John Provan*).

zusammen, sanken die Lebensmittelzuteilungen während mehrerer Monate pro Person und Tag auf unter 1.000 kcal.[14] Erst im Frühjahr 1946 stabilisierten sich die Zuteilungen bei immer noch kärglichen 1.700 kcal. Verschärft wurde die Situation durch einen Mangel an Heizmaterial und die hohe Belegungsdichte vieler Wohnungen. Schon während des Kriegs waren Ausgebombten aus dem nahen Mannheim Wohnräume in Heidelberg zugewiesen worden. Die Übernahme zahlreicher Gebäude und Wohnungen durch das amerikanische Militär und der vermehrte Zuzug von Flüchtlingen aus dem Osten ab März 1946 (bis August 1946 stieg deren Zahl in Heidelberg auf über 13.000) führten dazu, dass im Oktober des gleichen Jahrs nur noch 52% der Heidelberger Familien im Alleinbesitz einer Wohnung waren.[15]

Die Hilfe der Amerikaner beschränkte sich während der Anfangszeit zunächst auf Einzelaktionen von Soldaten und Einheiten. Erst ab 1946 traten größere Hilfsaktionen hinzu. Im harten Winter 1946/1947 stellte das in Heidelberg beheimatete Hauptquartier der *Third Army* im Rahmen der *Operation Spud* beispielsweise 1.000 Lastwagen zum Transport von Kartoffeln (in der englischen Umgangssprache als *spuds* bezeichnet), Rüben und Getreide zur Verfügung und leistete damit einen wichtigen Beitrag zur Versorgungssicherheit in der amerikanischen Besatzungszone.[16] Ab Januar 1947 trafen zusätzlich *Care-Pakete* aus den USA in Heidelberg ein. Monatlich erreichten fortan zwischen 3.500 und 5.000 der begehrten Hilfspakete dankbare Empfänger in Heidelberg.[17] Speziell für Schulkinder richteten die Amerikaner ab dem Sommer 1947 die *Hoover-Speisung* ein, von der in Heidelberg täglich zwischen 15.000 und 16.000 Schulkinder profitierten.[18] Zusammen mit den erwähnten Maßnahmen im Rahmen der *Reeducation* und *Reorientation* sollten diese Aktionen das Amerikabild einer ganzen Generation heranwachsender Heidelberger nachhaltig prägen.

Die gelebte Hilfsbereitschaft der Amerikaner riss auch in späteren Jahren nicht ab. Beispielsweise lud der im Januar 1953 ins Leben gerufene *NCO Wives' Club* der Ehefrauen Heidelberger Unteroffiziere schon im Juli des gleichen Jahrs Berliner Kinder zu amerikanischen Familien nach Heidelberg ein. Höhepunkt des Aufenthalts bildete ein Gartenfest in der Residenz des *CINCUSAREUR* in Schlierbach. Im Folgejahr wurde die Aktion wiederholt. Zu Weihnachten 1953 „adoptierte" der Verein eine fünfköpfige Heidelberger Familie und sammelte Kleidungsstücke und Lebensmittel für diese Familie, die im Rahmen einer Feierstunde übergeben wurden.[19]

Die Heidelberger Militärregierung erlebte derweil nach 1945 einen allmählichen Bedeutungsverlust und litt in ihrer Tagesarbeit nicht unerheblich unter ständigen Umstrukturierungen. Das ursprüngliche *Detachment I2E2* wurde schon bald durch ein *Detachment G3E2* ersetzt. CPT Haskell wurde im Juli 1945 von MAJ G. P. Kratz abgelöst, der ab Oktober 1945 das *Detachment G-43* für den Stadtkreis Heidelberg kommandierte. Parallel dazu existierte zu dieser Zeit ein *Detachment G-44* für den Landkreis Heidelberg unter dem Kommando von CPT H. D. Peterson. Der bald zum *Lieutenant Colonel* beförderte Kratz übernahm mit dem *Detachment G-43* ab Jahresende 1945 die

Verantwortung für den Stadt- und Landkreis Heidelberg, bevor er von LTC Irwin L. Harlow abgelöst wurde. In der Folgezeit kam es zu weiteren Wechseln an der Spitze der Heidelberger Militärregierung, die zwischen Sommer 1946 und Sommer 1948 u.a. von LTC Charles L. Jackson, LTC W. T. Burt, LTC James H. Lynch und LTC Charles J. West geführt wurde.[20]

Ab Mitte 1946 firmierte die amerikanische Militärregierung als *Liaison and Security Office* (*LSO;* „Verbindungs- und Sicherheitsbüro"), was den mittlerweile eher beratenden Charakter der Einrichtung unterstrich. Aus der anordnenden Befehlsstelle der unmittelbaren Nachkriegszeit war längst eine Aufsichtsbehörde geworden, die zwar weiterhin in Entscheidungen der Stadtverwaltung eingreifen konnte, dies aber immer seltener tat. Daran änderte auch die Tatsache nichts, dass die örtlichen *LSO* in Bayern, Bremen und Württemberg-Baden 1948 in *Military Government Offices* (*MGO*) umbenannt wurden. Seit September 1948 leitete MAJ William T. Neel das Heidelberger *MGO,* das personell immer weiter zusammenschrumpfte und gegenüber dem seit Mai 1946 bestehenden *HMP* stetig an Bedeutung verlor.[21]

Im September 1949 – mittlerweile war die Bundesrepublik Deutschland gegründet worden – wurde das Heidelberger *MGO* in ein *Kreis Resident Office* (*KRO*) umgewandelt. Geleitet wurde die neue Behörde von dem mittlerweile ins Zivilleben zurückgekehrten William T. Neel. Dazu kamen mit William S. Fitzer ein weiterer *Residence Officer* sowie 15 deutsche Mitarbeiter, die den vier Arbeitsbereichen *Projects, Information Services, Education & Cultural Affairs* und *Reaction Analysis* zugeordnet waren.[22] Daneben dienten in Heidelberg Ende der 1940er Jahre noch vier weitere amerikanische Zivilbeamte der *High Commission for Germany* (*HICOG;* das Hohe Kommissariat für Deutschland) mit Sitz in Frankfurt am Main, die das *Amerika-Haus* und das *Education Service Center* leiteten. Die letztgenannte Einrichtung war Teil der amerikanischen *Reeducation*-Maßnahmen und bot Weiterbildungsveranstaltungen für deutsche Lehrer.[23]

Das Heidelberger *KRO* nahm während der gut zweieinhalb Jahre seines Bestehens fast ausschließlich beobachtende Aufgaben wahr. Die Beziehungen zwischen Stadtverwaltungen und Garnison wurden zu diesem Zeitpunkt meist direkt über den *HMP* abgewickelt. Von den ursprünglich 165 derartigen *Resident Offices* in der amerikanischen Besatzungszone blieben im Frühjahr 1952 nur noch 70 übrig, die im Mai 1952 schließlich geschlossen wurden.[24] An ihre Stelle traten nun die S5-Stäbe der *Military Posts*, die zu entfernten Vorläufern der späteren *Public Affairs Offices* (*PAO*) der Garnisonen wurden. Erster *S5-Officer* (meist *Civil Affairs Officer*) der Garnison wurde im Juni 1952 LTC Fred H. Stoll, der während seiner fünfjährigen Amtszeit eine recht enge Beziehung zu Heidelberg und den Heidelbergern aufbauen sollte.[25]

Mittlerweile hatten sich in der Stadt erste deutsch-amerikanische Vereine gebildet, die jedoch sehr unter der enormen Personalfluktuation auf amerikanischer Seite litten und daher meist nicht von Dauer waren. Der wohl erste derartige Verein bildete sich im Mai 1947 unter der Bezeichnung „Heidelberger Gesellschaft – Amerikanisch-Deutsche Gesellschaft", als erste Präsidenten dienten Kreisdekan Hermann Maas und LTC James H. Lynch.[26] Das Vereinsleben drehte sich vor allem um wöchentliche Treffen und im Monatsrhythmus stattfindende Vorträge und Diskussionsrunden. Anfangs erlebte der Verein ein durchaus stürmisches Wachstum, das sich aber im Wesentlichen auf die deutsche Seite beschränkte und überwiegend Vertreter der führenden gesellschaftlichen Kreise in den Verein führte. Mitte 1948 gehörten 43 deutsche und 21 amerikanische Mitglieder dem Verein an, dessen wöchentliche Treffen aber mehr und mehr zu rein deutschen Klubabenden mutierten, weshalb man sich schon ein Jahr später auflöste. Ähnlich erging es anderen deutsch-amerikanischen Vereinsgründungen der Zeit, die trotz hehrer Ziele keine personelle und inhaltliche Basis für ein längerfristiges Bestehen bilden konnten.[27]

Die mit Abstand erfolgreichste deutsch-amerikanische Vereinsgründung in der Geschichte der Heidelberger Garnison dürfte der *German-American Women's Club Heidelberg* sein (*GAWC Heidelberg;* Deutsch-Amerikanischer Frauenklub Heidelberg e.V.), der 1948 auf private Initiative hin ins Leben gerufen wurde. Der Verein verfolgte von Beginn an die deutsch-amerikanische Verständigung als zentrales Ziel seiner Arbeit, hatte aber ebenso einen ausgeprägten karitativen Charakter, was ihn von anderen deutsch-amerikanischen Vereinsgründungen der Zeit unterschied. Nicht zuletzt sorgte der soziale Charakter des Vereins schon früh für ein lebhaftes und abwechslungsreiches Vereinsleben, schließlich mussten Gelder aufgebracht und sinnvollen karitativen Zwecken zugeführt werden. Der Verein, der bis heute stets eine amerikanische und eine deutsche Präsidentin auf-

↑ CPT Eldon H. Haskell, der erste Kommandeur des *Regional Military Government Detachment I2E2* in Heidelberg (*Phyllis Haskell Tims*).

↑ *Pfennigbazaar* des *GAWC Heidelberg* im *HOCC* 1988 (*GAWC Heidelberg*).
← *Deputy Community Commander* COL William J. Major, Oberbürgermeister Reinhold Zundel und Gladys Fischer, die den *GAWC Heidelberg* über viele Jahrzehnte prägte, eröffnen Ende der 1980er Jahre einen *Pfennigbazaar* (*GAWC Heidelberg*).

weist, profitierte über viele Jahre enorm vom Engagement der gebürtigen Britin Gladys Fischer, die dem Verein auf vielfältige Weise diente, allein sieben Jahre als deutsche Präsidentin.[28]

Zwischen 1952 und 1963 veranstaltete der *GAWC Heidelberg* alljährlich einen *Christmas Bazaar* (Weihnachtsmarkt) in der Heidelberger Stadthalle, um finanzielle Mittel für seine sozialen Projekte aufzubringen. Ab 1960 trat der legendäre *Pfennigbazaar* hinzu, der sich schnell zum zentralen Ereignis des Vereinsjahrs entwickelte. Dieses Vereinsjahr ist bis heute reich an Ritualen und orientierte sich stets am Lebenszyklus der Garnison. Im September findet jeweils ein *Opening Tea* bzw. *Welcome Tea* statt, bei dem neue Mitglieder begrüßt und die Planungen für das bevorstehende Vereinsjahr vorgenommen werden. Dazu gab es meist einen *Christmas Tea* im Dezember und einen *Election Tea* im Mai, bei dem die Führungsmannschaft des jeweils nächsten Vereinsjahrs gewählt wurde. Während der Sommermonate (der Hauptumzugszeit in der Garnison) ruhte das Vereinsleben weitgehend.

Über die Jahre bildeten sich im *GAWC Heidelberg* zahlreiche Interessengruppen, die sich dem Wandern, dem Spracherwerb, Handarbeiten, Literatur, Musik und vielen anderen Aktivitäten widmeten. Daneben bot der Verein seinen Mitgliedern Ausflüge sowie Diskussions- und Konversationsgruppen und organisierte immer wieder auch *Diner's Groups,* die deutsche und amerikanische Ehepaare einmal monatlich zu einem gemeinsamen Abendessen in ein Restaurant führten. Fast schon legendären Charakter entwickelten die alljährlich veranstalteten *Fashion Shows* (Modeschauen), die oft gemeinsam mit dem *Heidelberg AWC* und seinen Nachfolgeorganisationen veranstaltet wurden.[29]

Das soziale Engagement des Vereins gehörte während der Anfangsjahre vor allem rein deutschen Projekten. Erst später kam die finanzielle Unterstützung auch Einrichtungen in der Garnison zugute. Im Vereinsjahr 1959/1960 brachten die 124 deutschen und 158 amerikanischen Mitglieder beispielsweise 11.950 Mark auf, die an diverse kommunale Projekte (darunter auch Hilfe für Flüchtlinge und Spielgeräte für einen Spielplatz), das Altenheim Langenzell, die Studentenhilfe der Universität Heidelberg sowie einen Wohlfahrtsfonds flossen, der den deutsch-amerikanischen Studentenaustausch förderte.[30] Speziell dem Studentenaustausch sollte der Verein bis in die Gegenwart treu bleiben.

Trotz aller deutsch-amerikanischen Geselligkeit in Vereinen wie dem *GAWC Heidelberg* galt es im Heidelberg der späten 1940er und frühen 1950er Jahre jedoch zunächst eine Reihe ernster Probleme im deutsch-amerikanischen Verhältnis zu lösen. Dringlichste Aufgabe der Zeit war aus Sicht vieler Bürger die Rückgabe der zahlreichen von den Amerikanern seit 1945 besetzten Gebäude in der Stadt. 1949 waren beispielsweise noch 453 Ein- und Mehrfamilienhäuser mit zusammen 1.133 Wohneinheiten von der Besatzungsmacht belegt.[31] Dazu kamen – besonders schmerzlich für den örtlichen Tourismus –

↑ Heidelberger Frauen tragen vor dem *Keyes Building* in der Römerstraße im Juli 1951 ihre Forderung nach Rückgabe besetzter Gebäude vor (*STAHD*).

↑ Teilnehmer eines deutsch-amerikanischen Studentenaustauschs und Mitglieder des *GAWC Heidelberg* vor dem Heidelberger *Amerika-Haus* 1975 (*GAWC Heidelberg*).

zahlreiche belegte Zimmer in den Hotels, Pensionen und Gasthöfen der Stadt. Mit dem Bau der Wohnsiedlungen *MTV* und *PHV* konnten diese Probleme zwar gelöst werden. In vielen Fällen zog sich die Freigabe von besetzten Gebäuden aber recht lange hin, weshalb es immer wieder zu Demonstrationen der Interessengemeinschaft der Besatzungsgeschädigten (IBG) in Heidelberg kam, die von der Lokalpresse begleitet wurden. Besonders spektakulär waren in diesem Zusammenhang ein Protestmarsch von 120 betroffenen Frauen zum Heidelberger Rathaus und zur *Campbell Barracks* im Juli 1951[32] sowie eine Demonstration von 1.500 Besatzungsgeschädigten am 30. Oktober des gleichen Jahrs.[33] Im Oktober 1956 kam es zu einer außergewöhnlichen Demonstration einer einzelnen Besatzungsgeschädigten, als die Musikerin Alwine Moeslinger einen Sitzstreik vor ihrem besetzten Anwesen in der Bergstraße 99 veranstaltete. Schon einen Tag darauf wurde ihr die Freigabe des Gebäudes von den Amerikanern zum 30. November 1956 verbindlich zugesagt.[34] Zu diesem Zeitpunkt befanden sich nur noch 92 Gebäude in amerikanischer Hand, ab 1957 hatte sich das Problem endgültig erledigt.

Das Ende der Streitigkeiten um die Rückgabe von Gebäuden und der Rückzug der Garnison auf jene Liegenschaften, die sie fortan bis 2013 nutzen sollte, führten ab Mitte der 1950er Jahre zu einer weitgehenden Entspannung des deutsch-amerikanischen Verhältnisses. Anders als im benachbarten Mannheim verfügte das amerikanische Militär in Heidelberg über keine schweren Waffen, nur wenige Lastwagen und gut 20 Flugzeuge und Hubschrauber auf dem *Heidelberg Army Airfield,* sodass es zwischen Garnison und Anwohnern nur selten zu Unstimmigkeiten wegen Lärmbelästigungen oder Umweltverschmutzungen kam. Naturgemäß trug die Schaffung eines autarken und separaten amerikanischen Stadtteils ohne größere Berührungspunkte zum „deutschen Teil" Heidelbergs seinen Teil zur Vermeidung von Konflikten bei.[35]

Um das deutsch-amerikanische Miteinander in Heidelberg nach der Besatzungszeit zu verbessern, wurde im Oktober 1952 der Deutsch-Amerikanische Beratungsausschuss (DABA) auf amerikanische Initiative hin ins Leben gerufen. Fortan trafen sich ranghohe Vertreter von Garnison und Stadt quartalsweise zu einem Meinungsaustausch, bei dem Themen aller Art – wenn auch hinter verschlossenen Türen und unter Ausschluss etwa der Besatzungsgeschädigten – relativ offen angesprochen und diskutiert werden konnten.[36] Das Gremium diente vor allem dem Zweck, eine Vertrauensbasis zwischen Garnison und Stadt zu schaffen, speziell nach dem offiziellen Ende der Besatzungszeit 1952. In einer Sitzung des DABA im November 1953 ging es z.B. um die Unterbringung neu ankommender amerikanischer Familienangehöriger in Heidelberg, die Gestaltung eines weihnachtlichen Hilfsprogramms für Bedürftige und die Planungen für eine erste ame-

↑ Räumung der Heidelberger Stadthalle durch die Amerikaner am 1. Dez. 1951. Bis zu diesem Zeitpunkt hatte die Stadthalle den legendären *Stardust EM Club* beherbergt (*Dr. John Provan*).

rikanische *Christmas Parade* durch Teile der Stadt.[37] Obwohl der DABA grundsätzlich ein wertvolles Dialoginstrument zwischen Garnison und Kommune darstellte, fehlte es auf deutscher Seite stellenweise an Interesse, weshalb die Veranstaltung im Lauf der 1950er Jahre allmählich ihren regelmäßigen Charakter verlor und schließlich völlig verschwand. Andererseits hatte sich das deutsch-amerikanische Verhältnis mithilfe des 1952 etablierten *Civil Affairs Officer* auch mittlerweile weitgehend normalisiert, war das Misstrauen der unmittelbaren Nachkriegszeit auf höchster Ebene längst einem professionellen und durchaus freundschaftlichen Miteinander gewichen.

Überhaupt erlebten die deutsch-amerikanischen Beziehungen in Heidelberg während der 1950er und frühen 1960er Jahre trotz aller Probleme einen stetigen Aufschwung, kamen sich Heidelberger und Amerikaner auf vielfältige Weise näher. Viele gemeinsame Veranstaltungen wurden nun auch nicht mehr nur von amerikanischer Seite angeregt und getragen, sondern von Stadtverwaltung oder einzelnen Gruppen in der Stadt initiiert und organisiert. Hierzu gehörten beispielsweise Vortragsreihen an der Universität Heidelberg, in denen amerikanischen Offizieren während der Wintersemester 1952/1953 bzw. 1953/1954 deutsche Geschichte nähergebracht wurde,[38] oder eine von der Heidelberger Bürgergemeinschaft ausgerichtete Abschiedsfeier für *CINCUSAREUR* GEN Charles S. Bolte.[39] Von amerikanischer Seite wurde im August 1953 ein Platzkonzert einer Band der *US Air Force* mit 12.000 deutschen und amerikanischen Zuhörern organisiert. Zu Weihnachten folgte die erwähnte *Christmas Parade*, auch wenn diese von Teilen der Lokalpresse mit einer gewissen Überheblichkeit kommentiert wurde.[40]

Ab 1954 fand alljährlich bundesweit in amerikanischen Garnisonsstädten auf Initiative des Verbands der Deutsch-Amerikanischen Klubs e.V. die *German-American Friendship Week* statt (Deutsch-Amerikanische Freundschaftswoche). Jeweils im Mai gab es fortan eine Woche voller deutsch-amerikanischer Aktivitäten in Heidelberg, wozu neben Tagen der Offenen Tür, gemeinsamen Gottesdiensten, Auftritten von Militärkapellen, Tanzereignissen und Sportveranstaltungen auch Austauschprogramme für Schüler gehörten. Im Lauf der 1950er und 1960er Jahre beteiligten sich auf deutscher Seite mehr und mehr Organisationen und Einrichtungen an diesem regionalen Großereignis, darunter im Jahr 1962 z.B. die Universität Heidelberg, das Städtische Theater und zahlreiche Vereine.[41] Dass gelegentlich sogar Persönlichkeiten wie die amerikanische Opernsängerin Gloria Davy (1963)[42] und Berlins Regierender Bürgermeister Willy Brandt (1964)[43] anlässlich der Deutsch-Amerikanischen Freundschaftswoche in Heidelberg weilten, unterstreicht den Stellenwert der Veranstaltung. Ähnlich erfolgreich entwickelte sich das seit 1954 stattfindende Deutsch-Amerikanische Volksfest, das anfangs als *AYA Carnival* unter der Ägide der *American Youth Activities* bekannt war und alljährlich im Sommer große Teile der Wohnsiedlung *PHV* in einen Rummelplatz mit Schaubuden, Karussells und anderen Vergnügungen verwandelte.[44]

Zusätzlich gestärkt wurde das deutsch-amerikanische Verhältnis in Heidelberg während dieser Jahre durch Entwicklungen auf der weltpolitischen Bühne, die Amerikaner und Europäer näher zusammen-

↗ Beschenkung deutscher Waisenkinder durch Soldaten der *529th MP Company* im Dez. 1957 bzw. durch Soldaten vom *Heidelberg Army Airfield* Anfang der 1960er Jahre (*USAREUR History Office bzw. Randy Sullivan*).

rücken ließen. Speziell der Ungarn-Aufstand 1956, der Bau der Berliner Mauer 1961 und die Kuba-Krise 1962 führten vielen Deutschen den Wert einer engen Bindung an die USA vor Augen. Aus den Besatzern und Weltkriegsgegnern von einst waren längst wichtige Verbündete und Freunde geworden. In Heidelberg wurde diese Freundschaft in den frühen 1960er Jahren beispielsweise in Form von Weihnachtsfeiern für amerikanische Soldaten in einem Heidelberger Studentenlokal,[45] gemeinsamen deutsch-amerikanischen Ostergottesdiensten auf dem Heiligenberg mit mehreren tausend Teilnehmern[46] und Einladungen an deutsche Studenten und Waisenkinder in amerikanische Kasernen mit Leben erfüllt.[47]

Mit dem eskalierenden Vietnam-Krieg und den Unruhen an Universitäten in vielen Teilen der westlichen Welt ab 1966 erfuhr auch das deutsch-amerikanische Verhältnis in Heidelberg eine gewisse Abkühlung, zu weit hatte sich amerikanisches Handeln in der Wahrnehmung vieler junger Menschen von amerikanischen Idealen entfernt. In Heidelberg wie in anderen Universitätsstädten häuften sich Demonstrationen gegen die USA und hier stationierte Amerikaner, was bei vielen Amerikanern zu großer Verunsicherung führte, wähnte man sich doch auf dem Boden eines verbündeten Staates, dessen demokratische und freiheitliche Ordnung letztlich durch amerikanische Soldaten garantiert wurde. Für nicht wenige Amerikaner in Heidelberg war die nun aufkeimende 68er-Bewegung vor allem mit zerkratzten Autos, zerstochenen Autoreifen, verbalen Pöbeleien und anderen Schikanen verbunden, weshalb man in der Öffentlichkeit die eigene Identität möglichst verheimlichte.

Verschärft wurden die Probleme durch die in den USA aufkommenden Rassenunruhen, die auch in Heidelberger Kasernen spürbar waren, etwa über die schwarze Untergrundorganisation *Unsatisfied Black Soldiers* (*UBS*). Von Seiten linker deutscher Studenten kam es zu verschiedenen Annäherungsversuchen an diese schwarzen Soldaten, die jedoch nur kurzzeitig von Erfolg gekrönt waren. Daran

↓ Schnappschüsse vom *AYA Carnival* Anfang Juli 1967 (*STAHD, Alfred Dammer*).

↑ Schäden an geparkten Autos in der *Campbell Barracks* nach dem RAF-Terroranschlag vom 24. Mai 1972, den drei Soldaten mit ihrem Leben bezahlten (*STAHD*).

änderten auch zwei große gemeinsame Veranstaltungen in der Universität Heidelberg an den amerikanischen Unabhängigkeitstagen der Jahre 1970 und 1971 nichts, zu denen jeweils einige hundert schwarze Soldaten zusammenkamen. Am 4. Juli 1971 sprach hier sogar Kathleen Cleaver, die Ehefrau des im algerischen Exil lebenden *Black Panther*-Anführers.[48]

Für Schlagzeilen und eine weitere Verschlechterung des deutsch-amerikanischen Verhältnisses während dieser Jahre sorgte ein Aufsehen erregender Schritt des Rektorats der Universität Heidelberg im Juni 1970. In einem Brief an *CINCUSAREUR* GEN James H. Polk lehnten der Rektor Prof. Dr. Rolf Rendtorff und zwei Prorektoren die Teilnahme am alljährlichen *CENTAG*-Sommerball im Mannheimer Rosengarten mit Verweis auf den Krieg in Indochina barsch ab.[49] In den Folgewochen kam es in der Heidelberger Lokalpresse zu einem Schlagabtausch zwischen Befürwortern und Gegnern dieser Entscheidung, der letztlich nur aufzeigte, wie weit sich Teile der deutschen Gesellschaft mittlerweile von den Amerikanern entfernt hatten.[50] Dass es sich bei dem besagten Ball um eine Veranstaltung der *CENTAG* (und damit der *NATO*) – und nicht der Amerikaner – handelte, ging in der emotional aufgeladenen Debatte fast völlig unter.[51]

Einen traurigen Höhepunkt erreichte die Agitation gegen Amerika in Heidelberg am 24. Mai 1972, als zwei von Terroristen der Roten Armee Fraktion (RAF) in der *Campbell Barracks* zur Zündung gebrachte Bomben drei amerikanische Soldaten töteten und weitere verletzten. In der amerikanischen Garnison bewirkte der Gewaltakt einen Schock, der bei vielen Amerikanern zu einer Neubewertung ihrer deutschen Umwelt führte, zumal der Heidelberger Anschlag kein Einzelfall war. Bereits am 11. Mai 1972 war ein amerikanischer Soldat bei einem RAF-Terroranschlag in Frankfurt am Main ermordet worden, weitere Anschläge linksextremer Täter folgten bis in die 1980er Jahre. Nicht minder demoralisierend waren in diesem Zusammenhang zahllose Bombendrohungen, die die Heidelberger Garnison nach dem Anschlag von Mai 1972 verunsicherten, auch wenn es sich nur um schlechte Scherze einzelner Täter handelte.[52] Obwohl den meisten Amerikanern durchaus bewusst war, dass die Mörder vom 24. Mai 1972 nur einen kleinen Teil des amerikakritischen Spektrums in der deutschen Gesellschaft repräsentierten, war nun viel von der bisherigen Leichtigkeit im gegenseitigen Umgang verloren, trat ein gewisses Misstrauen an die Stelle von unbekümmertem Miteinander. Selbst die typisch amerikanischen Schulbusse in olivgrünem Tarnanstrich, die jeden Morgen Hunderte von Schulkindern zu den diversen Schulen der Garnison transportierten, wurden nun aus Sicherheitsgründen allmählich durch unauffälligere deutsche Busse ersetzt.

Trotz der angespannten Lage bemühten sich die Amerikaner weiterhin um ein gutes deutsch-amerikanisches Verhältnis, wozu auch die *Kontakt Clubs* beitragen sollten, die *USAREUR* ab 1970 ins Leben rief. In Heidelberg traf sich bereits im Frühjahr 1970 eine Gruppe aus 70 Studenten und Soldaten sporadisch zu gemeinsamen Aktivitäten, ab April 1970 wurde das *Kontakt Heidelberg*-Programm offiziell von *USAREUR/7A Troops* getragen.[53] Das Vereinsleben wurde über die Jahre stetig weiterentwickelt und schloss regelmäßige Vereinsabende ebenso mit ein wie Ausflüge und Grillabende oder spezielle Aktivitäten für Familien mit Kindern. Zeitweise wurde dem Verein von der Garnison sogar ein Soldat als hauptamtlicher *Kontakt Coordinator* zur Verfügung gestellt. Der Verein sollte der Garnison bis zu ihrer Schließung erhalten bleiben.

Auch von deutscher Seite wurden Bemühungen unternommen, das deutsch-amerikanische Verhältnis trotz aller Widrigkeiten der Zeit zu verbessern. Im Jahr 1969 rief Sieglinde Mosbacher in Heidelberg eine Aktion ins Leben, die es amerikanischen Familien in der Stadt ermöglichte, einen Samstagnachmittag bei einer deutschen Familie zu verbringen. Ziel der Initiative waren natürlich Gegenbesuche und langfristige Freundschaften zwischen deutschen und amerikanischen Familien, die sich in vielen Fällen auch ergaben. Der anfangs kleine Kreis von 20 interessierten Familien wuchs schnell auf über 300 an. Im Gegenzug lud die Garnison im Oktober 1971 zu einem Freundschaftsessen in den *Old Dominion NCO Club* in die *PHV* ein, wo ein reichhaltiges kulturelles Programm geboten wurde.[54]

Um Verständigungsproblemen zwischen Deutschen und Amerikanern zu begegnen, rief *CINCUSAREUR* GEN George S. Blanchard Ende der 1970er Jahre mit *Headstart* und *Gateway to German* zwei Programme ins Leben, die neu in Deutschland ankommenden Soldaten und deren Familienangehörigen die deutsche Sprache und Kultur näherbringen sollten.[55] Derartige Schulungen für Neuankömmlinge wurden im Lauf der Jahre stetig fortentwickelt. Zwischen 1986 und 2011 wurde Familien in Heidelberg z.B. *Families Learn About Germany* (*FLAG*) angeboten, das eine ganze Woche dauerte und i.d.R. zwei Ausflüge in die deutsche Umgebung einschloss (ab 2011 vom *Culture College Program* abgelöst).[56]

Die Erschütterungen der Jahre nach 1966 waren ab Mitte der 1970er Jahre weitgehend abgeflaut, dennoch erreichte das deutsch-amerikanische Verhältnis in Heidelberg nun nicht mehr die Innigkeit und Herzlichkeit früherer Jahre. Mit dem Beginn der *NATO*-Nachrüstungsdebatte ab 1979 kühlte sich das Verhältnis zwischen Teilen der deutschen Gesellschaft und den Amerikanern erneut ab, auch wenn eine breite Mehrheit in Deutschland stets eine positive Meinung zu den Amerikanern hatte, wie zahlreiche Umfragen über die Jahrzehnte regelmäßig belegten. Daran konnten auch die immer neuen Themen der medial recht präsenten Friedensbewegung, die in Heidelberg mit seinem studentischen Milieu stets stärker vertreten war als an anderen Orten, letztlich nichts ändern.[57]

Am 15. September 1981 kam es dann auf der Höhe des Karlstorbahnhofs zu einem erneuten Terroranschlag der RAF, als von einer Anhöhe aus zwei Panzerabwehrgranaten auf den Dienstwagen von *CINCUSAREUR* GEN Frederick J. Kroesen abgefeuert wurden. Eine Granate traf den gepanzerten Dienstwagen nahe des Tanks, der jedoch nicht explodierte, weshalb GEN Kroesen, seine Ehefrau Rowene, ein Adjutant und der Fahrer den Granatbeschuss und einige anschließende Gewehrsalven fast unverletzt überstanden. Letztlich hatte der gepanzerte Dienstwagen an diesem Tag Schlimmeres verhindert, er war erst einige Tage zuvor auf Anraten deutscher Sicherheitsbehörden angeschafft worden.[58] Auch Anschläge auf amerikanische Einrichtungen an anderen Orten (etwa auf die *Ramstein Air Base* im August 1981 und die *Hahn Air Base* zwei Jahre später) führten den Amerikanern immer wieder ihre eigene Verletzlichkeit in Deutschland vor Augen und veranlassten mehr und mehr Amerikaner zu einem Rückzug in ihre eigenen Wohngebiete, die vorerst zwar noch offen zugänglich blieben, aber wenigstens ein Minimum an gefühlter Sicherheit boten. In Heidelberg wie auch anderswo wurden Amerikaner in Radiospots und in Zeitungsartikeln dazu angehalten, ihre Umwelt stets wachsam im Auge zu behalten. Andererseits rückte man nun in der Garnison enger zusammen, was den Zusammenhalt der Truppe nachhaltig stärkte.[59]

Das deutsch-amerikanische Verhältnis blieb von der Terrorgefahr zunächst weitgehend unberührt, zumal viele Heidelberger wohl nicht

↑ *CINCUSAREUR* GEN Frederick J. Kroesen, auf den RAF-Terroristen am 15. Sept. 1981 einen Anschlag verübten (*US Army*).

nachvollziehen konnten, wie real viele ihrer amerikanischen Nachbarn die terroristische Gefahr durch Linksextremisten – ab den 1990er Jahren meist durch Islamisten – empfanden. Für viele Heidelberger blieb der amerikanische Soldat ein „unbekanntes Wesen",[60] zu dem man nur bei einzelnen Gelegenheiten wie dem Deutsch-Amerikanischen Volksfest gewissen Kontakt hatte.

Mit dem Ende des Kalten Kriegs kam es bei vielen Deutschen naturgemäß zu einer Neubewertung der amerikanischen Militärpräsenz im Land. Diese Neubewertung wurde 1990/1991 noch von den Turbulenzen des Zweiten Golfkriegs zur Befreiung Kuwaits überschattet, die in Heidelberg zu einem gewissen Schulterschluss von Stadtverwaltung und Garnison führten. So bot Oberbürgermeisterin Beate Weber *Community Commander* LTG John M. Shalikashvili in einem persönlichen Schreiben zahlreiche Vergünstigungen für Familienangehörige von am Persischen Golf dienenden Heidelberger Soldaten an, darunter Freikarten für Zoobesuche, Schlossführungen und Theatervorstellungen, eine kostenlose Teilnahme an Programmen im Haus der Jugend und vieles mehr.[61] Auch seitens der Bevölkerung kam es zu spontanen Solidaritätsbekundungen mit der Heidelberger Garnison, die in der medialen Berichterstattung jedoch hinter den amerikakritischen Demonstrationen vergangener Jahre zurückblieben.

Als nach dem Ende des Zweiten Golfkriegs zahlreiche amerikanische Garnisonen in Deutschland geräumt wurden, stellte sich auch die Frage nach der Zukunft der Heidelberger Garnison. Als wichtiger Hauptquartiersstandort stand Heidelberg während dieser Jahre in amerikanischen Planungen wohl zu keinem Zeitpunkt ernsthaft zur Disposition, auch wenn die Truppenstärke zwischen 1990 und 1995 von 5.000 auf 3.600 Soldaten fiel.[62] Da beide amerikanische Wohnsiedlungen erhalten blieben, konzentrierten sich die Amerikaner fortan noch stärker in der *MTV* und der *PHV*, was eine weitere Trennung von Heidelbergern und Amerikanern nach sich zog. Allerdings standen beide Wohnsiedlungen deutschen Besuchern weiterhin ohne jede Ausweiskontrolle offen, konnten Heidelberger Bürger beispielsweise problemlos an amerikanischen Gottesdiensten in der *MTV Chapel* und *PHV Chapel* teilnehmen. Gemeinsame Gottesdienste von deutschen und amerikanischen Kirchengemeinden gehörten nun jedoch weitgehend der Vergangenheit an, ebenso wie die zahlreichen gemeinsamen Aktivitäten vergangener Deutsch-Amerikanischer Freundschaftswochen.

Die Terroranschläge des 11. September 2001 in den USA gingen an der Garnison nicht spurlos vorbei. Fortan genoss Sicherheit bei den Amerikanern höchste Priorität, weshalb die *PHV* umgehend abgeriegelt wurde. Die direkt an die deutsche Wohnbebauung grenzende *MTV* wurde in der Folgezeit ebenfalls mit hohen Zäunen gesichert, sodass Kontakte zwischen Heidelbergern und Amerikanern immer schwieriger wurden. Schon vor den Anschlägen hatte man damit begonnen, die charakteristischen amerikanischen Kennzeichen an den Dienst- und Privatfahrzeugen der Garnison durch deutsche Kennzeichen zu ersetzen.[63] Wie berechtigt die Sorgen der Amerikaner vor erneuten Terroranschlägen in Heidelberg waren, bewies die Verhaftung eines jungen Paars in der Stadt am 5. September 2002, auch wenn konkrete Anschlagspläne später vor Gericht nicht nachgewiesen werden konnten und nur geringe Strafen ausgesprochen wurden.[64]

Insgesamt führte der 11. September 2001 Heidelberger und Amerikaner jedoch im Geiste zunächst zusammen, was spontane Solidaritätsbekundungen vieler Heidelberger Bürger gegenüber ihren amerikanischen Nachbarn, eine Demonstration auf dem Bismarckplatz im Beisein der Oberbürgermeisterin am 16. September und eine Spendensammlung für die Hinterbliebenen der Opfer unter städtischen Mitarbeitern belegen.[65] In die Bekundungen von Solidarität mit den USA mischten sich allerdings schon früh kritische Töne über mögliche Reaktionen der amerikanischen Regierung auf den Terroranschlag, die spätestens nach dem Aufmarsch gegen den Irak im Frühjahr 2003 bei vielen Heidelbergern in offene Ablehnung umschlugen. Speziell das Verhältnis zwischen Oberbürgermeisterin und der Führung im *USAREUR*-Hauptquartier unter GEN Burwell B. Bell galt unter vielen Amerikanern in Heidelberg als recht angespannt.

Inmitten der deutsch-amerikanischen Verstimmungen wegen des Irak-Kriegs führte die sehr politisch geprägte Rede eines Heidelberger Professors im Mai 2005 bei vielen Amerikanern zu großer Empörung und weiterer Entfremdung von ihrer deutschen Umwelt. Die im Rahmen der alljährlichen Abschlussfeier der *University of Maryland* in der *PHV* gehaltene Rede wich stark von an gleicher Stelle in der Vergangenheit gehaltenen Reden eingeladener Ehrengäste ab und glich über weite Strecken einer bloßen Abrechnung mit der amerikanischen Gegenwartspolitik, weniger einer Abschlussrede vor Hunderten erwartungsfreudiger Absolventen. Der Redner wurde ausgebuht, viele Absolventen und ihre Angehörigen fühlten sich um einen der schönsten Tage in ihrem Leben betrogen.[66] Ein in Heidelberg dienender *Chaplain* fasste seinen Eindruck von den deutsch-amerikanischen Beziehungen in der Stadt eineinhalb Jahre später denn auch mit dem Wort „eiskalt" zusammen.[67]

Abseits der großen Politik blieben viele Heidelberger ihrer Garnison aber bis zu deren Schließung verbunden, zu sehr hatte man sich in jahrzehntelanger Nachbarschaft aneinander gewöhnt. Nicht zuletzt war und ist der Widerspruch gegen Amerika immer auch ein Erfolg jener *Reeducation*- und *Reorientation*-Strategie, die die Heidelberger Militärregierung unter CPT Haskell Ende März 1945 einst eingeleitet hatte und die in Heidelberg längst ein weltoffenes Klima und eine tief verwurzelte demokratische Streitkultur geschaffen hatte. Ein Erbe, das der Stadt bei der Bewältigung vieler Herausforderungen in einer globalisierten Welt auch lange nach dem Abzug des letzten amerikanischen Soldaten wertvolle Dienste leisten dürfte.

Viele Heidelberger, die über die Jahre engere Kontakte zu den Amerikanern in der Stadt unterhielten, dürften ohnehin recht positive Erinnerungen an fast sieben Jahrzehnte deutsch-amerikanischer Geschichte in Heidelberg mitnehmen. Hierzu gehören vor allem jene Heidelberger, die bei den Amerikanern beschäftigt waren und ihrem Arbeitgeber nicht selten 30 und mehr Jahre treu blieben. Lockte in frühen Jahren noch häufig die Aussicht auf gute Bezahlung Tausende von Deutschen in die amerikanischen Einrichtungen der Stadt, spielten in späteren Jahren vor allem ein nicht alltägliches Arbeitsumfeld, ein überaus kollegiales Arbeitsklima, ein lockerer Umgang zwischen Vorgesetzten und Untergebenen, innovative Führungsinstrumente wie ein lebhaftes Vorschlagswesen und nicht zuletzt auch eine ausgesprochene Kultur des Lobes und der Anerkennung für geleistete Dienste eine wichtige Rolle.

Ab den 1970er Jahren konnten die Amerikaner in Heidelberg denn auch immer häufiger langjährige deutsche Mitarbeiter in den Ruhestand verabschieden, worüber in der amerikanischen Lokalpresse ausführlich berichtet wurde. Der 1946 als Vertriebener nach Heidelberg gekommene Bruno Hinzmann schied beispielsweise erst 1989 nach 43-jähriger Tätigkeit in diversen amerikanischen Klubs der Stadt aus dem aktiven Berufsleben aus.[68] Die in der amerikanischen Garnison fast schon legendäre Brunhilde Lenz brachte es bei ihrer Verabschiedung im Jahr 1997 gar auf 47 Berufsjahre bei den Amerikanern. Auch sie hatte viele Jahre in den amerikanischen Klubs gearbeitet, weshalb ein Raum im *Village Pavilion* der *PHV* ihr zu Ehren umbenannt wurde.[69]

Alles in allem stellen sich die deutsch-amerikanischen Beziehungen in Heidelberg in der Rückschau daher als ein überaus buntes und teilweise auch widersprüchliches Kaleidoskop aus großer Weltpolitik, praktischen Problemen vor Ort und vielfältigen zwischenmenschlichen Beziehungen dar, in dem Amerikaner und Heidelberger zweifellos viel voneinander gelernt haben. Was als distanziertes und zaghaftes Nebeneinander von Siegern und Besiegten nach dem Zweiten Weltkrieg begonnen hatte, entwickelte über die Jahrzehnte immer neue Facetten gelebten Miteinanders, die Amerikaner und Heidelberger geprägt haben. Vereine wie der *GAWC Heidelberg*, Einrichtungen wie das *Deutsch-Amerikanische Institut Heidelberg – Haus der Kultur* und nicht zuletzt die zahlreichen amerikanischen Veteranen, die wegen eines deutschen Ehepartners oder aus Liebe zur Stadt und Region in Heidelberg geblieben sind, werden dieses Miteinander in den kommenden Jahren weiterentwickeln und das Erbe der Heidelberger Garnison antreten.

↑ Abschiedsfoto von *Rear Admiral* Bertram J. Rodgers für Oberbürgermeister Dr. Carl Neinhaus mit persönlicher Widmung vom 12. Okt. 1955 (*US Army*).

↑ Am 21. Aug. 1997 wird der *Williamsburg Room* im *Village Pavilion* zu Ehren der langjährigen Mitarbeiterin Hildegard Lenz (Bildmitte) umbenannt (*USAG Baden-Württemberg*).

8 Amerikanische Lebensläufe in Heidelberg

Für die meisten in Heidelberg lebenden Amerikaner – ganz gleich, ob Soldaten, zivile Mitarbeiter oder Familienangehörige – war der Aufenthalt in der Stadt am Neckar eine zeitlich begrenzte Erfahrung. Wer etwa in der *US Army* zwischen den 1940er und 1970er Jahren seinen Wehrdienst ableistete, verbrachte nach der Grundausbildung häufig nur ein bis eineinhalb Jahre in Heidelberg. Auch nach der Abschaffung der Wehrpflicht 1973 blieben alleinstehende Soldaten (*Single Soldiers*) meist nur zwei Jahre in Heidelberg, danach ging es normalerweise zu einer anderen Einheit an einem anderen Stationierungsort.

Anders die seit 1946 in Heidelberg anzutreffenden Soldaten mit Familienangehörigen. Sie blieben meist zwei bis drei Jahre in der Stadt, in Einzelfällen durchaus länger. Ein wichtiger Grund zur Verlängerung der Stationierungszeit konnte beispielsweise ein schulpflichtiges Kind sein, dem zum Abschluss der *High School* nur noch ein Schuljahr fehlte. Soldaten mit deutschen Ehefrauen waren häufig an einer Verlängerung ihres Heidelberg- oder Deutschland-Aufenthalts interessiert. Nicht wenige von ihnen ließen sich daher nach ihrer Dienstzeit in Heidelberg in benachbarte Garnisonen wie Kaiserslautern, Karlsruhe oder Mannheim versetzen – teilweise ohne dorthin zu ziehen, was letztlich den Heidelberg-Aufenthalt verlängerte. Darunter litt freilich nicht selten das berufliche Vorankommen von Offizieren und Unteroffizieren, da Beförderungen den Besuch von Lehrgängen voraussetzten, die häufig nur an Standorten in den USA angeboten wurden.

Für zivile Mitarbeiter der amerikanischen Streitkräfte galten generell andere Regelungen, weshalb viele dieser Menschen und ihre Familienangehörigen teilweise deutlich länger in Heidelberg blieben. Nicht wenige Lehrer an einer der vier amerikanischen Schulen verbrachten beispielsweise mehrere Jahrzehnte in Heidelberg, wodurch die Stadt für viele dieser Menschen zur Heimat wurde – die eigentliche Heimat im fernen Amerika hingegen mehr und mehr zum Ausland. Dies galt in besonderem Maß für die Kinder dieser Lehrer, die stellenweise ihre gesamte Kindheit und Jugend in Heidelberg verbrachten.

Die Familie des 1948 geborenen Richard C. Bennett lebte zwischen 1959 und 1980 in Heidelberg, Richards Vater war während dieser Jahre als ziviler Mitarbeiter der *US Army* in der *Campbell Barracks* tätig. Alle neun Kinder der Bennetts (drei davon in Heidelberg gebürtig) besuchten die *Heidelberg American High School,*

↑ Richard C. Bennett 1966 als Absolvent der *Heidelberg American High School* und 1982 als Trainer einer Volleyballmannschaft derselben Schule. In gleich mehreren Jahren gewannen die von Bennett trainierten Mannschaften die Volleyballmeisterschaften der amerikanischen *High Schools* in Europa (*Richard C. Bennett*).

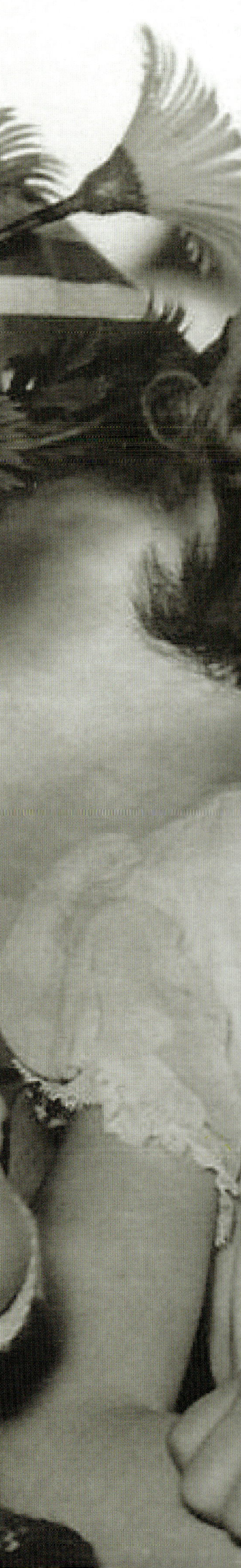

Viele Amerikaner lebten über die Jahrzehnte mehr als einmal in Heidelberg: Regina C. Noeth 1960 als kleines Mädchen in Heidelberg und rund 50 Jahre später als *Lieutenant Colonel* im *USAREUR*-Hauptquartier (*Regina C. Noeth*).

↑ Der mittlerweile zum *Colonel* beförderte Leonard W. Zedler Mitte der 1960er Jahre zusammen mit Sohn John in Heidelberg (*Donald H. Zedler*).
← MAJ Leonard W. Zedler und Ehefrau Ursula kurz nach ihrer Ankunft in Heidelberg 1946 (*Donald H. Zedler*).
↓ 7. Juli 1970: COL Leonard W. Zedler vereidigt seinen Sohn Donald in Heidelberg. Auch Donald sollte später in Heidelberg dienen und die *US Army* schließlich als *Colonel* verlassen (*Donald H. Zedler*).

sechs davon – darunter Richard 1966 – erwarben hier auch ihren *High School*-Abschluss. Nach seinem Studium in den USA und einigen Jahren Berufserfahrung kehrte Richard 1976 nach Heidelberg zurück, wo er zunächst u.a. in einem Jugendzentrum tätig war. Ab 1980 arbeitete er schließlich als Sportlehrer an seiner alten Schule, der er 26 Jahre lang treu bleiben sollte. Während dieser Zeit gewannen die von ihm trainierten Basketball- und Volleyballmannschaften zahllose Preise in amerikanischen *High School*-Meisterschaften in Europa. In den Jahren 1990 und 1996 organisierte er in Heidelberg die legendären Absolvententreffen (*Reunions*) seiner *High School*, die einige hundert Ehemalige der Schule in der Stadt am Neckar zusammenführten. Auch in seine deutsche Umwelt brachte sich Richard C. Bennett während seiner Zeit als Lehrer an der *Heidelberg American High School* ein, u.a. als Trainer einer Basketballmannschaft im nahen Leimen. Nach seiner Pensionierung 2006 ließ er sich in Virginia nieder, kehrt aber immer wieder gern nach Heidelberg zurück.[1]

Eine ähnlich intensive Beziehung zu Heidelberg konnte über die Jahrzehnte die Familie Zedler aufbauen. Die Geschichte begann unmittelbar nach dem Zweiten Weltkrieg, als MAJ Leonard W. Zedler von Bad Tölz aus mit dem Stab der *Third Army* nach Heidelberg kam. Schon in Bad Tölz hatte er Ursula M. Lindenau kennengelernt, die ihm nach Heidelberg folgte, wo die beiden im November 1946 heirateten. Ursula brachte vier Kinder aus erster Ehe mit in die Verbindung, die teilweise amerikanische Vornamen annahmen (John, Robert, Gert und Susanne), später hatte das Paar noch zwei eigene Kinder (Donald und Anne). Alle sechs Kinder verbrachten einige Jahre an der *Heidelberg American High School* und erwarben hier auch ihren *High School*-Abschluss (1959, 1960, 1961, 1963, 1965 und 1973).

Zunächst kehrte Familie Zedler im März 1947 jedoch in die USA zurück, kam nach Zwischenstationen in Missouri, Italien, Friedberg bei Frankfurt am Main, Wisconsin, Illinois, Texas und Marokko aber im März 1957 – mittlerweile war Leonard zum *Lieutenant Colonel* befördert worden – nach Heidelberg zurück, um eine Wohnung in der Römerstraße 107C (Teil der *MTV*) zu beziehen. Nach dem Ende der aktiven Dienstzeit von Leonard lebte die Familie ab 1964 im Haus Am Rohrbach 11, ab 1967 dann in der Rohrbacher Straße 146. Leonard arbeitete nun als ziviler Mitarbeiter im *USAREUR*-Hauptquartier, diente aber gleichzeitig als Reservist in der *US Army*, wo er schließlich den Rang eines *Colonel* erreichte. Daneben unterrichtete er an der *University of Maryland* in Europa, der *Schiller International University* und diversen Militärakademien der amerikanischen Streitkräfte, zumeist in Form von Abendkursen. Im Januar 1984 verabschiedete sich Leonard W. Zedler endgültig aus dem Berufsleben, wohnte mit seiner Frau Ursula aber zunächst weiterhin in der Rohrbacher Straße 146, ab 1991 dann in der Turnerstraße. Die Eheleute Zedler blieben bis zu ihrem Tod in Heidelberg (Leonard W. Zedler 1994, Ursula M. Zedler 1999).

Die meisten der Zedler-Kinder kehrten nach ihrem *High School*-Abschluss nach Heidelberg zurück oder blieben zunächst noch einige Jahre hier. Nicht weniger als vier der Kinder erwarben hier in Abendkursen an der *University of Maryland* ihre Bachelorgrade (einige gleich zwei), fünf der Kinder bei der zwischen 1964 und 1993 ebenfalls in Heidelberg vertretenen *Boston University* ihre Mastergrade. Zwei der durchweg zweisprachig aufgewachsenen Kinder besuchten gar die Universität Heidelberg.

Sohn Gert diente zwischen 1962 und 1964 im *130th Station Hospital* in Rohrbach, Sohn John im gleichen Zeitraum als *1st Lieutenant* der Fernmeldetruppe in der *Campbell Barracks*. Sohn Donald kehrte als *Captain* und Kommandeur des *Counterintelligence Detachment* des *527th Military Intelligence Battalion* zu Beginn der 1980er Jahre nach Heidelberg zurück und lebte während dieser Zeit *on the economy* in der Poststraße. In späteren Jahren brachte er es zum *Colonel* und amerikanischen Verteidigungsattaché in Berlin (2002 – 2006), wo er bis heute lebt. Das jüngste Kind der Zedlers, Anne, lebte zwischen 1994 und 2011 ununterbrochen in Heidelberg, bevor es sie wegen einer Professur ins bayerische Passau verschlug.[2]

Wohl nur wenige amerikanische Familien dürften über die Jahre eine derart innige Beziehung zu Heidelberg aufgebaut haben. Die Zedlers sind jedoch nicht allein. Es finden sich sogar amerikanische Familien, deren Mitglieder über drei Generationen als Soldaten in Heidelberg gedient haben. Zwischen 1947 und 1949 diente COL Joris B. Rasbach (ehemals „von Rasbach") im Heidelberger *EUCOM*-Hauptquartier. Seine Tochter Joanne B. Rasbach traf zu dieser Zeit in einem Heidelberger Schwimmbad den jungen CPL Henry W. Hogan, dessen Arbeitsplatz sogar im unmittelbaren Umfeld von COL Rasbach angesiedelt war. 1949 heirateten beide schließlich, Henry schied unmittelbar danach aus der *US Army* aus.

Später kehrte Henry in die *US Army* zurück, um eine Karriere als Berufsoffizier einzuschlagen. Zwischen 1970 und 1973 diente er als *Lieutenant Colonel* im *USAREUR*-Hauptquartier, zusammen mit seinen Kindern lebte das Paar zu dieser Zeit in der *MTV*. Tochter Leslie schloss 1973 die *High School* in Heidelberg ab, ihre Schwester Jennifer und ihr Bruder Patrick besuchten während dieser Jahre ebenfalls Heidelberger Schulen bzw. Kindergärten.

Der 1964 geborene Patrick B. Hogan entschied sich schließlich auch für eine Karriere als Berufsoffizier und erhielt 1986 sein Offizierspatent. Zwischen 1988 und 2013 diente der ausgebildete Artillerist fast

← COL Joris B. Rasbach während der späten 1940er Jahre in Heidelberg (*Patrick B. Hogan*).

← Henry W. Hogan als junger *Corporal* während der späten 1940er Jahre in Heidelberg (*Patrick B. Hogan*).

← LTC Henry W. Hogan zu Beginn der 1970er Jahre in Heidelberg (*Patrick B. Hogan*).

← COL Patrick B. Hogan 2011 als *Executive Officer* im *HQ AFC HD* (*Patrick B. Hogan*).

ununterbrochen in Deutschland, u.a. in Babenhausen (zweimal), Vilseck, Bamberg, Heidelberg (2002 – 2004), Idar-Oberstein, Hohenfels und Ramstein. Während der Jahre in Heidelberg arbeitete Patrick im unmittelbaren Umfeld der *USAREUR*-Kommandeure GEN Montgomery S. Meigs und GEN Burwell B. Bell. Hier lernte er auch seine spätere Frau Natalia kennen, die zu dieser Zeit an der Universität Heidelberg studierte. 2011 kehrte das Paar mit drei Kindern nach Heidelberg zurück, wo Patrick nunmehr als *Colonel* und *Executive Officer* im *HQ AFC HD* bis zur Außerdienststellung dieses *NATO*-Hauptquartiers im März 2013 seinen Dienst verrichtete. Seine drei Kinder bilden damit die mittlerweile vierte Generation der Familie Rasbach/Hogan, die in Heidelberg nach dem Zweiten Weltkrieg gelebt hat. Gleich drei Generationen dienten hier zwischen 1947 und 2013 im Rang eines *Colonel* oder *Lieutenant Colonel*.[3]

Zu einer regelrechten Heidelberger Legende mauserte sich über die Jahrzehnte der Weltkriegspilot Rex Gribble, der 1951 einer Einladung von Freunden nach Heidelberg folgte und hier eine Tätigkeit als ziviler Mitarbeiter im *USAREUR*-Hauptquartier in der *Campbell Barracks* aufnahm (bis 1952 noch *EUCOM*). Die guten Verdienstmöglichkeiten, der seinerzeit starke Dollar und der für die Zeit recht feudale Lebensstil in Heidelberg, wo er anfangs in einem requirierten Haus nahe des Schlosses untergebracht war, faszinierten den jungen Rex, der das neue Leben in vollen Zügen genoss.

Ab 1955 lebte Rex in der neu erbauten *PHV*, wo er an einem Novembermorgen des gleichen Jahrs seine Nachbarin Rachel Haskell kennenlernte, die als Lehrerin an der späteren *Mark Twain Elementary School* arbeitete. Kaum zwei Jahre später heiratete das Paar und ließ sich dauerhaft in Heidelberg nieder. Mit der Zeit entwickelten beide eine innige Leidenschaft für den Wintersport, wurden über viele Jahre zu tragenden Mitgliedern des *HISC* und verbrachten die meisten Weihnachtsfeste in den Alpen. Die beiden Töchter des Paars, Lisa und Lori, kamen beide in Heidelberg zur Welt, wo Lisa 1997 auch heiratete. 1988 konnte sich Rex schließlich zur Ruhe setzen. Seine Frau Rachel folgte 1998, nachdem sie 43 Jahre an amerikanischen Grundschulen in Heidelberg und Mannheim unterrichtet hatte. Beide blieben Heidelberg auch im Ruhestand treu und brachten sich fortan ehrenamtlich in die Garnison ein. Bis ins hohe Alter gehörte Rex zu den festen Größen auf dem amerikanischen Golfplatz in Oftersheim, wo er als ehrenamtlicher *Marshal* mit einem Funkgerät und seiner markanten Stimme einen reibungslosen Golfbetrieb sicherstellte. Erst mit dem Ende der Heidelberger Garnison im Sommer 2013 beschlossen auch Rex und Rachel Gribble, schweren Herzens in die USA zurückzukehren.[4]

Obwohl die meisten Amerikaner nur wenige Jahre in Heidelberg blieben, gab es in der Garnison durchaus einige Menschen mit einer ähn-

↑ Rex und Rachel Gribble 2005 in Heidelberg. Zum Zeitpunkt ihres Umzugs nach Kalifornien im Herbst 2013 hatten die Gribbles zusammen rund 120 Jahre in Heidelberg gelebt (*Rex und Rachel Gribble*).

lich langen Verweildauer wie Rex und Rachel Gribble, die in der Garnison wegen ihres hohen Alters in einer ansonsten eher jungen Militärpopulation naturgemäß auffielen. Hierzu gehörten Paul L. Harper, der zwischen 1948 und seinem Tod im Jahr 2000 ununterbrochen in Heidelberg gelebt und sich dabei massiv um den Aufbau eines europäischen Ablegers seines Akademikerbundes (*Alpha-Phi-Alpha Fraternity*) verdient gemacht hatte,[5] Allison Peltz, die letzte Rektorin der *Patrick Henry Elementary School*, die die Schule Jahrzehnte zuvor bereits als Schülerin kennengelernt hatte, oder der langjährige Leiter des *USAREUR History Office*, Bruce H. Siemon, der 1953 als junger Soldat nach Schwetzingen gekommen war und seine Position als *USAREUR Historian* erst 2010 im Alter von 79 Jahren aufgab.[6] Sie alle bildeten wichtige Kristallisationspunkte in einer Garnison, die unter ihrem ständigen Personalwechsel litt und gerade deshalb die Stabilität benötigte, die nur langjährige Garnisonsmitglieder gewährleisten konnten.

Für viele Amerikaner sind Heidelberg und die Heidelberger Garnison so über die Jahrzehnte zu einer zweiten Heimat, in nicht wenigen Fällen sogar zur ersten Heimat geworden. Diese Menschen werden in besonderem Maße dazu beitragen, die Erinnerung an die Garnison auch nach dem Abzug des letzten Soldaten und dem Einrollen der letzten Fahne zu bewahren. Es bleibt zu hoffen, dass auch die Heidelberger diese menschliche Bindung zum fernen Amerika nicht nur als ein Kapitel ihrer Stadtgeschichte, sondern als eine Chance verstehen, ihre eigene Rolle in einer zunehmend globalisierten Welt selbstbewusst einzunehmen. Dazu gehört ein vorurteilsfreier Umgang mit dem architektonischen und geistig-kulturellen Erbe der Amerikaner ebenso wie das Gedenken an ein kleines Stück Amerika am Neckar, das in den Köpfen vieler Amerikaner und Heidelberger seine Spuren hinterlassen hat.

9 Geschichten aus dem amerikanischen Heidelberg

Im Frühjahr 1959 traf der junge Soldat Bruce D. Terpstra nach längerer Zugfahrt aus Bremerhaven auf dem Heidelberger Hauptbahnhof ein, von wo aus er mit dem Bus weiter zu seiner Einheit in der Mannheimer *Hammonds Barracks* reisen sollte: „Ich ließ meine Taschen im Bahnhof und ging nach draußen, um zu rauchen. Das war ein Fehler, denn jeder zweite Deutsche, der mir begegnete, sprach mich an: ‚Eine Zigarette bitte.' Ich hatte keine Ahnung, was die Leute von mir wollten. Glücklicherweise kam ein Militärpolizist vorbei und erklärte mir: ‚Die fragen Sie nach Zigaretten. Sagen Sie einfach nein.' Nun war ich völlig verwirrt: ‚Was, ich soll denen gleich neun geben [dt. ‚nein' klingt wie engl. ‚nine']? Das ist ja fast eine halbe Packung!' Der Militärpolizist lachte: ‚Das heißt doch nur nein. Wenn Sie höflich sein wollen, sagen Sie einfach nein, danke [klingt wie ‚nine donkey' im Englischen, also ‚neun Esel']. Das werden die schon verstehen.' Bis mich der Bus zur *Hammonds Barracks* fuhr, sagte ich nun also ständig ‚nine donkey, nine donkey,' was die Deutschen ziemlich komisch fanden."[1]

↑ Amerikanische Soldatenfamilien warten am 15. Juli 1963 auf dem Heidelberger Hauptbahnhof auf den *Duty Train* (Militärdienstzug), der Heidelberg mit dem *Bremerhaven Port of Embarkation* verband (*Dr. John Provan*).

Dass der Heidelberger *529th MP Company* im Verteidigungsfall durchaus auch klassische militärische Aufgaben zugefallen wären, zeigt der Originaltext eines Übungsszenarios, den die Einheit während eines Manövers zwischen dem 24. und 28. April 1989 verwendete: „Hauptmann Constantin Vatukin von den sowjetischen Spezialeinsatzkräften Spetznaz ist besorgt. Der Krieg dauert nun schon fünf Tage. Panzerkolonnen des Warschauer Pakts haben entlang der Grenze zu Westdeutschland tiefe Vorstöße durchgeführt. Luftlandetruppen sind im Rücken der *CENTAG* entlang der wichtigsten Nachschubwege gelandet. Aber die Schlinge um Vatukin und seinen Aufklärungstrupp aus drei Männern zieht sich langsam zu. Die Panzerkolonnen haben ihre Ziele nicht planmäßig erreicht. Vatukin hat keinen Kontakt zu den eigenen Luftlandetruppen mehr. Während er nun auf einem Hügel bei Lampertheim sitzt, weiß Vatukin, dass sein Funksignal entdeckt worden ist. Irgendwo zwischen Heidelberg und Mannheim bereitet sich eine Patrouille der *US Army* darauf vor, Vatukin anzugreifen."[2]

↑ Soldaten der *529th MP Company* am 18. Nov. 1983 bei einer amphibischen Flussüberquerung. Die Soldaten der Einheit rückten eher selten zu Manövern aus, als zu wichtig galten ihre Aufgaben im Umfeld des *USAREUR*-Hauptquartiers (*USAG Baden-Württemberg*).

Dem *USAREUR*-Hauptquartier in der Heidelberger *Campbell Barracks* kam während des Kalten Kriegs eine enorme Bedeutung in der militärischen Planung der Amerikaner in Europa zu, insbesondere mit Blick auf die Einschätzung des Gegners. Mitte der 1950er Jahre diente hier der Deutsch-Amerikaner Gerhardt B. Thamm als Agent des amerikanischen Nachrichtendiensts: „Die Erbsenzähler – die Analysten im *USAREUR*-Hauptquartier in Heidelberg – behielten die Zahl der Truppen und Panzer, Lastwagen und Flugzeuge sowie den Umfang der sowjetischen Nachschubtätigkeiten in Ostdeutschland genau im Auge. Sie waren in der Lage, jede kritische Zunahme dieser Größen, die auf einen Angriff hindeuten könnte, genau einzuschätzen. Irgendjemand hatte schon vor längerer Zeit herausgefunden, dass die Sowjets das Gros ihrer Truppen und Ausrüstung per Bahn nach Ostdeutschland transportieren … Aus Erfahrungswerten wusste man, wie viele Soldaten in einem Eisenbahnwaggon sein würden. So konnten die Heidelberger Erbsenzähler mit relativ hoher Genauigkeit abschätzen, wie viele Truppen im Herbst nach Ostdeutschland gekommen und wie viele dort nun stationiert waren … Die kritische Zeit – die Bedrohungszeit – war immer der Herbst, wenn die alten Truppen mit den neu angekommenen Truppen [in Ostdeutschland] zu gemeinsamen Übungen ausrückten. Die Leute im Heidelberger Hauptquartier hatten einen Ablaufplan, um zu entscheiden, ob es wirklich nur um Übungen oder um einen Angriff ging … Jeden Morgen ging in aller Frühe eine Funkmeldung von Heidelberg ans Pentagon: ‚Keine bevorstehenden feindlichen Handlungen.'"[3]

Zu den Großereignissen im *HOCC* in der *PHV* gehörten feierliche Bälle, die für das europäische Führungspersonal einzelner Truppengattungen veranstaltet wurden. Dazu gehörte auch der alljährliche *Military Intelligence Ball* der Nachrichtendiensttruppe, den Anfang der 1990er Jahre Leland C. McCaslin als Mitarbeiter des *Deputy Chief of Staff for Intelligence* im *USAREUR*-Hauptquartier zu organisieren hatte: „Die Planungen begannen bereits neun Monate vor der Veranstaltung; ich traf mich einmal wöchentlich mit den Mitgliedern der Vorbereitungskomitees. Die verschiedenen Vorbereitungskomitees kümmerten sich um Blumen und Dekorationen, Reservierungen, Unterhaltung, Werbung, Einladungen, finanzielle Fragen, die Unterbringung der Gäste im Generalsrang und die Sitzordnung … Etwa sechs Monate vor dem Ereignis trafen wir uns gar täglich, und die Vorbereitungen wurden allmählich zu meiner Hauptbeschäftigung … Schließlich kam der Tag des Balls … Ich war sehr nervös. Wenn das schief ging, konnte es meine Karriere ruinieren! … Als die Bombenspürhunde kamen, um den Klub zu überprüfen, und die Militärpolizisten das Gelände hermetisch abriegelten, ging es los. Die Gäste kamen in ihren Ausgehuniformen, Fracks, und langen Kleidern … und die Musik spielte auf. Die Cocktails wurden serviert … Es gab genügend Trinksprüche, um alle glücklich zu machen:
Auf den Präsidenten!
Auf die Republik!
Auf die *Army*!
Auf den Nachrichtendienst!
Auf unsere Alliierten!
Auf unsere Ehepartner und Gäste!
Dann kam der Willkommensgruß, das Essen, der Gastredner, das Einholen der Fahnen und schließlich der Tanz. Alles war in Ordnung. … COL Handley kam und gratulierte mir, was mir viel bedeutete. Aber auf einen Fehler wies er mich hin: Wir hatten die Fahnen Frankreichs und der Niederlande auf den Tischen vertauscht.“[4]

↑ *CINCUSAREUR* GEN James H. Polk und seine Ehefrau begrüßen am 17. Nov. 1970 die Gäste eines Balls im *HOCC* (*USAREUR History Office*).

Die Erinnerung an den RAF-Terroranschlag vom 24. Mai 1972 hielt die Heidelberger Garnison stets lebendig. Zum 25. Jahrestag des Terroranschlags veröffentlichte die *Herald-Post* einige Augenzeugenberichte, die den Schrecken jenes Tages erahnen lassen: „‚Ich kratzte die Reste der Opfer am nächsten Tag von Wänden und vom Boden,‘ erinnert sich George Graf, der etwa vier Minuten vor der Explosion zusammen mit drei anderen am Tatort gestanden hatte. ‚Wir hatten einfach Glück gehabt.‘ Rex Gribble, seinerzeit stellvertretender Leiter der Öffentlichkeitsarbeit im *USAREUR*-Hauptquartier, befand sich mit seiner Frau Rachel gerade im *Officers' Club* oberhalb des Kasinos [als die Bombe explodierte]. ‚Als die erste Bombe hochging, wusste ich, dass es zwei sein würden. Das war in Deutschland schon einmal passiert, und immer waren es zwei Bomben gewesen. Ich warf Rachel zu Boden und bedeckte sie mit einem großen Stuhl, bevor ich zur anderen Seite des Gebäudes lief. Wir hatten Kinder und falls die zweite Bombe einen von uns erwischen sollte, sollte Rachel überleben.‘“[5]

Die nicht selten gewalttätigen Unruhen der Jahre um 1970 stellten für die Amerikaner in Heidelberg ein großes Bedrohungspotenzial dar, das von der deutschen Umwelt nicht immer wahrgenommen wurde. Auch die junge Kunstlehrerin Ilene Wiedemann von der *Heidelberg American High School* wurde Zeugin der häufig offen antiamerikanischen Ausschreitungen: „Ich erinnere mich, wie ich in der Straßenbahn auf dem Heimweg von der *MTV* über den Bismarckplatz nach Handschuhsheim fuhr, als die Straßenbahn wegen einer Demonstration beim Adenauerplatz anhalten musste. Da waren Polizisten in Schutzkleidung mit großen Plastikschilden; Steine flogen, Wasserwerfer kamen zum Einsatz. Die Chaoten trugen Plakate und riefen laut Parolen … Wir hatten uns an solche Demonstrationen in Heidelberg gewöhnt. Ich vermied es, mit meinem Volkswagen durch die Stadt zu fahren oder irgendwo am Straßenrand zu parken aus Angst, dass der Wagen wegen seiner grünen amerikanischen Nummernschilder zerkratzt oder verbeult werden könnte. An diesem Abend riefen mich meine Eltern aus Chicago an, wo über diesen Zwischenfall sogar im Fernsehen berichtet worden war.“[6]

Trotz ihrer herausragenden Stellung besaßen viele *CINCUSAREUR* durchaus ein Herz für den einfachen Soldaten, wie der viele Jahre im *USAREUR*-Hauptquartier als ziviler Mitarbeiter tätige David E. Young in einem deutschen Gartencenter erleben durfte: „Eines Tages, es war wohl 1990, erkannte ich einige Meter vor mir in der Warteschlange an der Kasse eines Gartencenters keinen Geringeren als GEN Crosbie E. Saint in ziviler Kleidung. An der Kasse ging es nicht recht voran und nach einiger Zeit sahen wir auch, woran das lag: Ein junger Soldat führte eine heftige Diskussion mit der Kassiererin. GEN Saint mischte sich schließlich ein und fragte den Soldaten mit klarer Stimme: ‚Gibt es ein Problem?‘ Der junge Soldat, der den Schreck seines Lebens bekommen haben dürfte, antwortete: ‚Diese Frau will meine Dollar nicht akzeptieren.‘ GEN Saint fragte daraufhin, um welche Summe es denn ging (es waren wohl 20 oder 30 Mark), zog den Betrag aus seiner Brieftasche und gab ihm dem verwirrten und dankbaren Soldat mit den Worten: ‚Gib es mir einfach zurück, wenn Du wieder bei Kasse bist, mein Sohn.' Dann ging er wieder zu seinem Einkaufswagen zurück."[7]

↑ *CINCUSAREUR* GEN Crosbie E. Saint am 3. Jan. 1990 mit Heidelberger *Girl Scouts*. Zusammentreffen anlässlich der alljährlichen Kampagne zum Verkauf von *Girl Scout Cookies* (*USAG Baden-Württemberg*).

Das lebhafte Klubleben in Heidelberg übte auf viele junge Soldaten in den Kasernen der Stadt nach Dienstschluss eine geradezu magische Anziehungskraft aus. Auch auf den jungen Philip Hastings, der Mitte der 1960er Jahre in der *Patton Barracks* seinen Dienst verrichtete: „Als ich in Heidelberg ankam, brauchten wir noch einen Ausgehpass, ansonsten mussten wir um Mitternacht wieder in der Kaserne sein. Die *MP* ging durch alle Bars und überprüfte die Ausgehpässe. Wir hassten das, weil die Angehörigen der *US Air Force* ohne jede Genehmigung so lange ausgehen konnten, wie sie wollten. Ich kann mich erinnern, wie ich die *Patton Barracks* einmal nach Mitternacht im Kofferraum des Autos eines Freunds betrat. Auch über den Zaun sind wir so manches Mal geklettert, wenn wir mal wieder zu spät nach Hause gekommen waren. Gott sei Dank sind wir nie erwischt worden."[8]

↑ Alleinstehende Soldaten der *529th MP Company* in ihrer Unterkunft in der *Patton Barracks* um 1960. Das Kasernenleben bot gerade jungen Soldaten wenig Abwechslung, weshalb viele nach Dienstschluss den Weg in die Klubs der Stadt antraten (*Les und Deb Hintz*).

Schon früh ergaben sich zwischen amerikanischen und deutschen Schulen in Heidelberg enge Beziehungen, bei denen die Lehrer beider Nationen die pädagogischen Ansätze der jeweils anderen Seite in Augenschein nehmen konnten. Die 1953/1954 in Heidelberg unterrichtende Amerikanerin Heidi Choate berichtet: „Ich genoss meine Schüler, meist Erstklässler. Die Kinder waren viel selbstständiger als Kinder, die ich [in den USA] unterrichtet hatte. Disziplinarische Probleme waren stets lösbar. Die Eltern waren kooperativ und hilfsbereit. Wir hatten Gelegenheiten, deutsche Schulen zu besichtigen und wurden auch von deutschen Lehrern besucht. Die Klassen, die ich besuchen konnte, kamen mir sehr diszipliniert vor. Ein Kompliment eines deutschen Lehrers, der meine Klasse besuchte, ist mir in Erinnerung geblieben: ‚Wie schaffen Sie es nur, eine derart disziplinierte Freiheit [in der Klasse] aufrecht zu erhalten?'"[9]

Die Arbeitsbedingungen in den amerikanischen Schulen in Heidelberg waren auch nach Errichtung des neuen Schulkomplexes in der *MTV* nicht immer optimal, wie die Musiklehrerin LouCelle Fertik Mitte der 1950er Jahre feststellen musste: „Das Schulgebäude war groß und neu. Mein Musikraum war ebenfalls geräumig, hatte Fenster auf zwei Seiten und wurde manchmal als kleiner Versammlungsraum genutzt. Da war nur ein Problem: Er lag direkt neben einigen Bahngleisen. Nach einigen Wochen beschloss ich, die Züge zu zählen, die jeden Tag vorbeiratterten. Die Zahl war hoch, 65. Man muss sich einmal vorstellen, so häufig während eines Tages beim Musikunterricht oder bei Chorproben unterbrochen zu werden. Aber irgendwie haben wir überlebt."[10]

Bei allem militärischen Ernst wurde hinter den Mauern des Heidelberger *USAREUR*-Hauptquartiers bei bestimmten Anlässen durchaus auch Schabernack getrieben. Ein langjähriger Mitarbeiter des *Deputy Chief of Staff for Engineering* erinnert sich: „Im Vorfeld einer Feier unserer Abteilung verbreiteten ein Kollege und ich das Gerücht, der *CINCUSAREUR*, kurz *CINC*, würde bei dieser Feier erscheinen. Natürlich waren manche höhere Offiziere und zivile Mitarbeiter etwas nervös, schließlich hatten wir nicht jeden Tag den Oberkommandierenden zu Besuch. Derweil bereiteten wir einen Streich vor. In ein altes Waschbecken (engl. ‚sink'; Aussprache identisch zu *CINC*) klebten wir vier Sterne und schrieben mit Filzstift *USAREUR sink*. Das Waschbecken deponierten wir vor Beginn der Feier unter dem festlich gedeckten Tisch. Während der Feier lenkte mein Kollege dann alle Anwesenden kurz ab, sodass ich Zeit hatte, das Waschbecken auf den Tisch zu stellen. Dann wurde laut verkündet: ‚*The USAREUR CINC!*' Alle fuhren herum, einige der Offiziere gingen sogleich in Habachtstellung. Als die Anwesenden das Waschbecken mit der Inschrift und den vier Sternen just dort erblickten, wo sie den echten *CINC* vermuteten, herrschte einige Sekunden Totenstille, dann brach schallendes Gelächter aus. Der Streich war gelungen."[11]

Im Jahr 1960 lebte die Familie des jungen CPT David H. Hackworth für einige Monate in der Heidelberger *MTV*: „Der wunderschöne Frühling ging allmählich in einen Sommer über. Patty und ich nahmen die Kinder mit auf Picknicks und Radtouren durch die Weinberge und den Schwarzwald, zu Burgen und an den Neckar. Ich genoss meine Rolle als Ehemann und Vater während dieser Zeit … Wie die meisten amerikanischen Soldaten und ihre Familien hatten wir nur wenig Kontakt zu den ‚Rads' (Kurzform von ‚Kamerad'; unsere übliche Bezeichnung für die Deutschen), und beide Seiten schienen das auch zu bevorzugen. Wir wohnten in der *MTV*, hörten amerikanische Radiostationen, sahen amerikanische Filme, tranken amerikanischen Schnaps in amerikanischen Offiziersklubs und kauften amerikanische Waren im amerikanischen *PX*. Alles in allem unterschied sich Deutschland gar nicht so sehr von Fort Benning, Georgia, nur dass viele Sachen in Deutschland günstiger und die Deutschen so verdammt effizient waren."[12]

↑ Die später als *MTV* bekannte amerikanische Wohnsiedlung in Rohrbach 1952 (*Bilfinger SE*).

Der Besuch des sowjetischen Oberbefehlshabers in der DDR Armeegeneral Jewgeni Iwanowski im *USAREUR*-Hauptquartier im Juli 1977 stellte besonders hohe Anforderungen an die Dolmetscher, zu denen auf amerikanischer Seite der damalige MAJ James R. Holbrook gehörte: „Als [*CINCUSAREUR*] GEN [George S.] Blanchard seine Rede begann, merkte ich rasch, dass wir ein Problem haben würden. Seine Rede enthielt Bestandteile der Art, dass ‚*USAREUR* der sowjetischen Bedrohung begegnen' würde … und andere wenig diplomatische Formulierungen. Ich musste schnell handeln und seine Worte geeignet übersetzen. Mir war klar, dass GEN Blanchard bei gründlicherer Vorbereitung nichts hätte sagen wollen, was seine Gäste beleidigen würde. Also schwächte ich seine Formulierungen in meiner Übersetzung für die sowjetischen Gäste ab. Der sowjetische Übersetzer Leutnant Jegorow sah zusehends verwirrt aus. Er war sich scheinbar nicht mehr sicher, ob er die Rede richtig verstand, und das ging ihm gehörig auf die Nerven. Meine [amerikanischen] Übersetzerkollegen in Raum nickten hingegen zustimmend. Später gratulierten sie mir zu meinen diplomatischen Änderungen."[13]

Kamen Amerikaner und Sowjets auf höchster militärischer Ebene im Heidelberger *USAREUR*-Hauptquartier zusammen, ergaben sich stellenweise durchaus freundschaftliche Beziehungen, wie der Übersetzer MAJ James R. Holbrook 1977 während eines Empfangs für den sowjetischen Armeegeneral Jewgeni Iwanowski durch *CINCUSAREUR* GEN George S. Blanchard erlebte: „Während der Abendunterhaltung sang GEN Blanchard zusammen mit dem *USAREUR Soldiers' Chorus* einige russische Lieder [für seine Gäste]. Ich hatte mit ihm sogar ein kurzes Solo in russischer Sprache einstudiert … Während [eines amerikanischen Liedes] klatschte Frau Iwanowskaja begeistert den Rhythmus mit. Als der Chor die *Battle Hymn of the Republic* anstimmte, sangen zuerst Frau Iwanowskaja, dann auch Armeegeneral Iwanowski, den Refrain *Glory, glory, hallelujah* mit. Später am Abend hörte ich, wie Armeegeneral Iwanowski den Refrain leise vor sich hinsummte."[14]

↑ Der sowjetische Armeegeneral Jewgeni Iwanowski (zweiter von links) bei seinem Heidelberg-Besuch im Juli 1977. Zweiter von rechts: *CINCUSAREUR* GEN George S. Blanchard (*USAREUR History Office*).

Wie wichtig die Amerikaner für den Wiederbeginn jüdischen Lebens in Heidelberg nach 1945 gewesen sind, schildert Blanca Rosenberg in ihren Lebenserinnerungen: „Als wir eines Tages durch die Stadt gingen, stießen wir auf ein neues Plakat. Die amerikanischen Behörden organisierten eine Versammlung aller überlebenden Juden. Die Versammlung sollte in einem Haus direkt hinter der ausgebrannten Synagoge stattfinden. Am Tag der Versammlung machten wir uns frohen Mutes auf den Weg und fragten jeden, der uns begegnete, nach dem Weg zur alten Synagoge … Eine Gruppe relativ junger Menschen hatte sich dort schon eingefunden. Nur wenige kannten sich. Wir stellten uns in kleinen Gruppen vor. Einige hatten wie ich mithilfe gefälschter Papiere überlebt. Andere kamen aus Arbeitslagern … Fremde wurden sofort zu Freunden. Menschen umarmten sich, küssten sich oder hielten sich einfach nur fest an den Händen … Die Versammlung hatte ein junger amerikanischer Rabbiner organisiert. Unter Tränen sagte er uns, dass wir die ersten jüdischen Überlebenden seien, die er getroffen hat."[15] Blanca Rosenberg, die den Holocaust nur mithilfe einer falschen Identität überlebt hatte, wanderte 1949 in die USA aus, wo sie 1965 einem Ruf an die renommierte *Columbia University* folgte.

↑ Jüdische Zeremonie in der *MTV Chapel* am 29. Sept. 1952 (*US Army*).

Keine *High School* in den USA kommt ohne Sportmannschaften und die typisch amerikanischen Cheerleader aus, die ihre Teams am Spielfeldrand anfeuern. Die Anfänge der Cheerleader an der *Heidelberg American High School* gehen bereits auf die 1940er Jahre zurück, als Carolyn A. Gray ihre letzten beiden Schuljahre in Heidelberg verbrachte: „Die Jungs bildeten eine Football-Mannschaft und es wurde bekannt gegeben, dass bald auch eine Cheerleading-Mannschaft gebildet werden würde. Ich kannte die üblichen Anfeuerungsgesänge aus meiner Zeit als Cheerleader in den USA und schon bald übten wir alle. Ich war überglücklich, als ich zur Anführerin der Cheerleader ernannt wurde. Unsere erste Aufgabe bestand darin, geeignete Uniformen herzustellen – in unseren Schulfarben blau und gold. Alles war knapp im Deutschland der Nachkriegszeit, aber mein Vater, Leiter des Heidelberger *PX,* organisierte Unmengen alter Fallschirmstoffe, färbte sie gold und beschaffte uns auch große Mengen marineblauen Baumwollstoffs. Wir kreierten unsere Tanzröcke und Westen mit langen goldenen Ärmeln und einem großen goldenen „H" … Wir feuerten unsere Football-, Basketball- und Baseball-Mannschaften mit unglaublichem Eifer an. Der Teamgeist an der Schule war einfach unvorstellbar für eine Gruppe von Schülern, die sich erst seit September kannten."[16]

Horst A. Schenk kam 1961 als junger *Airman Third Class* der *US Air Force* zum *Detachment 3* des *7th Weather Squadron* auf dem *Heidelberg Army Airfield,* wo er fortan nicht nur arbeitete, sondern auch untergebracht war: „Das Leben in unserer Unterkunft auf dem *Heidelberg Army Airfield* kannte kaum Privatsphäre … Wir hatten die üblichen *Army*-Spinde, die wir uns so herrichteten, dass wir wenigstens etwas Ordnung hatten. Irgendjemand wollte nach einer Nachtschicht immer schlafen, während andere, die gerade frei hatten, ein möglichst normales Leben führen wollten und sich unterhielten, Karten spielten, Schallplatten auflegten oder Radio hörten. Schließlich war das unser Zuhause, wir hatten sonst nichts. Das führte natürlich immer zu Spannungen, aber alles in allem kamen wir gut miteinander aus. Trotz der widrigen Umstände waren wir eine ‚blaue' *Air Force*-Familie inmitten einer ‚grünen' *Army*-Welt. Das schweißte uns zu einem Team zusammen."[17]

Nicole Gaworski verbrachte den überwiegenden Teil ihrer Kindheit und Jugend als Tochter ziviler Mitarbeiter der amerikanischen Streitkräfte in Heidelberg. 1995 – mittlerweile studierte sie in den USA, kehrte aber regelmäßig zu Familienbesuchen nach Heidelberg zurück – beschrieb sie ihre Gefühlswelt als eine Amerikanerin, die sich in den USA nach all den Jahren in Heidelberg nicht mehr recht zu Hause fühlte: „Heidelberg ist meine Heimat, mein Rückzugsort. Ich fühle mich dort wohler, weil es das ist, was ich kenne und liebe … Wenn meine Eltern einmal in den Ruhestand gehen werden, werden sie zurück in die USA ziehen und ich werde sie in ihrem neuen Heim besuchen. Wenn es soweit ist, werde ich aber kein Zuhause mehr haben. Vielleicht werde ich in 20 oder 30 Jahren mit meiner Familie nach Heidelberg zurückkehren, aber es wird nicht mehr dasselbe sein. Es wird wahrscheinlich kaum mehr Amerikaner in der Stadt geben, gewiss keinen meiner Freunde mehr … Ich werde dann kein Kind mehr sein, das nach Hause zurückkommt, sondern ein Tourist. Das macht es für mich [nach einem Besuch bei meinen Eltern in Heidelberg] jedes Mal so schwer, zu meiner amerikanischen Universität zurückzukehren … Heidelberg geht mir nicht mehr aus dem Kopf."[18]

↑ Unteroffiziere und Mannschaftsdienstgrade des *USAREUR Aviation Detachment* Anfang der 1960er Jahre auf dem *Heidelberg Army Airfield* (*Randy Sullivan*).

Der Anfang der 1970er Jahre bei der *207th Aviation Company* auf dem *Heidelberg Army Airfield* in der Instandsetzung und Wartung tätige Zdzislaw L. Warchal musste bei der Beschaffung von Ersatzteilen stellenweise abenteuerliche Wege beschreiten, um das Fluggerät der *USAREUR*-Flugbereitschaft stets einsatzbereit zu halten: „Es gab verschiedene Möglichkeiten, um an Ersatzteile zu kommen. Einer war, die Teile regulär zu bestellen; ein anderer bestand darin, geeignete Partner in anderen Heeresfliegereinheiten zu kennen, die bereit waren, Ersatzteile zu tauschen … Sobald wir ein gesuchtes Ersatzteil irgendwo ausfindig machen konnten, flogen wir dorthin. Im Gegenzug brachten wir Ersatzteile mit, die man dort gerade benötigte. Dieses Verfahren war natürlich nicht gestattet, aber wir riskierten es und es funktionierte wunderbar. Die Generäle waren glücklich, mein Kompaniechef war glücklich und die Soldaten in unserem Zug waren glücklich. Solange alles funktionierte, fragte niemand, woher wir die Ersatzteile eigentlich hatten.“[19]

Der Umzug der *FOURATAF* von Ramstein nach Heidelberg 1980/1981 brachte Soldaten mehrerer *NATO*-Mitgliedsstaaten und eine für viele amerikanische Soldaten ungewohnte Arbeitskultur in die Heidelberger *Campbell Barracks*. Horst A. Schenk diente zu dieser Zeit im Hauptquartier des *7th Weather Squadron*, das Teile seines Gebäudes in der *Campbell Barracks* für die neu hinzuziehenden Soldaten der *FOURATAF* räumen und ins Dachgeschoss ausweichen musste: „Die Mitarbeiter der *FOURATAF* (darunter Dänen, Niederländer, Deutsche, Belgier, Amerikaner und Kanadier) akzeptierten uns als ebenbürtig, aber pflegten einige Traditionen, die uns neidisch machten. Da z.B. die diversen Feiertage der einzelnen Nationen in aller Regel nicht zusammenfielen, wurden einfach die Feiertage einer Nation zu arbeitsfreien Tagen für alle Mitarbeiter erklärt. Mithilfe häufiger Feiern versuchte die *NATO* darüber hinaus, die Zusammenarbeit der einzelnen Nationen [im *FOURATAF*-Hauptquartier] stetig zu verbessern. Jeden Freitagnachmittag um 15:00 Uhr war im ganzen Gebäude Essengeruch zu vernehmen. Snacks und Getränke wurden im Konferenzsaal des dritten Geschosses serviert, und da warme Luft bekanntlich nach oben steigt, bekamen wir im Dachgeschoss mehr als genug von den Leckereien zu riechen.“[20]

Anmerkungen

GLA KA	· Generallandesarchiv Karlsruhe
NARA	· National Archives and Records Administration (nationale Archivbehörde der USA)
STAHD	· Stadtarchiv Heidelberg

Kapitel 1

1 Darstellungen zur Kriegslage im Westen Deutschlands während des Winters 1944/1945 finden sich beispielsweise in: Ford, Ken: The Rhineland 1945. Oxford 2000; Ford, Ken: The Rhine Crossings 1945. Oxford 2007; Zaloga, Steven J.: Operation Nordwind 1945. Oxford 2010.
2 MacDonald, Charles B(rown): The Last Offensive. Hrsg. v. Office of the Chief of Military History, Department of the Army. Washington, D.C. 1973 (United States Army in World War II – The European Theater of Operations), S. 236ff.
3 After Action Reports des 772nd Tank Battalion aus dem Jahr 1945 (einsehbar bei der Combined Arms Research Library des Command and General Staff College der US Army in Fort Leavenworth, Kansas).
4 Wie Anm. 3.
5 Keller, Volker: Mannheim 1945 – Kriegsende und Neubeginn. Gudensberg-Gleichen 2004, S. 8 – 12.
6 Engle, Dwayne: 162 Days and a Bronze Star. Manuskript zur Geschichte der 10th Armored Division und den Weltkriegserlebnissen von Melvin C. Engle. New Albany/Indiana 2006, S. 62ff.
7 Froberg, Magnus L./Scott, William J.: The 63rd Infantry Division Chronicles. Hrsg. v. d. 63rd Infantry Division Association. O.O. 1991, S. 139ff.
8 Weber, Günter: Heidelbergs Schicksal hing am seidenen Faden. Zehnteiliger Bericht im Heidelberger Tageblatt im Jahr 1955.
9 Ebd.
10 Ebd.
11 Arthur, Billy A.: The Capture of Heidelberg. In: EurArmy vom Mai 1984.
12 Wie Anm. 8.
13 Ebd.
14 Wie Anm. 11.
15 Offizielle Einheitsgeschichten der betroffenen Einheiten, einsehbar beim US Army Center of Military History, Washington, D.C.
16 History of the 555th Engineer Heavy Pontoon Battalion. Hrsg. v. The Adjutant General's Office, War Department, Washington, D.C. o.J. (einsehbar bei der Dwight D. Eisenhower Library in Abilene, Kansas).
17 Einige lesenswerte Darstellungen der dramatischen und nicht in allen Details zweifelsfrei zu klärenden Ereignisse um die Besetzung Heidelbergs finden sich in Pieper, Werner (Hrsg.): Heidelberg zur Stunde Null 1945 – Dokumente, Fotos, Augenzeugenberichte. Heidelberg 1985.

Kapitel 2

1 Clarke, Jeffrey J./Smith, Robert R(oss): Riviera to the Rhine. Hrsg. v. US Army Center of Military History. Washington, D.C. 1993 (United States Army in World War II – The European Theater of Operations), S. 30.
2 Pogue, Forrest C.: The Supreme Command. Hrsg. v. Office of the Chief of Military History, Department of the Army. Washington, D.C. 1954 (United States Army in World War II – The European Theater of Operations), S. 431ff.
3 Die beschriebene Arbeitsteilung zwischen beiden Städten (Heidelberg als Hauptquartiersstandort, Mannheim als Depot- und Nachschubstandort) blieb bis in die jüngste Vergangenheit erhalten.
4 Wie Anm. 2, S. 431ff.
5 Study of Administrative Function of the Army Group Headquarters. Hrsg. v. United States Army, European Theater (USFET), General Board. Frankfurt 1945 (Report of the General Board, United States Forces European Theater, 29).
6 Ziemke, Earl F(rederick): The US Army in the Occupation of Germany 1944 – 1946. Hrsg. v. US Army Center of Military History. Washington, D.C. 1975, S. 330.
7 Ebd., S. 308.
8 Ebd., S. 320ff.
9 Ebd., S. 442.
10 Ersichtlich aus dem Telephone Directory des Headquarters Third Army vom Okt. 1946.
11 Hofmann, George F.: Cold War Mounted Warriors: US Constabulary in Occupied Germany. In: Armor Magazine, Bd. 117, Nr. 5, Sept./Okt. 2007.
12 Campbell Barracks – The Story of a Caserne 1937 – 1994. Hrsg. v. d. Headquarters United States Army, Europe and Seventh Army. Heidelberg 1994.
13 Snyder, James M.: The Establishment and the Operations of the United States Constabulary, 3 October 1945 – 30 June 1947. Hrsg. v. d. Historical Sub-Section G-3, US Constabulary. Heidelberg 1947.
14 Ebd.
15 Wie Anm. 11.
16 US Unified Command in Europe. Studie der Historical Division, Joint Secretariat, Joint Chiefs of Staff. Washington, D.C. 1963.
17 Welcome to Vaihingen/Stuttgart. Hrsg. v. Headquarters United States Seventh Army. Stuttgart Anfang 1950er Jahre.
18 Gunnarsson, Robert L.: American Military Police in Europe, 1945 – 1991. Unit Histories. Jefferson/North Carolina u.a. 2011, S. 153.
19 Ersichtlich aus dem Heidelberg Telephone Directory des Heidelberg Military Post vom Jan. 1949.
20 Medley, Walter D.: [ohne Überschrift] Essay zur Geschichte der 33rd Army Band. In: Passing in Review. News for and of former members of the 33rd Army Band of Heidelberg, Germany. Bd. 4, Nr. 2, Juni 2002.
21 Ersichtlich aus dem Heidelberg Telephone Directory des Heidelberg Military Post vom März 1952.
22 Tays, George W.: The US Army Construction Program in Germany, 1950 – 1953. Hrsg. v. d. USAREUR Historical Division. Karlsruhe 1955.
23 Grathwol, Robert P./Moorhus, Donita M.: Building for Peace – US Army Engineers in Europe 1945 – 1991. US Army Center of Military History. Washington, D.C. 2005, S. 65.
24 Wie Anm. 16.
25 Peifer, Douglas: From Enemy to Ally: Reconciliation Made Real in the Postwar German Maritime Sphere. O.O. 2005 (War in History, Bd. 12, Nr. 2), S. 208 – 24.
26 Ebd.
27 Wie Anm. 21.
28 Morris, Andrew N.: A Short History of the Eddy House, Campbell Barracks, and the US Army in Heidelberg. Hrsg. v. USAREUR History Office. Heidelberg 2009.
29 Command Report, Headquarters EUCOM/USAREUR 1952. Hrsg. v. d. USAREUR Historical Division. Karlsruhe 1953.
30 Ebd.
31 Ebd.
32 Erinnerungen von Deon K. Young, aufgezeichnet am 13. Mai 2013.
33 Erinnerungen von Thomas C. Jones, aufgezeichnet am 18. Jan. 2013.
34 Stars and Stripes vom 7. Sept. 1954.
35 Ebd.
36 Der beschriebene Umzug der Einheit wurde den USAREUR Station Lists vom 31. März und 30. Sept. 1956 entnommen.
37 Wie Anm. 18, S. 150f.
38 Post-Herald vom 23. Jan. 1970.
39 Stars and Stripes vom 25. Nov. 1953.
40 Aircraft Assignment – Heidelberg Army Airfield 1960 – 1988. Hrsg. v. Headquarters USAREUR/7A, USAREUR History Office. Heidelberg 1988.
41 Erinnerungen von Michael J. Montgomery, aufgezeichnet am 2. Nov. 2012.
42 Heidelberger Tageblatt vom 11. Aug. 1959.
43 Ebd., 26. Okt. 1957.
44 Stars and Stripes vom 11. Mai 1971.
45 Die beschriebenen Veränderungen wurden den USAREUR Station Lists der Jahre 1971 bis 1973 entnommen.
46 Heidelberger Tageblatt vom 11. März 1977.
47 Heidelberg Herald-Post vom 28. Jan. 1983.
48 Ebd., 8. Juni 1989.
49 Mannheim Messenger vom 29. Juli 1983.
50 Heidelberg Herald-Post vom 8. Juli 1983.
51 Ebd., 18. April 1985.
52 Herald-Post vom 10. Okt. 1991.
53 Ebd., 7. April 1994.

54 Ebd., 20. Mai 1993.
55 Wie Anm. 53.
56 Wie Anm. 18, S. 181.
57 Wie Anm. 32.
58 Stars and Stripes vom 14. Juni 2012.
59 Ebd., 8. Nov. 2012.
60 Ebd., 9. Jan. 2013.
61 Annual Historical Summary. Headquarters USAREUR and Seventh Army, 1 Jan 1966 – 31 December 1966. Hrsg. v. Headquarters USAREUR/7A. Heidelberg 1967.
62 Organization of US Army, Europe, 30 June 1954. Designation of Commands and Units of the US Army, Europe. Hrsg. v. Headquarters USAREUR. Heidelberg 1954.
63 Gehring, Stephen P.: From the Fulda Gap to Kuwait. The US Army, Europe and the Gulf War. Hrsg. v. US Army Center of Military History. Washington, D.C. 1998, S. 17.
64 The US Army Task Force in Lebanon (U). Hrsg. v. d. G3 Division, Headquarters USAREUR. Heidelberg 1959.
65 Hackworth, David H./Sherman, Julie: About Face – The Odyssey of an American Warrior. New York u.a. 1990, S. 377 – 84.
66 Das USAREUR Echo (deutschsprachiges Magazin für zivile Mitarbeiter von USAREUR) vom April 1989.
67 Wie Anm. 18, S. 22.
68 Wie Anm. 63, S. 239.
69 Eine Darstellung der zahlreichen USAREUR-Operationen, an denen speziell das V Corps seit 1995 beteiligt gewesen ist, findet sich in: Raugh, Harold E.: „It will be done!" – US Army V Corps 1918 – 2009: A Pictorial History. Hrsg. v. Command History Office, Headquarters V Corps. Heidelberg 2009.
70 Stars and Stripes vom 1. März 2013.
71 Wie Anm. 28.
72 Kirkpatrick, Charles E(dward): „Ruck it up!" – The Post-Cold War Transformation of V Corps, 1990 – 2001. Hrsg. v. US Army Center of Military History. Washington, D.C. 2006, S. 573 – 76.
73 Holbrook, James R.: Potsdam Mission – Memoir of a US Army Intelligence Officer in Communist East Germany. Bloomington/Indiana [2]2008, S. 247.
74 Ebd., S. 247 – 63.
75 Rhein-Neckar-Zeitung vom 9. Aug. 1962.
76 Heidelberger Tageblatt vom 12. Juli und 3. Sept. 1963.
77 Stars and Stripes vom 27. Juni 1964.
78 Headquarters USAREUR/7A, General Order Nr. 603 vom 1. Febr. 1974.
79 Wie Anm. 28.
80 Stars and Stripes vom 24. Febr. 2009.
81 Wie Anm. 28.
82 Ebd.
83 Heidelberger Tageblatt vom 24. März 1960.
84 Wie Anm. 28.
85 Ebd.
86 Stern, Volkhard: Ein Salonzug stand am Bahnhof bereit – Der Dienstverkehr zur amerikanischen Botschaft in Mehlem. In: Godesberger Geschichtsblätter 47 (2009), S. 84 – 99.
87 Wie Anm. 73, S. 254.
88 Rhein-Neckar-Zeitung vom 21. Juli 1997.
89 Wie Anm. 29.
90 Clarke, Bruce C.: Report of Stewardship, Oct 1960 – April 1962. Hrsg. v. Headquarters USAREUR. Heidelberg 1962.
91 Annual Historical Report, Headquarters USAREUR, 1 Jan 1953 – 30 June 1954. Hrsg. v. d. Historical Division, Headquarters USAREUR. Karlsruhe 1955.
92 Stars and Stripes vom 18. Aug. 1959.
93 Ebd., 2. Okt. 1960.
94 Central Army Group (NATO). Informationsbroschüre des CENTAG-Hauptquartiers. Mannheim, späte 1960er Jahre.
95 Wie Anm. 90.
96 Erinnerungen von Robert Bertelson, aufgezeichnet am 19. Nov. 2012.
97 Heidelberger Tageblatt vom 25. April 1961.
98 Ebd., 8. Aug. 1961.
99 Abschreckung oder Provokation? – Die Allied Mobile Force (AMF) und ihre Übungen 1960 – 1989. In: Military Power Revue der Schweizer Armee 2010, Nr. 2.
100 Taylor, Bill: Royal Air Force Germany since 1945. Hinckley 2003, S. 96.
101 Collocation Background Information. Memorandum der USMCA Heidelberg an Community Commander LTG Pat W. Crizer vom 25. Juni 1980.
102 Heidelberger Tageblatt vom 8. Juni 1961.
103 Wie Anm. 101.
104 Ebd.
105 Rothenberger, Karl-Heinz: Die Amerikaner in der Pfalz und in Rheinhessen (1950 – 2010). Kaiserslautern 2010 (Beiträge zur pfälzischen Geschichte, hrsg. v. Institut für pfälzische Geschichte und Volkskunde, 24), S. 106.
106 History of the NATO Headquarters in Heidelberg. Übersicht des Public Affairs Office des HQ AFC HD. Heidelberg 2010.
107 Nach einem Artikel der Herald-Post vom 22. Juli 1993 stammten 34% der Soldaten des neuen LANDCENT-Hauptquartiers aus Deutschland, 19% aus den USA, 16% aus den Niederlanden, 14% aus Belgien, 11% aus Großbritannien, 4% aus Kanada und 1% aus Dänemark; 1% der Dienstposten wurden im Rotationsverfahren besetzt.
108 Wie Anm. 106.
109 Ebd.
110 Ebd.
111 Herald-Post vom 21. März 2013.
112 NATO Press Release Nr. 98 vom 12. Aug. 2002.
113 Wie Anm. 23, S. 65.
114 Kirkpatrick, Charles E.: The History of V Corps. Hrsg. v. V Corps Public Affairs Office. Heidelberg 2001.
115 Ebd.
116 US Military in Heidelberg. Präsentation des 411th BSB aus dem Jahr 1993.
117 Wie Anm. 114.
118 Wie Anm. 72, S. 129 – 33.
119 Willkommen! Begrüßungsschreiben des Bataillonskommandeurs LTC Bryan D. DeCoster an neue Soldaten des 302nd Military Intelligence Battalion. Wiesbaden 2007.
120 Stars and Stripes vom 25. Mai 2007.
121 V Corps since 1994. Hrsg. v. V Corps Public Affairs Office. Wiesbaden 2012.
122 Phillips, R. Cody: Bosnia-Herzegovina – The US Army's Role in Peace Enforcement Operations 1995 – 2004. Hrsg. v. US Army Center of Military History. Washington, D.C. 2005.
123 Wie Anm. 114.
124 Ebd.
125 Ebd.
126 Phillips, R. Cody: Operation Joint Guardian – The US Army in Kosovo. Hrsg. v. US Army Center of Military History. Washington, D.C. 2007.
127 Wie Anm. 114.
128 Ebd.
129 Ebd.
130 Ebd.
131 Estes, Kenneth W.: US Army Soldier: Baghdad 2003 – 2004. Oxford 2007, S. 6.
132 Herald-Post vom 25. März 2004.
133 Stars and Stripes vom 3. März 2005.
134 Ebd., 25. Mai 2007.
135 Ebd., 1. Aug. 2009.
136 USAREUR Public Affairs Office Press Release vom 2. Juni 2011.
137 V Corps Public Affairs Office Press Release vom 18. Aug. 2011.
138 Stars and Stripes vom 13. Juni 2013.

Kapitel 3

1 Whitehurst, E. R.: Our Army Hospitals – 130th Station Hospital, Heidelberg. In: Medical Bulletin, Bd. 2, Nr. 2, Febr. 1947, S. 31 – 35.
2 Ebd.
3 Cosmas, Graham A./Cowdrey, Albert E.: The Medical Department: Medical Service in the European Theater of Operations. Hrsg. v. US Army Center of Military History. Washington, D.C. 1992, S. 602 – 06.
4 Wie Anm. 1.
5 Strode, Alfred C.: Development of the Hospital Center-Medical Service Area Concept in Germany. In: Medical Bulletin of the US Army, Europe, Bd. 25, Nr. 5, Mai 1968, S. 182 – 86.
6 Marchand, Francis W.: Stability after Three Years. In: Medical Bulletin of the US Army, Europe, Bd. 23, Nr. 1, Jan. 1966, S. 29 – 32.

7 Ebd.
8 Potter, Laurence A.: The 9th Hospital Center. In: Medical Bulletin of the US Army, Europe, Bd. 21, Nr. 12, Dez. 1964, S. 375 – 78.
9 Alle geschilderten Veränderungen wurden den USAREUR Station Lists der genannten Jahre entnommen.
10 Wheeler, Leigh F.: The Birth and Development of the US Army Medical Command, Europe. In: Medical Bulletin of the US Army, Europe, Bd. 27, Nr. 5, Mai 1970, S. 170 – 73.
11 Ebd.
12 Medcom Examiner. Special Orientation Issue. Heidelberg 1983.
13 7th Medical Command [Übersichtsartikel]. In: Medical Bulletin of the US Army, Europe, Bd. 35, Nr. 8, Aug. 1978, S. 23 – 25.
14 Ward, George W.: Heidelberg MEDDAC. In: Medical Bulletin of the US Army, Europe, Bd. 37, Nr. 9, Sept. 1980, S. 29f.
15 Offizielle Einheitsgeschichte der Heidelberg MEDDAC. Heidelberg 2012.
16 Offizielle Einheitsgeschichte des 30th Medical Command (Deployment Support). Sembach 2013.
17 Sarnecky, Mary T.: A Contemporary History of the US Army Nurse Corps. Hrsg. v. Office of the Surgeon General, Borden Institute, Walter Reed Army Medical Center. Washington, D.C. 2010, S. 344.
18 Wie Anm. 16.
19 Wie Anm. 15.
20 Den offiziellen Dienstbiographien der genannten Offiziere entnommen.
21 Der offiziellen Einheitsgeschichte entnommen; mit freundlicher Genehmigung des Public Affairs Office des ERMC. Heidelberg 2012.
22 Heidelberg MEDDAC Public Affairs Office Press Release 2011 – 11 – 005 vom 14. Nov. 2011.
23 Wie Anm. 15.

Kapitel 4

1 Annual Historical Report. Hrsg. v. USAREUR Signal Operations Battalion, 7774th AU, 1. Jan. 1954 – 31. Dez. 1954. Heidelberg 1955.
2 Annual Historical Report. Hrsg. v. d. 4th Signal Group, 1. Juli 1956 – 30. Juni 1957. Heidelberg 1957.
3 Erinnerungen von Henry (Hank) Bartosik, aufgezeichnet am 26. Okt. 2012.
4 History of the 5th Signal Command, 1958 – 1977. Hrsg. v. 5th Signal Command. Worms 1978.
5 Ab 1956 wurde bei den nichtamerikanischen Einheiten im Dienst der US Army zwischen Labor Service Units (nichtdeutsche Mitarbeiter) und Civilian Labor Groups (deutsche Mitarbeiter) unterschieden.
6 Wie Anm. 4.
7 Headquarters USAREUR. General Order Nr. 41 vom 8. März 1966.
8 Wie Anm. 4.
9 Offizielle Einheitsgeschichte des 43rd Signal Battalion. Heidelberg 2013.
10 Station List des Headquarters Area Command vom Okt. 1955.
11 Die Streitkräfte der USA in Europa 1989. Hrsg. v. O.W. Dragoner. O.O. 2012.
12 Gunnarsson, Robert L.: American Military Police in Europe, 1945 – 1991. Jefferson/North Carolina u.a. 2011, S. 43 – 46.
13 Ebd., S. 46.
14 Ebd., S. 57 – 58.
15 Ebd., S. 59.
16 Ebd., S. 346 – 52.
17 Offizielle Einheitsgeschichte der 202nd MP Group (CID). Kaiserslautern 2010.
18 Wie Anm. 10.
19 Stars and Stripes vom 1. Aug. 1964.
20 Ebd., 16. Aug. 1965.
21 Ebd., 23. Juli 1968.
22 Collocation Background Information. Memorandum der USMCA Heidelberg an Community Commander LTG Pat W. Crizer vom 25. Juni 1980.
23 The History of 1st Personnel Command, Hrsg. v. 1st Personnel Command. Schwetzingen 1989.
24 Wie Anm. 22.
25 Wie Anm. 23.
26 USAREUR Public Affairs Office News Release vom 21. Juli 2008.
27 Wie Anm. 10.
28 Wie Anm. 22.
29 Rhein-Neckar-Zeitung vom 13. Aug. 1983.
30 Wie Anm. 26.
31 Wie Anm. 10.
32 Annual Historical Report 1956. Hrsg. v. d. Seventh Army. Stuttgart 1956.
33 Heidelberg Herald-Post vom 24. Okt. 1985.
34 Ebd.
35 Kunz, Walter: Farewell, 549th – Bridge Building Engineers Deactivate October 24th. Manuskript eines Soldaten der Einheit vom 24. Okt. 1985.
36 USAREUR ETC Orientation Brochure. Schwetzingen 1968.
37 Heidelberg Herald-Post vom 2. April 1987.
38 Offizielle Einheitsgeschichte der 18th Engineer Brigade. Schwetzingen 2012.
39 18th Engineer Brigade Public Affairs Office News Release vom 20. Dez. 2010.
40 In den Zahlen ist die ungleich kleinere 4th Medical Brigade des 7th ARCOM enthalten.
41 Herald-Post vom 9. Dez. 1993.
42 Offizielle Einheitsgeschichte des 7th Civil Support Command. Kaiserslautern 2009.
43 The Training Times (Zeitschrift des 7th Army Training Command) vom Juli 1983.
44 Kaiserslautern American vom 5. Okt. 2012.
45 Wie Anm. 10.
46 Army in Europe (USAREUR-Zeitschrift) vom Okt. 1965.
47 Offizielle Einheitsgeschichte der 4th ASOG. Heidelberg 2002.

Kapitel 5

1 Ziemke, Earl F(rederick): The US Army in the Occupation of Germany 1944 – 1946, Hrsg. v. US Army Center of Military History, Washington, D.C. 1975, S. 320.
2 Alvah, Donna: Unofficial Ambassadors. American Military Families Overseas and the Cold War 1946 – 1965. New York u.a. 2007, S. 17.
3 Informationsmaterial der USMCA Mannheim entnommen; mit freundlicher Genehmigung des Public Affairs Office der USAG Mannheim.
4 Ersichtlich aus dem Heidelberg Telephone Directory des Heidelberg Military Post vom Jan. 1949.
5 The Third Year of the Occupation. Hrsg. v. Office of the Chief of History, European Command. Heidelberg 1948 (Occupation Forces in Europe).
6 The Fourth Year of the Occupation. Hrsg. v. Office of the Chief of History, European Command. Heidelberg 1949 (Occupation Forces in Europe).
7 Wie Anm. 5.
8 Wie Anm. 6.
9 Schätzung der Autoren unter Zuhilfenahme einiger Telefonverzeichnisse des HMP und der dort aufgelisteten Einheiten.
10 Wie Anm. 6.
11 Scharnholz, Theodor: Heidelberg und die Besatzungsmacht – Zur Entwicklung der Beziehungen zwischen einer deutschen Kommune und ihrer amerikanischen Garnison (1948/49 – 1955). Heidelberg 2002 (Buchreihe der Stadt Heidelberg, 10), S. 70 – 73 und S. 118 – 22; speziell der Übergang von den LSO- zu den MGO-Strukturen wurde den Station Lists der Military Government Detachments bzw. Military Government Elements entnommen, die zwischen 1945 und 1949 in unregelmäßigen Abständen herausgegeben wurden.
12 NARA, RG 338: Heidelberg Military Post Diary 1950.
13 Wie Anm. 11, S. 101 – 12 und S. 210 – 13.
14 Bagg, J. C.: Area Commands in Germany. In: The Quartersmaster Review, Sept./Okt. 1961.
15 Wie Anm. 11, S. 269; im Nov. 1956 übernahm COL Ralph N. Woods das Kommando, wurde jedoch noch 1956 aus Krankheitsgründen abgelöst, womit HACOM in diesem Jahr in der Tat vier Kommandeure aufwies.
16 Siehe etwa Heidelberger Tageblatt vom 20. Juli 1962 zum Kommandowechsel COL Louis Gershenow zu COL Edgar S. McKee, Heidelberger Tageblatt vom 4. April 1963 zum Kommandowechsel COL Edgar S. McKee zu COL Thaddeus P. Floryan oder Heidelberger Tageblatt vom 15. Juli 1963 zum Kommandowechsel COL Thaddeus P. Floryan zu COL James T. Schwenk.
17 Headquarters USAREUR. General Order Nr. 119 vom 5. Mai 1965.
18 A Short History of TASCOM. Hrsg. v. Headquarters USTASCOMEUR. Worms 1969.
19 USTASCOMEUR Annual Historical Summary 1968. Worms 1969.
20 Ebd.
21 Holwick, William B.: USAREUR Community Support. In: Army Logistician, Sept./Okt. 1975.

22 Ebd.
23 Annual Supplement to the Unit History of the 1st Support Brigade. Mannheim 1974.
24 Erinnerungen von Michael J. Montgomery, aufgezeichnet am 2. Nov. 2012.
25 Wie Anm. 21.
26 Heidelberger Tageblatt vom 5. Mai 1973.
27 Ebd., 11. Nov. 1980.
28 Heidelberg Herald-Post vom 13. April 1989.
29 Dem Programmheft eines Kommandowechsels des 411th BSB vom 6. Aug. 2003 und der offiziellen Einheitsgeschichte der USAG Baden-Württemberg entnommen; mit freundlicher Genehmigung des Public Affairs Office der USAG Baden-Württemberg.
30 Herald-Post vom 10. Okt. 1991.
31 Dem Programmheft der Redesignation Ceremony aller europäischen ASG und BSB in Heidelberg am 13. Okt. 2005 entnommen; mit freundlicher Genehmigung des Public Affairs Office der USAG Baden-Württemberg.
32 Berichte von GEN James L. Jones (US Marine Corps), Commanding General, USEUCOM, vor dem Armed Services Committee des amerikanischen Senats vom 23. Sept. 2004 und 1. März 2005.
33 Rhein-Neckar-Zeitung vom 7., 8., 14. und 15. Nov. 2002.
34 Stars and Stripes vom 3. März und 29. Juli 2005.
35 IMCOM-Europe Operations Order 013-11 (USAG Baden-Württemberg Closure) vom 26. Mai 2011.
36 Stars and Stripes vom 30. März 2009.
37 Ebd.

Kapitel 6

1 Tays, George W.: The US Army Construction Program in Germany, 1950–1953. Hrsg. v. d. USAREUR Historical Division. Karlsruhe 1955.
2 Stars and Stripes vom 7. März 1948.
3 Heidelberger Amtsanzeiger vom 14. Okt. 1949.
4 STAHD AA 239 k1, 10: Von der Besatzungsmacht zur Zeit beschlagnahmte Läden.
5 Heidelberger Tageblatt vom 5. Nov. 1949.
6 Welcome to Heidelberg Military Post. Informationsbroschüre des HMP. Heidelberg 1950.
7 Heidelberger Tageblatt vom 11. Jan. 1951.
8 Stars and Stripes vom 17. Dez. 1950.
9 Headquarters EUCOM. General Order Nr. 78 vom 23. Aug. 1948.
10 Headquarters USFET. General Order Nr. 309 vom 30. Okt. 1946; in vielen deutschen Quellen wird fälschlicherweise das Jahr 1948 für die Umbenennung der Grenadierkaserne genannt.
11 Scharnholz, Theodor: Heidelberg und die Besatzungsmacht – Zur Entwicklung der Beziehungen zwischen einer deutschen Kommune und ihrer amerikanischen Garnison (1948/49–1955). Heidelberg 2002 (Buchreihe der Stadt Heidelberg, 10), S. 101–12 und S. 210–13.
12 Headquarters USAREUR. General Order Nr. 20 vom 31. Jan. 1958.
13 Heidelberger Tageblatt vom 28./29. Jan. 1950.
14 Verwaltungsbericht der Stadt Heidelberg für das Rechnungsjahr 1952–1954. Hrsg. v. Statistischen Amt der Stadt Heidelberg. Heidelberg 1954.
15 Abendzeitung vom 11. Okt. 1950.
16 Heidelberger Tageblatt vom 20. Mai 1954.
17 Wie Anm. 11, S. 201.
18 Ebd., S. 244.
19 Stars and Stripes vom 3. Aug. 1980.
20 Heidelberger Tageblatt vom 17. Juni 1961.
21 Rhein-Neckar-Zeitung vom 24./25. Nov. 1962.
22 Heidelberger Tageblatt vom 27. Mai 1964.
23 Ebd., 30. Aug. 1968.
24 Ebd., 27. April 1972.
25 Heidelberg Herald-Post vom 22. Okt. 1987.
26 Ebd., 5. Mai 1988.
27 Ebd., 18. Aug. 1988; der Artikel beschreibt die bevorstehende Übung.
28 Brown, Denna/Lucken-Newton, Sarah: Heidelberg Noncombatant Evacuation Operation (NEO) Evaluation. Hrsg. v. Army Research Institute for the Behavioral and Social Sciences. Arlington/Virginia 1983.
29 Heidelberg Herald-Post vom 21. Sept. 1989.
30 US Military in Heidelberg. Präsentation des 411th BSB aus dem Jahr 1993.
31 Ebd.; die für 1995 genannten Zahlen werden in der genannten Präsentation aus dem Jahr 1993 geschätzt, berücksichtigen aber schon alle bis dahin absehbaren Veränderungen in der Garnison (Umstrukturierungen, Abzug und Zuzug von Einheiten).
32 The Dependents' Schools Program of the US Army, Europe, 1946–1956. Hrsg. v. d. USAREUR Historical Division. Karlsruhe 1958.
33 Interner Bericht der Dependents' Schools Division des Headquarters Area Command vom 15. Okt. 1956; mit freundlicher Genehmigung der Mannheim Elementary School.
34 Wie Anm. 32.
35 Den Jahrbüchern der Schule der Jahre 1948 bis 1953 entnommen (bis 1960 erschien ein Gesamtjahrbuch aller amerikanischen High Schools in Europa).
36 Ebd.
37 Ebd.
38 Dem Jahrbuch 1952 der Schule entnommen (bis 1960 erschien ein Gesamtjahrbuch aller amerikanischen High Schools in Europa).
39 Stars and Stripes vom 29. Aug. 1951.
40 Wie Anm. 33.
41 Ebd.
42 Heidelberg Herald-Post vom 14. Sept. 1989.
43 Erinnerungen von Margaret McGinley, aufgezeichnet am 19. März 2013.
44 Dem Programmheft der Eröffnungsfeier vom 13. Okt. 1976 entnommen.
45 Den Jahrbüchern der Schule der Jahre 1974 bis 1977 entnommen.
46 Diversen Jahrbüchern der Schule aus den 1950er und 1970er Jahren entnommen.
47 Heidelberg Herald-Post vom 26. Nov. 1987.
48 Ebd., 17. Nov. 1988.
49 Ebd.
50 Wie Anm. 47.
51 Den Jahrbüchern der Schule der Jahre 2005 bis 2008 entnommen.
52 Stars and Stripes vom 3. Juni 2011.
53 Besonders kennzeichnend sind in diesem Zusammenhang die immer wieder auftauchenden martialischen Überschriften in der Heidelberg Herald-Post wie „Lions destroy Mannheim" (Heidelberg Herald-Post vom 29. Okt. 1987). Auch während der Homecoming Parades der Schule wurden häufig Motive gezeigt, die das Maskottchen der Mannheim American High School (einen Bison) verulkten.
54 Dem Jahrbuch 1953 der Schule entnommen (bis 1960 erschien ein Gesamtjahrbuch aller amerikanischen High Schools in Europa).
55 Herald-Post vom 19. Juni 1997.
56 Heidelberg Herald-Post vom 4. Mai 1989.
57 Heidelberger Tageblatt vom 11. Aug. 1952.
58 Dem Programmheft der genannten Feierlichkeit vom 25. Mai 1997 entnommen.
59 Wie Anm. 2.
60 Nachtausgabe vom 2. Sept. 1952.
61 Wie Anm. 2.
62 Heidelberger Tageblatt vom 28. Dez. 1956.
63 Ebd., 2. Mai 1957.
64 Wie Anm. 2.
65 Rhein-Neckar-Zeitung vom 6. Juni 1953.
66 Heidelberger Tageblatt vom 26. Febr. 1953.
67 Heidelberg Herald-Post vom 25. Aug. 1988.
68 Programmen des Roadside Theater entnommen.
69 Herald-Post vom 11. Sept. 1997.
70 Heidelberg Herald-Post vom 21. März 1991.
71 Stars and Stripes vom 20. Juni 1958.
72 Große Teile der Informationen zum HCSC und seinen Vorgängerorganisationen wurden diversen „Scrapbooks" (illustrierten Jahrbüchern) des Vereins entnommen.
73 Wie Anm. 7.
74 Rechenschaftsbericht des Heidelberg AWC zum Vereinsjahr 1960/1961. Heidelberg 1961.
75 Diversen Newslettern des Vereins der Jahre 1976 und 1977 entnommen.
76 Heidelberg International Ski Club 1968/1969. Übersicht zu geplanten Skifreizeiten während der Wintersaison 1968/1969. Heidelberg 1968.
77 Herald-Post vom 22. Sept. 1994.
78 Heidelberg Herald-Post vom 29. März 1990.
79 Ebd., 15. Sept. 1988.
80 Ebd., 12. Mai 1988.

81 Heidelberg Herald vom 10. Aug. 1973.
82 Heidelberg Herald-Post vom 11. Aug. 1988.
83 Verschiedenen Freitagsausgaben der Stars and Stripes vom März 1948 entnommen.
84 Stars and Stripes vom 19. März 1948.
85 Geschichte der Juden in Heidelberg. Heidelberg 1996 (Buchreihe der Stadt Heidelberg, 6), S. 565.
86 Löslein, Barbara: Geschichte der Heidelberger Synagogen. Heidelberg 1992 (Veröffentlichungen zur Heidelberger Altstadt, 26), S. 31.
87 Siehe Anm. 85, S. 570.
88 Ebd., S. 567 – 68.
89 Stars and Stripes vom 21. Dez. 1949.
90 Den Bulletins der beiden protestantischen Gottesdienste vom 28. Okt. und 4. Nov. 1951 entnommen.
91 Diversen Bulletins der katholischen Gottesdienste in der Kirche während dieser Jahre entnommen.
92 Herald-Post vom 23. Sept. 2010.
93 Diversen Bulletins protestantischer Gottesdienste vom Frühjahr 1952 entnommen.
94 Heart & Hand. Standard Operating Procedures & Operating Directives. Hrsg. v. PWOC International, Europe Region. O.O. 2007.
95 Diversen Bulletins katholischer Gottesdienste vom Frühjahr 1952 entnommen.
96 Heidelberger Tageblatt vom 24. April 1962; in diesem speziellen Jahr nahmen 3.500 Amerikaner und Deutsche an dem Gottesdienst auf dem Heiligenberg teil, der im Artikel als „Tradition“ bezeichnet wird.
97 The Heidelberg Post vom 19. Dez. 1948.
98 Rhein-Neckar-Zeitung vom 14. Mai 1958.
99 Heidelberger Tageblatt vom 4. Nov. 1953.
100 Herald-Post vom 21. Febr. 2013.
101 Heidelberg Herald-Post vom 9. Febr. 1989.
102 Ebd., 13. Juli 1989.
103 Den Bulletins der Gottesdienste der jeweils auf die Kollekte folgenden Sonntage entnommen.
104 Herald-Post vom 28. Aug. 1997.
105 Ebd., 25. März 2004.
106 Die Informationen dieses Abschnitts wurden größtenteils Originalausgaben der genannten Zeitungen entnommen, die den Autoren ganz oder in Teilen vorlagen.
107 Heidelberg Herald-Post vom 15. Okt. 1987.
108 Ebd., 28. Jan. 1988.
109 Ebd., 4. Febr. 1988.
110 Ebd., 25. Febr. 1988.
111 Ebd.
112 Ebd., 2. Juni 1988.
113 Ebd., 17. März 1988.
114 Ebd., 14. April 1988.
115 The New York Times vom 1. Mai 2005.
116 Post-Herald vom 26. Juni 1970.
117 50 Years of the Stars and Stripes. Beilage der Ausgabe vom 18. April 1992.
118 Der Spiegel vom 18. Dez. 1967.
119 History of AFRTS: The First 50 Years. Hrsg. v. American Forces Information Service and Armed Forces Radio and Television Service. Ann Arbor/Michigan 1993.
120 Facilities Plan 2000. Executive Summary. Hrsg. v. d. USMCA Heidelberg. Heidelberg 1986.

Kapitel 7

1 Reutter, Friederike: Heidelberg 1945 – 1949. Zur politischen Geschichte einer Stadt in der Nachkriegszeit. Heidelberg 1994 (Buchreihe der Stadt Heidelberg, 5), S. 47 – 55.
2 Scharnholz, Theodor: Heidelberg und die Besatzungsmacht – Zur Entwicklung der Beziehungen zwischen einer deutschen Kommune und ihrer amerikanischen Garnison (1948/49 – 1955). Heidelberg 2002 (Buchreihe der Stadt Heidelberg, 10), S. 128 – 30.
3 STAHD AA 25: Protokoll der Stadtratssitzung vom 23. Nov. 1945.
4 Wie Anm. 1, S. 92.
5 Ebd., S. 246 – 52.
6 The US Armed Forces German Youth Activities Program 1945 – 1955. Hrsg. v. d. USAREUR Historical Division. Karlsruhe 1956.
7 GLA KA, OMGUS-Akten, RG 260, 12/11 – 3/5: WIR LSO Heidelberg vom 20. Jan. 1949.
8 NARA, RG 466: US HICOG, US Land Commissioner for Württemberg-Baden, Central Files, 1945 – 1951.
9 Heidelberger Amtsanzeiger vom 24. Juni 1955.
10 Heidelberger Tageblatt vom 10. Sept. 1953.
11 Rhein-Neckar-Zeitung vom 30. Juni 1954.
12 Wie Anm. 2, S. 126 – 27.
13 Ebd., S. 126.
14 Wie Anm. 1, S. 129.
15 Ebd., S. 130 – 33.
16 Offizielle Einheitsgeschichte des 6th (Transportation) Battalion. Fort Eustis/Virginia 2012.
17 STAHD AA 423/4 (Die genannten Zahlen wurden den Lebensmittelverteilungsplänen entnommen.).
18 STAHD AA 25: Protokoll der Stadtratssitzung vom 13. Nov. 1947.
19 History of the NCO Wives' Club. Heidelberg 1955 (mit freundlicher Genehmigung des HCSC Heidelberg).
20 Wie Anm. 2, S. 269; Details wurden ferner den Station Lists der Military Government Detachments bzw. Military Government Elements der Jahre 1945 bis 1949 entnommen.
21 Ebd., S. 84 – 89; der bei Scharnholz fehlende Begriff des Military Government Office (MGO) wurde nur kurzfristig verwendet und findet sich beispielsweise in der Station List der Military Government Elements vom 14. Dez. 1948.
22 NARA, RG 466: US HICOG, US Land Commissioner for Württemberg-Baden, Field Operations Division, KRO Weekly Intelligence Reports 1949 – 1950.
23 Rhein-Neckar-Zeitung vom 7. Okt. 1949.
24 HICOG Information Bulletin vom Mai 1952.
25 Wie Anm. 2, S. 192 – 97.
26 Rhein-Neckar-Zeitung vom 31. Mai 1947.
27 Wie Anm. 2, S. 175 – 76.
28 50 Jahre Deutsch-Amerikanischer Frauenclub e.V. Jubiläumsschrift. Heidelberg 1998.
29 Ebd.
30 Jahresbericht 1959/1960 des GAWC Heidelberg. Heidelberg 1960.
31 Heidelberger Tageblatt vom 5. Nov. 1949; der Artikel vermerkt, dass die Inanspruchnahme privaten deutschen Wohnraums auch vielen Amerikanern durchaus peinlich war.
32 Ebd., 4. Juli 1951.
33 Ebd., 31. Okt. 1951.
34 Ebd., 27./28. Okt. 1956.
35 Ebd., 16./17. April 1955.
36 Wie Anm. 2, S. 195 – 97.
37 Heidelberger Tageblatt vom 4. Nov. 1953.
38 Rhein-Neckar-Zeitung vom 24./25. Jan. 1953.
39 Heidelberger Tageblatt vom 25. Sept. 1953.
40 Rhein-Neckar-Zeitung vom 7. Dez. 1953.
41 Heidelberger Tageblatt vom 26. März 1962.
42 Ebd., 9. April 1963.
43 Ebd., 9. April 1964.
44 Rhein-Neckar-Zeitung vom 12. Juli 1978.
45 Heidelberger Tageblatt vom 27. Dez. 1961.
46 Ebd., 24. April 1962.
47 Ebd., 29. Nov. 1963.
48 Ebd., 5. Juli 1971.
49 Rhein-Neckar-Zeitung vom 10. Juni 1970.
50 Siehe etwa die Rhein-Neckar-Zeitung vom 15. und 16. Juni 1970 oder das Heidelberger Tageblatt vom 16. und 22. Juni 1970.
51 Rhein-Neckar-Zeitung vom 18. Juni 1970.
52 Heidelberger Tageblatt vom 26. Mai 1972.
53 Post-Herald vom 27. Nov. 1970.
54 Heidelberger Tageblatt vom 29. Okt. 1971.
55 Rothenberger, Karl-Heinz: Die Amerikaner in der Pfalz und in Rheinhessen (1950 – 2010). Kaiserslautern 2010 (Beiträge zur pfälzischen Geschichte, hrsg. v. Institut für pfälzische Geschichte und Volkskunde, 24), S. 155 – 56.
56 Erinnerungen von Ingrid Osewalt, aufgezeichnet am 5. Dez. 2012; die jahrelange Leiterin von FLAG hatte das Programm aufgrund von Erfahrungen angeregt, die sie selbst als deutsche Ehefrau eines Amerikaners in den USA gemacht hatte.

57 Wie Anm. 55, S. 189.
58 Morris, Andrew N.: A Short History of the Eddy House, Campbell Barracks, and the US Army in Heidelberg. Hrsg. v. USAREUR History Office. Heidelberg 2009.
59 Nelson, Daniel J.: Defenders or Intruders? The Dilemmas of US Forces in Germany. Boulder/Colorado u.a. 1987, S. 176.
60 Communale vom 13. Dez. 1984.
61 Schreiben der Oberbürgermeisterin Beate Weber an LTG John M. Shalikashvili vom 12. Febr. 1991; mit freundlicher Genehmigung des Public Affairs Office der USAG Baden-Württemberg.
62 US Military in Heidelberg. Präsentation des 411th BSB aus dem Jahr 1993.
63 Die zunächst verwendeten Kennzeichen, die auf „AD", „AF", „HK" oder „IF" (für Dienstfahrzeuge) begannen (so genannte „Lookalike"-Kennzeichen, da es solche Kennzeichen an deutschen Fahrzeugen nicht gibt) wurden ab 2006 durch reguläre Heidelberger Kennzeichen ersetzt.
64 Frankfurter Allgemeine Zeitung vom 6. Mai 2003.
65 Stadtblatt Online vom 19. Sept. 2001.
66 Stars and Stripes vom 14. Juni 2005.
67 „ruprecht" (Heidelberger Studentenzeitung) vom 14. Nov. 2006.
68 Heidelberg Herald-Post vom 19. Jan. 1989.
69 Herald-Post vom 28. Aug. 1997.

Kapitel 8

1 Erinnerungen von Richard C. Bennett, aufgezeichnet am 11. Juni 2013.
2 Erinnerungen von Donald H. Zedler, aufgezeichnet am 2. April 2013.
3 Erinnerungen von Patrick B. Hogan, aufgezeichnet am 17. April 2013.
4 Erinnerungen von Rex und Rachel Gribble, aufgezeichnet am 21. Febr. 2013.
5 Herald-Post vom 8. Juni 2000.
6 Stars and Stripes vom 24. April 2010.

Kapitel 9

1 Terpstra, Bruce D.: Called to Serve. An Army Lifetime Experience. Bloomington/Indiana 2010, S. 79.
2 Heidelberg Herald-Post vom 11. Mai 1989.
3 Thamm, Gerhardt B.: The Making of a Spy: Memoir of a German Boy Soldier Turned American Army Intelligence Agent. Jefferson/North Carolina 2010, S. 118ff.
4 McCaslin, Leland C.: Secrets of the Cold War – US Army Europe's Intelligence and Counterintelligence Activities Against the Soviets during the Cold War. Solihull 2010, S. 160–62.
5 Herald-Post vom 28. Mai 1997.
6 Erinnerungen von Ilene Wiedemann, aufgezeichnet am 26. März 2013.
7 Erinnerungen von David E. Young, aufgezeichnet am 2. Nov. 2012.
8 Erinnerungen von Philip Hastings, aufgezeichnet am 6. März 2013.
9 Erinnerungen von Heidi Choate, aufgezeichnet 2004; mit freundlicher Genehmigung der American Overseas Schools Historical Society, Wichita/Kansas.
10 Erinnerungen von LouCelle Fertik, aufgezeichnet 2004; mit freundlicher Genehmigung der American Overseas Schools Historical Society, Wichita/Kansas.
11 Erinnerungen von Michael J. Montgomery, aufgezeichnet am 2. Nov. 2012.
12 Hackworth, David H./Sherman, Julie: About Face – The Odyssey of an American Warrior. New York u.a. 1990, S. 354.
13 Holbrook, James R.: Potsdam Mission – Memoir of a US Army Intelligence Officer in Communist East Germany. Bloomington/Indiana [2]2008, S. 260–61.
14 Ebd., S. 261f.
15 Rosenberg, Blanca: To Tell at Last – Survival Under False Identity 1941 – 1945. Urbana/Illinois 1993, S. 158.
16 Erinnerungen von Carolyn Akin. In: Heidelberg High School Newsletter. The Early Years 1948–1963. Herbst 2007.
17 Erinnerungen von Horst A. Schenk, aufgezeichnet am 17. Jan. 2013.
18 Stars and Stripes vom 1. Okt. 1995.
19 Warchal, Zdzislaw L.: Memories. My Life. Marietta/Georgia 2004, S. 123.
20 Wie Anm. 17.